新编21世纪
高等职业教育精品教材
旅游大类

中国民俗旅游文化

（第二版）

主　编　程杰晟　张　珂
副主编　雷俊霞　张笃川　曲宏实

中国人民大学出版社
·北京·

图书在版编目（CIP）数据

中国民俗旅游文化/程杰晟，张珂主编. --2版
. --北京：中国人民大学出版社，2023.3
新编21世纪高等职业教育精品教材. 旅游大类
ISBN 978-7-300-31449-5

Ⅰ.①中… Ⅱ.①程… ②张… Ⅲ.①民俗学-旅游
-中国-高等职业教育-教材 Ⅳ.①F590.7

中国国家版本馆CIP数据核字（2023）第032239号

新编21世纪高等职业教育精品教材·旅游大类
中国民俗旅游文化（第二版）
主　编　程杰晟　张　珂
副主编　雷俊霞　张笃川　曲宏实
Zhongguo Minsu Lüyou Wenhua

出版发行	中国人民大学出版社		
社　　址	北京中关村大街31号	邮政编码	100080
电　　话	010－62511242（总编室）		010－62511770（质管部）
	010－82501766（邮购部）		010－62514148（门市部）
	010－62515195（发行公司）		010－62515275（盗版举报）
网　　址	http://www.crup.com.cn		
经　　销	新华书店		
印　　刷	天津中印联印务有限公司	版　　次	2015年5月第1版
开　　本	787 mm×1092 mm　1/16		2023年3月第2版
印　　张	12.5	印　　次	2024年7月第2次印刷
字　　数	280 000	定　　价	35.00元

前　言

在党的领导下，经过全体中国人民的长期努力，中国特色社会主义建设已经进入了新时代。在习近平新时代中国特色社会主义理论指导下，我国旅游业已经从高速发展转向高质量发展阶段，文化和旅游融合发展的创新模式成为中国旅游业发展的主流和方向。2022年10月，习近平总书记在中国共产党第二十次全国代表大会上的报告中指出，要“推进文化自信自强，铸就社会主义文化新辉煌”；要“坚持以文塑旅、以旅彰文，推进文化和旅游深度融合发展”。

民俗文化是中国传统文化的重要组成部分，著名民俗学家钟敬文认为，民俗是指一个国家或民族中广大民众所创造、享用和传承的生活文化。民俗文化为文化和旅游深度融合发展提供了宝贵资源。在经济和社会繁荣发展的中国特色社会主义新时代，旅游已经是人们生活中不可或缺的重要组成部分。民俗又是一种重要的生活文化，进一步推动民俗文化与旅游业的深度融合发展有着广阔的发展空间。因此，学习和了解民俗文化是我国文旅融合发展的必然要求，开展民俗文化旅游是中国旅游业高质量发展的重要方向。民俗文化旅游活动的开展和相关旅游产品的开发，不仅吸引着国内游客，而且对入境旅游的国外游客也有着强烈的吸引力。我国的一次抽样调查显示，来华的美国游客中，主要目的是欣赏名胜古迹的占26%，而对中国人的生活方式、风土人情等民俗文化最感兴趣的却高达56.7%。因此，学习和掌握一些民俗旅游文化知识，已是旅游从业人员和相关旅游企业管理人员，尤其是旅游管理专业在校学生的必备素质。

本书就是在上述背景下，结合编者长期从事旅游教育的经验编写完成的。郑州旅游职业学院程杰晟、张珂担任主编，雷俊霞、张笃川、曲宏实担任副主编。具体分工是：程杰晟编写了第一章、第三章、第八章和第九章；张珂编写了第四章、第七章和第十章；雷俊霞编写了第二章、第五章、第六章；曲宏实编写了第十一章；张笃川编写了第十二章。本书编者多为长期从事中国历史文化、中国旅游文化、中国旅游资源开发等课程教学与研究工作，经验丰富，专业功底扎实的一线教师，这使得本书的编写质量得到了基本的保证。

在本书编写的过程中，编者参考了国内外许多同行的有关教材和成果，同时得到了一些单位和同志的大力支持和帮助，在此表示衷心的感谢。

由于编者水平有限，本书缺点和错误在所难免，在此恳请有关专家、同行和广大热心的读者批评指正。

编者

目　录

第一章

绪　论

本章导读

通过本章内容的学习，学生首先掌握和了解民族的概念和民族的特征等基本理论知识，然后学习和了解中国民族的基本概况，了解民俗就是在民族的基础上产生的。在此基础上，学习民俗的基本概念、分类、特征和功能，掌握中国民俗产生和发展的过程，从而对中国民俗有一个大致的了解。之后，学习民俗文化与旅游的关系，掌握民俗旅游文化的概念，了解民俗旅游文化的构成。这些内容为本课程整体内容的学习提供一个基本的指导思想。

第一节　中国民族概述

一、民族的概念

“民族”一词，中世纪后期就已在西方国家广泛传播，对其概念和内涵的认识，近代较有影响的是德国政治理论家 J. K. 布伦奇利。他认为民族有八种特质：（1）其始也同居一地；（2）其始也同一血统；（3）同其肢体形状；（4）同其语言；（5）同其文字；（6）同其宗教；（7）同其风俗；（8）同其生计（经济）。如果严格按照祖先同居一地、来自同一血统、同其宗教、同其生计这样的标准，很难对现有的民族进行划分。

在中国，“民族”一词在20世纪初才出现，近代启蒙思想家梁启超写于1899年的《东籍月旦》一文指出：“东方民族，无可以侧入于世界史中之价值，此在日本犹可言，若吾中国则安能忍此也?”这可能是汉语文献中使用“民族”一词的开始。1903年，梁启超将布伦奇利的“民族”概念引入中国，此后中国的政治和文化领域对民族问题的研究开始发展起来。梁启超在阐述民族一词的含义时，更多强调的是民族意识。他认为，民族意识的确立，有赖于“血缘关系”“互营共同生活”“协力分业”“公用之语言文字”“共有之信仰学艺及其他趣嗜”“心理上之沟通”等条件。有了这些条件，“经无数年、无数人协同努力”，于是“厘然成一特异之文化枢系”，民族意识从而产生。

1905年，中国民主革命的先行者孙中山在他创办的《民报》的《发刊词》中明确地提出民族、民权、民生三大主义，宣告了三民主义的诞生。孙中山认为，构成民族的要素是血统、生活、语言、宗教和风俗习惯这五种力。这五种力，是天然进化而成的，不是用武力征服的。

马克思主义关于民族的认识，最早见于1929年斯大林的著作《民族问题和列宁主义》，他在文中指出，民族是人们在历史上形成的一个有共同语言、共同地域、共同经济生活，以及表现在共同文化上的、共同心理素质的、稳定的共同体。这是较完整、科学的定义，已被马克思主义学者普遍采用。

二、民族的特征

根据斯大林关于民族概念的阐述，民族具有下述四大特征。

（一）共同的语言

语言是人类交流思想的最重要的工具，也是社会发展的重要动力。共同语言在一个民族形成的过程中起着非常重要的作用。每个民族，都有在其全体成员中统一使用的语言。一般来说，民族共同语是以某种方言为基础发展起来的，使用这种方言的地方往往是全国政治、经济和文化中心，这是一种方言成为民族共同语言的基础。汉语的形成就是如此，我国封建社会政治、经济、文化中心绝大多数时间是在北方，汉族的共同语言汉语就是在我国北方方言的基础上，逐渐形成和发展起来的。

（二）共同的地域

这是一个民族长期共同生活、形成内部联系的空间条件。从一定意义上说，共同地域指的是一个民族共同生活的地理环境。如果人们分散于不同的、缺少联系的地域，不能世世代代稳定居住在一起，那么要形成一个民族是不可能的。

（三）共同的经济生活

共同的经济生活与社会经济制度有密切的关系，但又不是经济制度本身。在阶级社会，一个民族内部存在两个对立的阶级，但不是说它们有着共同的经济利益，而是指在一个民族内部，由于生产分工与交换关系的存在和发展，人们在经济生活中相互依赖，从而形成紧密联系，把本民族中各部分结合为一个整体。关于经济生活上紧密联系、相互依赖的标准问题，列宁在批判民粹派的错误理论时曾经指出，俄罗斯民族形成的经济条件是“由各个区域之间日益频繁的交换，由逐渐增长的商品流通，由各个不大的地方市场集中成一个全俄市场”①。我国的汉族和各少数民族尽管没有经过资本主义阶段，但其形成过程都有共同经济生活在起作用。

（四）共同的心理素质

共同的心理素质是一个民族的社会经济、历史传统、生活方式以及地理环境的特点在该民族精神面貌上的反映。它通过本民族的语言、文学艺术、社会风尚、生活习俗、体育活动、宗教信仰，以及对祖国和人民的热爱、对乡土的眷恋，表现出自己的爱好、兴趣、能力、气质、性格、情操和民族意识与自豪感，这就构成了该民族在共同心理素质上的特征，正是这些特征，使这一民族在精神面貌上区别于其他民族。斯大林曾以英吉利人、北美利坚人、爱尔兰人为例，指出他们虽然语言相同，但终究是三个不同的民族，重要原因是他们历代因生存条件不同，形成了各自特殊的共同心理素质。民族共同心理素质表现的是全民族的精神面貌，是群众性、全民性现象，一个民族内部不同阶级的思想意识，不排斥共同心理素质的全民性。

三、中国民族概况

中国是一个统一的多民族国家，经历了一个长期的发展过程。在石器时代，中国的先民们的活动是以血缘关系为纽带的氏族部落，还谈不上民族。但在氏族部落的基础上，逐渐出现了比部落更大的群体，或称为部落联盟集团，这为民族的产生准备了条件和基础。

在中国这片辽阔的土地上，有史以来就居住着的各族人民，经过几千年的交往和共同生活，历史上曾经出现的一些民族或自然同化加入另一些民族，或相互融合形成新的民族，在几千年后的今天，由 56 个民族共同组成了中华民族的大家庭。

从地区分布上看，少数民族多分布在边境、山地和国防要冲，汉族多分布在丘陵、平原和内陆。在云南、贵州、四川、西藏、广西，主要分布的少数民族有白、哈

---

① 列宁．列宁全集：第 1 卷．北京：人民出版社，1984：124.

尼、傣、纳西、傈僳、独龙、怒、景颇、德昂、阿昌、佤、布朗、普米、拉祜、基诺、彝、羌、藏、门巴、珞巴、苗、布依、侗、水、仡佬、土家、瑶、仫佬、毛南、京、壮族等。在福建、浙江、海南、台湾等地，分布有畲、黎、高山等民族。在青海、宁夏、甘肃、新疆等省区，分布有回、东乡、土、保安、裕固、撒拉、维吾尔、乌孜别克、锡伯、俄罗斯、塔吉克、塔塔尔、哈萨克、柯尔克孜等民族。在内蒙古、黑龙江、吉林、辽宁等省区，分布有赫哲、鄂伦春、鄂温克、朝鲜、满、达斡尔、蒙古等民族。

中国各民族分布的主要特点是大杂居、小聚居。一方面，汉族遍布全国，在各少数民族聚居的地区，都有一定数量的汉族居民，如内蒙古、广西、宁夏3个自治区。另一方面，各少数民族又大都有自己的聚居区，与汉族或其他少数民族交错杂居。

少数民族地区一般人口稀少、地域辽阔，多在国防线上，战略地位十分重要。由于地理位置、气候、地形和地质构造等自然条件各不相同，有着极其丰富多样的物产资源，我国的牧区、林区、矿产区主要都在少数民族地区。这些都赋予了少数民族地区独特的民俗风情。汉族地区人口众多，主要在广大的内陆、丘陵和平原地带。这些地区土地肥沃，水源充足，具有悠久的农耕历史和民俗文化，但相对于少数民族地区而言，各类资源较为匮乏。

总之，我国是各民族在长期的生产斗争和社会生活中互相依存、互相交往的结果，他们各自创造了各具特色的历史和民俗文化，极大地丰富了中华民族文化的内涵。

第二节　中国民俗概述

一、民俗的概念

民俗是一个历史范畴。在我国古代文献中，民俗一词很早就已出现，如《礼记·缁衣》中有“故君民者，章好以示民俗”；《荀子·强国》中有“入境，观其风俗”的记载；《管子·正世》中也有“古之欲正世调天下者，必先观国政，料事务，察民俗”的内容；《史记·循吏列传第五十九》中有“楚民俗，好庳车”等。此外，还有很多意义与其相近的词，如“风俗”“习俗”“民风”“谣俗”等。

“民俗”作为一个学术研究的概念，最早出现于1846年，英国学者汤姆斯（William Thomas）将撒克逊语的“folk”（民众、民间）和“lore”（知识、学问）合成一个新词“folklore”，翻译为中文意为“民俗”，既指民间风俗现象，又指研究这门现象的学问。后来，该词逐渐为世界其他国家的学者们所接受，成为国际上通用的学科名词。但是，随着人们研究的不断深入，对民俗的概念产生了很多不同的理解。从狭义的角度，钟敬文先生将其归纳为下述四种不同的解释。

（一）文化遗留物说

这是英国文化进化学派的观点，他们认为民俗是一个已发展到较高文化阶段的民族中所残存的原始观念与习俗的遗留物，就像人由猿猴进化而来，身上残留着一根尾椎骨一样。

（二）精神文化说

这也是英国学者们的观点，在国际民俗学界流行了相当长时间。英国民俗学会1914年出版的《民俗学手册》中有一段常常被引述的话，形象地表明了这种观点：“引起民俗学家注意的，不是耕犁的形状，而是耕田者推犁入土时所举行的仪式；不是渔网和渔叉的构造，而是渔夫入海时所遵守的禁忌；不是桥梁或房屋的建筑术，而是施工时的祭祀以及建筑物使用者的社会生活。”

（三）民间文学说

这种观点认为民俗即民间文学，主要流行于美国和苏联。例如，美国学者厄特利（F. L. Utley）将民俗定义为“口头传承的文学艺术”，将习惯、宗教、语言和工艺等排斥在外。苏联学者认为，民俗仅指劳动人民的口头创作。在中国，过去研究得比较多的民俗现象，也主要是民间文学。

（四）传统文化说

这是西方普遍流行的观点，即把民俗仅限于传统之中，将生活中不断涌现出来的新民俗排斥在外。

随着研究的不断深入，狭义的民俗观日渐被打破，人们更多地倾向于从广义的角度理解民俗。如我国著名民俗学家乌丙安在其著作《中国民俗学》中指出：民俗是世代传习下来的、同时继续在现实生活中有影响的事象，是形成了许多类型的事象，是有比较稳定形式的事象，是表现在人们的行为上、口头上、心理上的事象，是反复出现的深层文化事象。陶立璠认为：民俗是一种悠久的历史文化传承，是一种相沿成习的东西，简言之，就是民间风俗。巴兆祥认为，民俗是在人类历史的发展过程中，一定的群体为适应生产实践和社会生活而逐渐形成的一种程式化的行为模式和生活惯制，以民族的群体为载体，以群体的心理结构为依据，表现在广泛而富有情趣的社会生产与生活领域的各个方面，是一种集体性的文化积淀，是人类物质文化与精神文化的一个最基本的组成部分。

我们倾向于认为，民俗是一种文化现象。著名民俗学家钟敬文对其定义比较科学与准确，他认为民俗即民间风俗，指一个国家或民族中广大民众所创造、享用和传承的生活文化。

二、民俗的分类

民俗现象纷繁复杂，从社会基础的经济活动，到相应的社会关系，再到上层建筑的各种制度和意识形态，大都附有一定的民俗行为及与之有关的心理活动。总体来说，民俗可分为下述四大类。

（一）物质民俗

物质民俗也称物质生产民俗或经济民俗，是人们在创造和消费物质财富的过程中不断重复的、带有模式性的活动。它主要包括生产民俗、商贸民俗、饮食民俗、服饰民俗、居住民俗、交通民俗和医药保健民俗，等等。

（二）社会民俗

社会民俗亦称社会组织及制度民俗，是人们在特定条件下所结成的社会关系的惯制，它涉及的是从个人到家庭、家族、乡里、民族、国家乃至国际社会在结合、交往过程中使用并传承的集体行为方式。它主要包括社会组织民俗（如血缘组织、地缘组织、业缘组织等）、社会制度民俗（如习惯法、人生仪礼等）、岁时节日民俗以及民间娱乐民俗等。

（三）精神民俗

精神民俗也称信仰民俗，是在物质文化与制度文化的基础上形成的有关意识形态方面的民俗。它是人类在认识和改造自然与社会的过程中形成的心理经验，这种经验一旦成为集体的心理习惯，表现为特定的行为方式并世代传承，就成为精神民俗。精神民俗主要包括民间信仰、民间思想、伦理观念以及民间艺术等。

（四）语言民俗

语言民俗是通过口头语言约定俗成、集体传承的信息交流系统。它包括两大部分：民俗语言与民间文学。语言是一种文化载体，各个民族、各个地区都有特定的语言，即民族语言，它们是广义的民俗语言。狭义的民俗语言，是在一个民族或地区中流行的那些具有特定含义并且反复出现的套语，如民间俗语、谚语、谜语、歇后语、街头流行语、酒令，等等。民间文学是指由人民集体创作和流传的口头文学，主要有神话、民间传说、民间故事、民间歌谣和民间说唱等形式。

事实上，社会生活是一个有机的整体，为社会生活服务的民俗文化也有其整体性与系统性。物质民俗、社会民俗、精神民俗和语言民俗之间存在相互关联、相互制约与促进的有机联系，它们相互影响，并随着时代的发展而不断变化。

三、中国民俗的起源与发展

中国民俗有着悠久的历史。在中国独特的自然环境和人文环境中，中国民俗产生、积淀和发展演变的过程，大致可以划分为三个阶段：史前民俗、古代民俗和近现代民俗。

（一）史前民俗

史前民俗是指公元前 21 世纪夏王朝建立以前的民俗，即原始社会的民俗。史前民俗是伴随着早期中国人类的出现而产生的。最初，人类像其他动物一样，群居野处，靠简单的采集和捕猎为生。后来，他们开始使用石器，学会了用火，从生食转为熟食，农业的出现与陶器的发明，奠定了中华民族延续了几千年的饮食民俗的基本结构。距今一万八千年前，北京山顶洞人已开始用骨针缝制兽皮衣服，并佩戴兽牙、贝壳等装饰品。后来又发展出以野生植物纤维和蚕丝织衣的服饰习俗。北方先民建造的木骨泥墙房屋和南方出现的干栏式建筑，表明原始居住民俗开始形成。到原始社会末期，人们已经发明了弓箭、车、船等工具。在中国辽阔的土地上，逐渐形成了以黄河流域为中心的旱地农业区，以长江流域为中心的稻作农业区，以东北、内蒙古和西北为主的渔猎、游牧区，并形成了相应的物质生产与消费的民俗体系。

伴随着物质文化的进步，先民的精神文化不断发展，形成了相应的精神民俗。随着语言在劳动和生活中的产生和形成，先民们开始创作神话与歌谣。考古发现的陶器上的绘画、图像、陶塑、骨雕、木雕、岩画等原始艺术，反映了先民审美民俗的出现。由于农业和畜牧业皆是季节性较强的劳动，与之相关的原始宗教逐渐产生，各种自然崇拜、图腾崇拜和祖先崇拜等信仰民俗在先民社会中开始盛行。

史前婚姻习俗经历了族内婚和族外婚两个阶段，社会组织习俗则经历了从原始群向母系氏族公社、父系氏族公社的发展。原始社会末期，随着生产力的发展，私有制开始出现，最终导致了第一个奴隶制国家——夏朝的诞生，中国的历史进入了新的一页。

史前时期没有国家机器，在原始社会的氏族生活中，一切按传统习俗办事，因此，民俗是原始社会生活的唯一规范，这是史前民俗的显著特点。

（二）古代民俗

古代民俗是指从夏朝建立到鸦片战争之前这段时期内中国奴隶社会和封建社会的民俗。它可以大致分为两个阶段，汉末以前为第一阶段，这是汉族的形成期，也是中国古代民俗系统的形成期。汉代以后为第二阶段，这是中国封建社会民俗的发展与繁荣期。

夏、商、周三代是古代以中原地区各民族部落的民俗为中心，兼容周围各族的民

俗，初步形成中华民族统一的民俗格局的时期。夏代资料不多，其民俗大多不可考。商代有大量甲骨文出土，从中可以看出当时民俗仍有浓厚的原始遗风，如事无巨细的占卜、用人殉葬等。到了周代，官方仪礼制度在民间风俗及前两代发展的基础上形成。从《周礼》和《礼记》中可以看出，“礼”与“俗”已成为两个相互独立而又相互联系的行为规范系统。

从春秋战国到秦汉时期是中国历史上民族大融合的重要时期，随着封建社会制度的确立和大一统王朝的建立，以华夏族为主体，在与许多部落与民族的同化过程中形成了汉族。秦汉时期是中国封建社会发展的第一个高峰，历时四百年，这是中国封建社会民俗体系形成的主要时期。

三国、两晋、南北朝时期，封建社会的民俗得到继续发展，至隋唐进入高度繁荣期。其间，发生了长达几百年的民族战争和大规模的民族迁徙与流动，无论是南方还是北方，民族杂居的地方都扩大了，由此导致各民族的民俗融合。北方的匈奴、乌桓、鲜卑、氐、羌等族，南方的蛮、僚、越等族，西南的巴人和濮人均大量吸收汉族的文化和习俗。同时，少数民族的风俗也传入汉族地区。汉代以后，岁时民俗逐渐定型，从《荆楚岁时记》中可以看出，绝大多数传统节日及其习俗沿用至今，如春节、清明节、端午节、重阳节等。

宋、元、明、清是中国封建社会民俗的继续发展与繁荣时期。中国民间巫术，如算命（测八字）、看相、风水等术数，在五代时渐成，宋时广为传播。宋代，岁时风俗更为完备，都市民俗较前代更为多样，这些在《东京梦华录》中有细致的描述。辽、金、元三代的统治者虽非汉族，但入主中原后，逐渐遵行汉族风俗。明、清两代是中国封建社会从繁荣至衰落的时期，古代民俗在这一时期基本上已成定制，尤其是岁时节日以及相关的民俗活动、各种民间娱乐游戏、民间信仰、宗法组织等，皆成相对固定的模式。

中国古代民俗与史前民俗相比，有几个显著的特点：第一，民族融合的规模远比史前时期大，由此引起民俗的不断交流与同化的规模也比史前时期大；第二，古代民俗无论如何变化，始终保持着以汉族民俗为主体的基本体系，反映了民俗文化顽强的传承性；第三，由于这一时期有了相对于民间而言的国家组织，统治阶级也发展出了一套与“俗”相对应的“礼”，即官方礼仪，因此，二者之间常常相互影响、相互转化，其间的关系表现得十分复杂。

（三）近现代民俗

近现代民俗是指 1840 年鸦片战争以来的民俗。这个时期，中国在西方文明的冲击下，封建社会的政治、经济、阶级关系等发生一系列急剧的变化。在短短的一个半世纪中，中国经历了辛亥革命、新民主主义革命、社会主义革命与建设等重大的历史

变革，从一个“古代”民族逐步向一个现代化的文明民族迈进。伴随着社会政治、经济、文化的变化，中国近现代民俗也发生着很大变化，一些不适应现代生活的封建民俗逐渐消亡，如女人缠足，男人留辫、穿长袍马褂等。同时，一些西方民俗传入中国，如情人节习俗，西方民俗与中国固有的民俗体系发生着交流与融合，以适应新的社会生活的需要。人们又不断地创造出一些既适合我国情况，又满足现代生活的新民俗。整个中国民俗的体系，经历着引进、斗争、分化、改组、融合等过程，向新的、现代化的、既以中国传统特色为主又兼有国际性的民俗体系蜕变。

四、民俗的特征

民俗的特征是多种多样的，不同的学者对其认识也不一样。不同国家、不同地区和不同民族的民俗各种各样，既有共性又有个性。要全面地指出民俗的所有特征是十分困难的，我们这里所说的民俗特征，是各类民俗共有的特征。

（一）集体性和传承性

民俗的集体性是指民俗在产生和流传过程中所体现出的基本特征，这也是民俗的本质特征。人的根本属性是其社会性，民俗文化的产生，离不开人类的群体活动。当人类进入母系氏族社会和父系氏族社会时，相应的各类民俗文化就孕育产生了。之后，随着社会的发展、部落和村镇的出现、民族的形成，人类社会出现了各种人群集合体，民俗文化便由这些群体不断创造、完善并传承下来，形成人类社会多姿多彩的民俗文化和人文景观。由此可见，民俗是一种群体智慧的结晶，集体性是民俗的首要特征。

民俗的传承性是指民俗文化在时间上传衍的连续性。民俗文化的传承性，是由它的教化功能决定的。在传统与现代社会中，每个人的成长都离不开民俗文化的教化和熏陶。从孩提时代到成年，人们从民俗文化中学得一系列知识、技能和道德规范，甚至是祖先留下的成见。这是人类社会的一种潜在能力，一切教化都在潜移默化中进行，使人不知不觉地在民俗传承过程中获得知识和能力。同时，民俗传承有时又是积极、主动的，这又使民俗文化的传承有目的地进行。例如，在家庭中，长辈对晚辈负有传承的责任。在社会上，村落、社区和众多的民间组织对其成员负有传承的责任。

（二）时代性和地域性

民俗现象是一个历史范畴，在不同的历史时期，民俗的传承和发展总会受到历史、政治、经济和文化条件的制约，从而赋予其强烈的时代特点。以发式习俗为例，我国明朝以前的男性，都在头顶上将头发梳成发髻，这一习俗在我国古代延续传承了几千年。到了清代，统治者强制推行剃发梳辫习俗。辛亥革命后，中国的男子先后剪掉了辫子，进而效法西方，将发式留成分发、背发、平头等，至今依然如此。这都是民俗文化时代性特征的真实表现。

民俗文化的地域性特征又称地理性特征或乡土特征，是民俗文化特征在空间上的表现。无论哪一类民俗事象，都会受到一定的生产、生活条件和地缘关系的制约，都会不同程度地染上地方色彩。如在饮食习俗方面，我国民间常说“南甜、北咸、东辣、西酸”，虽不完全准确，但大致反映了不同地域饮食习俗的特色。标志着我国饮食特色的八大菜系：鲁菜、川菜、粤菜、淮扬菜、浙菜、湘菜、闽菜、徽菜，各有特点。再如在我国大年初一，南方多数地区要吃面条或元宵，而在北方多数地区则有吃饺子的习俗。即使同样属于北方，不同地区的习俗也有差异，如在河南，有的地方初一吃的饺子要和面条同煮，名曰“金丝穿元宝”；豫西一带初一早上吃的饺子要与粉皮同煮，名曰“金粉皮水饺”，等等，都反映了民俗的地域性特点。古人说“千里不同风，百里不同俗”，正是民俗的地域性特征的最好说明。

（三）稳定性与变异性

民俗的稳定性是指民俗一旦产生，就会伴随着人们的生产及生活方式长期相对地固定下来，成为人们日常生活的一部分。也就是说，只要社会稳定，人们的生产方式及生活方式不发生剧烈变革，民俗文化就会稳定保持。民俗文化是在一定的政治、经济、社会和文化基础上形成的，只要经济基础不变，即使社会发生了巨大变革，民俗文化仍然具有稳定性。中国是一个历史悠久的文明古国，经历过无数次的改朝换代和社会变革，其中有些民俗随着历史的发展、社会生产方式和生活方式的改变而消亡，有些民俗则经过某些补充和完善，一直传承至今。

但是，民俗文化的稳定性是相对的，稳定中包含着可变因素，这就是变异性。变异性也是民俗文化的显著特征，它是指在民俗传承和扩散过程中引起的自发和渐进的变化。民俗是靠语言和行为来传承的，这种方式决定了民俗在历时的和共时的传承过程中，不断适应周围环境而做出相应变化。如中国的妇女缠足习俗历经宋、元、明三代，成为大部分汉族妇女的必习风俗。清代初年，皇帝颁布诏令禁止缠足，但直至清末，此风并未禁绝。民国以后，特别是中华人民共和国成立之后，缠足习俗才全面禁止。

（四）规范性和服务性

民俗文化就其实质而言，是人们在长期生产实践和社会实践中创造的语言和行为模式，或者说它是人们共同创造和遵守的行为规则。最常见的是民俗中经常使用的不成文法或习惯法，它们对人的思想和生活产生强大的约束力量，迫使人们在一定的道德和习惯规范中行事，以得到心理和环境的协调与平衡。人们在统一的意志和行为中，创造了丰富多彩的民俗文化，而这种创造又处处体现着它的服务性功能。首先，民俗文化是服务于社会的，规范行为，为社会需要服务。民俗规范从来都是社会规范，规范的目的是使人们的社会行为有一个相对统一的模式，这样社会才能协调发展。如尊老爱幼习俗不仅表现在家庭中，而且表现在社会上，它是一种上下共同遵守的礼节。其次，民俗文化服务于生产和生活实践。历代民俗文化的积累，已形成自己的知识系统，这个知识系统反过来又服务于自己的生产与生活。比如，天文观测和农业生产经验相结合，形成了农业生产习俗。一年中二十四节气的制定，主要服务于农事活动。这是民俗服务性的最鲜明的体现。

民俗文化的集体性和传承性、时代性和地域性、稳定性和变异性、规范性和服务性是民俗的重要特征，但不是民俗的全部特征。在具体的民俗研究中，也可根据实际情况，归纳出其他一些特征，如阶层性、民族性和封建性等。

五、民俗的功能

（一）教化功能

民俗的教化功能是指在人类社会生活中，民俗对个体的行为、成长起着潜移默化的影响和教育作用。钟敬文先生说，民俗在人类个体的社会化文化过程中起着教育和模塑作用。民俗的这种教化作用是民俗文化最重要的功能，这一点在我国古代就被政治家极为敏锐地领悟到了。所以，他们把自己的政治行为首先建立在“观民风俗”的基点上，他们通过“制礼作乐”来“正人伦，美风俗”，维护自己的统治地位。民俗文化虽然是人类的创造，但是，对于人类的个体来说，社会文化却是先于个人而存在的，作为个体的人一出生，就被淹没于他所从属的文化环境中，就要接受这种文化的教育和影响，正如张岱年所说：“人创造了文化，同样文化也创造了人。”

（二）规范功能

民俗的规范功能是指民俗对社会成员行为的约束和控制作用。在人类的社会生活中，社会规范有多种，钟敬文认为，可分为四个层面：第一，法律；第二，纪律；第三，道德；第四，民俗。其中，民俗是产生最早、约束面最广的一种深层次行为规范。在社会生活中，法律和纪律是强制性的道德规范，人们对其遵守往往是被动的，因此，其约束力也是有限的。而民俗却像一只看不见的手，无形中支配着人们的所有行为。从吃穿住行到婚丧嫁娶，从社会交际到精神信仰，人们都在不自觉地遵从着民俗的指令。在日常生活中，人们很难意识到民俗的规范力量，但民俗对人行为的规范作用却是一种最有力的深层控制。

（三）维系功能

民俗的维系功能是指民俗具有统一人的思想与行为、使社会生活保持稳定、使社会成员保持向心力和凝聚力的作用。民俗不仅统一着社会成员的行为方式，更重要的是维系着群体或民族的文化心理。每个民族或社会群体，都生活在特定的自然条件与社会环境中，有自己独特的历史道路，因而形成了特定的集体心理。民俗就是这种集体心理的标志。通过民俗的维系功能，每个成员对民族和群体产生了认同感，进而维系社会生活的相对稳定，防止了文化的断裂。

（四）调节功能

民俗的调节功能是指通过民俗活动中的娱乐、宣泄、补偿等方式，社会成员的生活和心理本能可得到调剂的作用。人不可能永无休止地劳作，人的生活中也不可能只有劳动，人们必须在适当的时间进行适当的娱乐活动，休息身体，调剂精神，享受劳动成果，进行求偶、社交等活动。节日、游戏、文艺、体育等方面的游艺民俗，就成了人类生活的调节剂。

（五）旅游娱乐功能

民俗文化不仅是智慧的结晶和创造，同时也供人们享受和利用。在众多的民俗事象中我们会发现，传承于民间的大部分民俗活动都带有浓厚的娱乐性质。就连一些比较隆重和严肃的宗教习俗和丧葬习俗，也充斥着娱乐内容，这就使得民俗文化能够成为一种重要的旅游资源。另外，民俗文化的差异性吸引着旅游者离开自己的常住地去感受异地的民俗风情，享受一种完全不同的文化。旅游目的地的民俗文化能够丰富旅游者旅游活动的内容，扩大旅游者的知识视野，增加旅游的乐趣。以民俗为内容，开展各种旅游活动，已经成为世界旅游的一大热点。

第三节　民俗旅游文化

一、民俗文化与旅游的关系

旅游是人们离开自己的居所到异地短期停留，进行观光、休闲、娱乐、购物以及文化体验等活动的一种经济社会现象。异地的风光，特别是异地的民俗风情，能够给旅游者一种完全不同的文化享受，没有一种旅游行为能够离开民俗文化而存在。因此，民俗文化与旅游有着十分密切的关系。

（一）民俗文化对旅游的作用

1. 民俗文化是重要的旅游资源

中国是一个多民族的国家，每个民族都有丰富多彩的民俗文化。不同民族的民俗文化往往存在很大的差异，而民俗文化的差异性对中外游客有着强大的吸引力，民俗文化就构成了吸引游客的重要旅游资源。如南方各地端午节的赛龙舟、内蒙古的那达慕大会、云南傣族的泼水节等民俗文化资源的开发，吸引着大量的游客。中国有56个民族，民俗文化资源极其丰富，极具旅游价值，是一座开发潜力巨大的民俗旅游宝藏。

2. 民俗文化丰富了旅游活动的内容

稍加研究我们就不难发现，几乎所有的旅游行为都离不开旅游目的地的民俗风情。经过几十年的发展，中国旅游业步入了一个重要的转型升级的发展阶段，这是因为旅游者不再满足于传统的观光旅游，而是更加注重参与，以亲身体验异质文化带来的不同感受，进而开阔视野、丰富阅历、获得乐趣。民俗旅游具有较强的参与性，能够丰富旅游活动的内容，满足旅游者这方面的需求。因此，民俗活动内容丰富的旅游线路和乡村旅游项目正日渐受到众多旅游者的欢迎，如今民俗文化旅游已成为文旅融合发展的重要方向。

3. 民俗文化资源的开发提高了旅游目的地的经济效益

旅游的经济属性和文化属性是密切相关的，文化资源的合理开发能为旅游目的地带来可观的经济效益。比如深圳华侨城的成功开发，尤其是锦绣中华、中国民俗文化村等项目，已成为民俗旅游文化开发的典范。另外，河南开封清明上河园、山西皇城相府等景点都是民俗文化资源开发的成功案例。

（二）旅游对民俗文化的积极作用

1. 旅游对民俗文化资料的采集和保存有着积极的作用

“读万卷书，行万里路”是我国古代文人雅士的优良传统。他们借助到全国各地的游历，风餐露宿，采风问俗，了解各地山川地貌、风土人情和神话传说，从中收集大量的民俗文化资料，历史上许多传世名著都有这样一个民俗文化一手资料的积累过程。如先秦时期的《山海经》、西汉司马迁的《史记》、北魏郦道元的《水经注》、东晋法显的《佛国记》、明代徐弘祖的《徐霞客游记》等，都保存有大量不同朝代的民俗资料，为今天民俗史、民俗学的研究奠定了基础。

2. 旅游有利于民俗文化的传播与交流

旅游者出行的目的不仅是观光或者休闲度假，还要获取新知。民俗有强烈的知识性和特殊的艺术价值，从而成为吸引旅游者的重要因素。民俗文化的旅游开发，打破了民俗不可分享、不可示人的封闭性，有利于促进民族地区与其他地区之间的文化交流，从而促进民俗文化的传播与交流。旅游目的地在向旅游者展示本国、本地区的民俗文化的同时，使旅游者通过欣赏民俗文化增长知识，还可以向旅游者介绍这些民俗文化现象的起源、功能和象征意义，并组织旅游者学习和体验如制陶、编织、民族乐器的演奏、民族舞蹈表演等技艺。这样，可使每一项民俗文化主题的旅游活动或项目都成为一次民俗文化交流与传播活动。

3. 旅游有利于民俗文化的保护和发展

现代旅游业的发展要求人们不仅要开发新的旅游资源，也要保护原有的旅游资源。这包括发掘、整理、保护和传承那些具有民族特色的民俗文化资源。民俗文化是在民族历史发展过程中逐渐形成的，具有相对稳定性。但是，任何一个民族的文化都不是一成不变的，旅游资源的开发，开阔了人们的视野，促使了民族地区生活方式的改变，提高了民族地区的文明程度，在传统社会向现代社会转型的过程中，既要加强民俗文化的保护和发展，又要加快民俗文化的现代化进程。

（三）旅游对民俗文化的消极作用

任何事物都有正反两个方面，旅游业作为现代社会的新兴产业和社会现象，其对民俗文化的发展既有积极作用也有消极作用。旅游对民俗文化的消极作用主要表现在以下三个方面。

1. 民俗文化的同化和庸俗化

随着旅游业的发展和游客的涌入，异族或同族异地的文化会快速地传入并渗透，旅游目的地的民俗文化会逐渐被同化甚至消失。不仅如此，在民俗文化资源的旅游开发中，过分夸大地宣传、渲染会使当地淳朴的民俗文化失真、被亵渎或扭曲，甚至为了迎合部分游客的需求，着力渲染一些庸俗或色情的内容，使得原本古朴、独特、纯净和美好的风俗变得不土不洋、不伦不类甚至低级庸俗。

2. 对民族传统文化的冲击

游客中绝大多数是在现代文化的环境中接受教育和成长起来的，即使在民族地区，他们的思想和行为方式都不可避免地带有鲜明的现代性。他们的道德观念、生活方式，会对旅游目的地的民俗文化传统产生强烈的冲击。由于游客的涌入，旅游目的地的民族民俗传统文化会因商品化而受到歪曲，甚至失去价值。如一些民族歌舞，由于旅游者的需要而被搬上舞台，它们或被压缩、或被删节甚至完全改编，使其在很大程度上丧失了传统的意义和价值。此外，受商品化影响，有些传统工艺品的制作日趋泛滥，已不再是传统的风格和制作技艺。当然，民族民俗传统文化受到的冲击也可能是潜移默化的，但是传统民俗文化价值的丧失，不仅会失去淳朴的民风，还可能影响社会的稳定。这是在对民俗文化资源开发过程中必须考虑的问题。

3. 腐朽生活方式的传播，造成传统道德观念的堕落

游客的涌入，既带来了其本民族民俗文化中优秀进步的内容，也会带来腐朽落后的东西。随着我国改革开放的不断深化，尤其是旅游活动国际化程度的不断加深，西方文化和生活方式对我国社会的影响已深入方方面面，西方社会某些腐朽的生活方式和思想意识常常与游客相伴而至，在旅游目的地广泛传播。这对当地民俗文化会产生严重的影响，造成腐朽思想的泛滥和优良传统的丧失。为此，旅游目的地应积极采取

防范措施，努力减少这些不良影响，使传统民俗文化得到保护，从而使民俗旅游资源得以可持续发展和利用。

二、民俗旅游文化的概念

旅游和民俗文化既然有着极其密切的关系，那么无论我们是在研究旅游现象中研究民俗文化，还是在研究民俗文化的传承中研究旅游因素的影响，都要面对一个基本的问题，那就是民俗旅游文化的概念。这是由民俗、旅游和文化三个小概念组成的一个新概念，关于民俗的概念，前面我们已经讨论过，这里我们首先讨论旅游和文化两个概念。

（一）旅游

一般认为，“旅游”一词是从英文“tourism”翻译过来的，并且有人考证出这个词首先出现在1811年英国出版的《牛津辞典》中。而旅游作为一项经济产业，是从19世纪中期英国人托马斯·库克创办世界上第一家旅行社开始的。之后，对旅游和旅游业的研究就开始了。目前对旅游的定义很多，这不是本门课程研究的重点，所以，我们可以采用一般的说法。

按照国际普遍接受的艾斯特（AIEST）定义：“旅游指非定居者的旅行和暂时居留而引起的一种现象及关系的总和。这些人不会永久居留，并且主要不从事赚钱的活动。”这个概念特别强调旅游不是从事“赚钱”的活动，是一种现象和关系的总和，从而赋予旅游活动以一种文化属性。

我们也可以概括为：旅游是人们以满足某种精神和物质需求为目的，离开常住地到异国或他乡短期停留，但不要求定居和就业所引起的一切现象和关系的总和。

（二）文化

文化是一个内涵非常广泛的概念，其语意非常丰富。多年来，哲学家、社会学家、人类学家、历史学家、语言学家、文化学者、考古学家等，试图从各自学科的角度来界定文化的概念。据美国学者克罗伯和克拉克洪在《文化：概念和定义的批判性回顾》中统计，1871—1951年，欧美对“文化”的定义多达160多种。根据法国学者摩尔的统计，世界文献中的文化定义多达250种以上。由于文化的内涵的不确定性和涵盖面太广，因此人们很难给文化下一个比较确切的定义，但是我们还是可以从广义与狭义这两个角度来界定文化这一概念的内涵和外延。

广义的文化泛指人类在长期的历史进程中，不断创造、积累而逐步形成的物质和精神财富的总和。

狭义的文化是指在一定物质资料生产方式的基础上发生发展的社会精神生活形式的总和，大致相当于广义文化中的精神财富部分，包括哲学思想、意识形态、价

值观念，也包括衣食住行、风俗习惯、生活方式、行为规范等内容。狭义的文化又称“小文化”。因为旅游活动涉及的文化范畴非常广泛，所以本书涉及的文化概念是广义的。

（三）旅游文化

旅游文化作为一个专业名词，最早是由美国学者罗伯特·麦金托什和夏希肯特·格波特提出的。他们合作出版的《旅游学——要素·实践·基本原理》一书中，用“旅游文化”作为书中一章的标题，并指出“旅游文化实际上概括了旅游的各个方面，人们可以借此来了解彼此的生活和思想”，它是“在吸引和接待游客与来访者的过程中，游客、旅游设施、东道国政府和接待团体的相互影响所产生的现象与关系的总和”。

在我国，1984 年出版的《中国大百科全书·人文地理学》中最早出现了“旅游文化”一词。该书对旅游文化做了如下阐述：“旅游与文化有着不可分割的关系，而旅游本身就是一种大规模的文化交流，从原始文化到现代文化都可以成为吸引游客的因素。游客不仅吸取游览地的文化，同时也把所在国的文化带到了游览地，使地区间的文化差异日益缩小。绘画、雕刻、摄影、工艺作品，是游人乐于观赏的项目。戏剧、舞蹈、音乐、电影又是安排游客夜晚生活的节目。诗词、散文、游记、神话、传说和故事，又可将旅游景物描绘得栩栩如生。”很显然，这个解释并没有直接告诉人们旅游文化的本质。

自 20 世纪 80 年代以来，我国学术界加强了对旅游文化的研究，关于其概念的界定，由于视角不同、归纳的方法不一、理解的宽窄度不等，对旅游文化定义的表述可谓仁者见仁，智者见智。关于旅游文化的界定，归纳起来有以下几类观点：

旅游主体说：旅游文化是人类在通过旅游活动改造自然和化育自身的过程中所形成的价值观念、行为模式、物质成果和社会关系的总和。这是一种偏重于旅游主体的界定。

旅游客体说：能够为游客在旅游活动中提供欣赏和享乐的一切物质财富和精神财富的文化表现，即旅游文化。这是一种侧重于旅游客体的定义。

旅游主体与介体说：旅游文化是游客和旅游经营者在旅游消费或旅游经营服务过程中所反映、创造出来的观念形态及其外在表现的总和。这是偏重于旅游主体和介体文化的定义。

相互作用说：旅游文化是旅游主体、旅游客体和旅游介体相互作用所产生的物质和精神成果，旅游三要素中的任何一项都不能单独形成或构成旅游文化。

综合上述观点，我们可以这样定义旅游文化：旅游文化是人类在历史发展过程中所创造的具有观赏、游览和文化体验价值的物质财富与精神财富的总和，是体现和作用于旅游全过程中的一种特殊形态的文化。也就是说，所有和旅游有关的文化现象都可称为旅游文化。

（四）民俗旅游文化

探讨了旅游、文化和旅游文化的基本概念后，我们就有了讨论民俗旅游文化的基础。但是，从现有的研究来看，还没有人对民俗旅游文化的概念进行界定。讨论比较多的、相近的概念是民俗旅游，那么，什么是民俗旅游呢？

我国学者陆景川认为，民俗旅游是一种高层次的文化型旅游，它欣赏的对象为人文景观，而非自然景观。任何一个国家、地区和民族的传统节日、婚丧嫁娶、建筑风格、民间歌舞等，都是民俗旅游的珍贵资源与欣赏对象。我国学者温锦英对民俗旅游的定义是民俗旅游是借助民俗来开展的旅游项目，它以一个国家或地区的民俗事象和民俗活动为旅游资源，在内容和形式上具有鲜明、突出的民族性和独特性，给人一种与众不同的新鲜感，它的魅力就在于其深厚的文化内涵。我国学者巴兆祥认为，民俗旅游属于高档次的文化旅游范畴，是旅游者为异域或异族独具个性的民俗文化所吸引，以一定旅游设施为条件，离开自己的居所，前往旅游地（某特定的地域或特定的民族区域）进行民俗文化消费的一个动态过程的复合体，是人类文明进步所形成的一种文化生活方式。

从上述学者对民俗旅游概念的探讨来看，民俗旅游和民俗旅游文化虽然是非常相近的概念，但还是有很大的差异。民俗旅游强调的是旅游，是以民俗为主要旅游资源或对象的旅游活动。而民俗旅游文化的侧重点是文化，是为旅游活动服务的民俗文化。它们都是围绕旅游而展开的。在我国，旅游业正在转型升级，旅游市场细分日益精细化，对民俗旅游文化进行专门研究，必将有利于我国旅游业的可持续发展，这就需要对民俗旅游文化的概念加以界定。

综合上述概念，我们可以这样定义民俗旅游文化：民俗旅游文化是人类在历史发展过程中，一个国家或民族中广大民众所创造、享用和传承的生活文化，即民间风俗，其中具有观赏、游览和文化体验价值的民间风俗文化都属于民俗旅游文化，是体现和作用于民俗旅游全过程的一种特殊形态的文化。

三、民俗旅游文化的构成

民俗文化的范畴非常广泛，从社会基础的经济活动，到相应的社会关系，再到上层建筑的各种制度和意识形态，大都附有一定的民俗文化要素。民俗旅游文化的构成同样广泛，总体来说，民俗旅游文化可由以下四大部分构成。

（一）物质民俗旅游文化

物质民俗旅游文化可分为三个大类：

（1）生产民俗旅游文化，包括采集民俗、狩猎民俗、畜牧民俗、农耕民俗、手工业民俗等。

（2）生活民俗旅游文化，包括服饰民俗、饮食民俗、居住民俗等。

（3）流通民俗旅游文化，包括市商民俗、交通民俗、通信民俗等。

（二）社会民俗旅游文化

社会民俗旅游文化涉及的是从个人到家庭、家族、乡里、民族、国家乃至国际社会在结合、交往过程中使用并传承的集体行为方式。这一类型的民俗旅游文化又可分为六类：

（1）家族民俗，包括称谓民俗、排行民俗、亲族民俗、财产继承民俗等。

（2）村落民俗，包括集市民俗、乡规民俗、村社民俗等。

（3）民间组织民俗，包括帮会民俗、行会民俗、社团民俗等。

（4）礼仪民俗，包括生育礼俗、成年礼俗、婚嫁礼俗、寿诞礼俗、丧葬礼俗等。

（5）岁时节令民俗，包括传统节日、公历节日、宗教节日、二十四节气等。

（6）游艺民俗，主要包括民间游戏、民间体育竞技、民间杂艺（技）等。

（三）精神民俗旅游文化

精神民俗旅游文化主要包括民间信仰、民间思想伦理观念以及民间艺术等。这一类型的民俗旅游文化又可分为两类：

（1）信仰祭祀民俗，包括民间宗教信仰、礼俗禁忌等。

（2）民间艺术民俗，包括民间音乐、民间舞蹈、民间美术和民间工艺等。

（四）语言民俗旅游文化

语言民俗旅游文化包括两大部分：民俗语言与民间文学。民俗语言包括一个民族或地区中流行的那些具有特定含义，并且反复出现的套语，如民间俗语、谚语、谜语、歇后语、街头流行语、酒令，等等。民间文学是指由人民群众集体创作和流传的口头文学，主要有民间神话、民间传说、民间故事、民间歌谣、谚语、谜语等民俗文化形式。

一、填空题

民俗文化的集体性和传承性、时代性和地域性、稳定性和变异性、规范性和服务性是民俗的重要特征，但不是民俗的所有特征。在具体的民俗研究中，也可根据实际情况，归纳出其他一些特征，如________、________、________等。

二、问答题

1. 什么是民族？民族的主要特征有哪些？
2. 什么是民俗？民俗有哪些类型？谈谈你对民俗功能的理解。
3. 中国民俗的产生和发展经历了一个怎样的过程？
4. 民俗文化和旅游有怎样的关系？
5. 什么是民俗旅游文化？民俗旅游文化的内容主要有哪些？

第二章

物质生产民俗旅游文化

通过本部分内容的学习，学生可认识物质生产民俗的一般概况；了解中国传统的物质生产及其民俗的相关知识；学习各地利用物质生产民俗来发展旅游的成功经验；能够利用所学物质生产民俗的相关知识解释工作、生活与学习中的民俗事象；培养民俗文化情感。

物质生产和商贸活动是人类最基本，也是最重要的活动之一，是人类持续生存的生计模式。人类赖以生存的物质都来源于生产和贸易，生产贸易活动也成为一个地区最基本的民俗文化形态和文化传统。它是一个国家、民族的特定地区、社会群体中的大众，在一定生态环境中所创造、享用和传承的物质文化事象，包括：农事民俗；狩猎、游牧和渔业民俗；工匠民俗；商业和交通民俗等。它贯穿人类生产实践活动的全过程。

物质生产民俗主要反映的是人与自然的关系。它的特征主要表现在五个方面：

（1）地域性。人民大众进行物质生产所形成的风俗习惯，依附于不同生态环境的自然条件。

（2）季节性。人与自然斗争，受自然现象的规律制约，从而形成随天体运转、气象变化的季节性和周期性。

（3）功能性。物质生产民俗首先是为了满足物质生活的需求，脱离这个需求的物质生产民俗是不存在的，它具有直接的功能性。

（4）稳定性。在漫长的农业生产发展过程中，人们学会了护苗、除草、灭虫和抵御旱涝等各种方法，于是在生产过程中，土、肥、水和管等方面的习俗便渐渐形成，并依赖人们的口头或行为方式一代代延续下来，尽管表象有过十分复杂的变更，但核心内容依然有所存留，且往往形成了固定的模式。

（5）经验性。在中国传统社会中，农业生产规模较小，基本上是一家一户的分散经营，农业生产知识、技术的传播主要靠农民自己的经验积累。物质生产民俗是劳动人民在长期的生产实践过程中，对生产对象及其规律性的长期观察、感受和思考的结果，具有一定的科学意义。

第一节　农事民俗

我国的物质生产民俗包含的地域广阔、内容丰富、历史悠久，具有东方农业文化的特色。在我国物质生产民俗中，农事生产民俗居于中心地位。

农事民俗是指农业生产的过程、操作方式和技术，以及为了获得丰收而举行的仪式活动，具有季节性和周期性的特点。中国是一个农业大国，农事民俗自然是最具有普遍意义的民间文化现象，也是生发其他民间文化事象的背景知识。

一、农业耕作的时序、节令习俗

虽然农业生产在不同的地区各有差异，但它的整个过程的各个环节，对一年中的自然时序、节令的适应性却极强。农历二十四节气对农业生产具有重要的指导作用。在《风土记》《四民月令》等古籍和流传在全国各地的农谚中，记录了许多农民在一年内约定俗成的耕作习惯。从备耕、播种、防灾、田间管理到植树造林、收获、储藏，都有季节和周期规律可循。农民常说的“庄稼不等人”“季节不饶人”，就说明农事一旦违背规律，就会遭受损失。

二、占天象、测农事的习俗

我国古代农民在生产实践中，经过长期观察，逐渐产生了丰富的天文学知识，并形成了比较固定的习俗。这些知识虽受到地域的限制，但具有一定的科学性与可行性。农业生产适应天象和气候的变化规律是保证农业丰收的重要条件之一。一年中的天气旱涝、风霜和虫害等，都影响当年庄稼收成的好坏。这是关系国计民生的大事，因此，古时普遍流行在除夕或大年初一清晨察看风云、天象，预卜一年的旱涝和晴雨的习俗。例如，河南农谚说："立春晴一日，农夫不费力。"；江苏农民对"岁朝看风云，以卜田事"的习俗很重视；南方靠江河的地方的"秤水""验水表""看参星"，占卜飓风、水旱的风俗也很盛行。这些习俗不一定稳定可靠，但其中包含一定的科学因素。在我国古代农业科学不发达的情况下，它一直对农业生产起着指导作用。

三、卜农事丰歉，祈福、禳灾的习俗

农业收成的好坏，直接影响着人们的生活。我国自古以农立国，重视农业收成，这形成了古代传统的小农经济意识。因此，历朝的官府和百姓都有在年关以及节令转换时占卜农事丰歉，祈求免除灾害、避祸得福的习俗。尽管这类习俗不科学，但它却反映出相同的民俗心理。如南方有的地方用水占卜年头好坏；在广东也有除夕时把盐米放在灶上，用碗盖起来，看盐米的聚散，占卜丰歉的习俗等。通过这些习俗，人们希望能借助超自然的神灵的庇佑，获得幸福，或对危害人类的自然灾害予以禳（ráng）解或消除，这些构成了我国农事民俗文化的重要组成部分。

四、农业禁忌、祭祀习俗

农业禁忌习俗，一方面是农民不能充分认识自然界规律的反映；另一方面也是农业生产经验的积累。一年四季，天气的好坏与否，对农业收成影响极大。农业禁忌是农民对农业生产时间规律的经验性认识的一种总结。如在宁远，正月初一不能睡觉，否则要倒田塍；立秋时，农家禁止家人在田间走，否则秋收减产。四川在二月望日，还有鬻（yù）蚕的"蚕市"和祭蚕的习俗。山东等地养蚕要男女分工，防野蚕和野雀伤害。中原地区在一年收完蚕花以后，要到庙里谢蚕神，祈求来年蚕丝丰收。所有这些习俗的形成，都与农民企盼提高农桑产量的心理有关。

五、祭田神、先农和社神的习俗

原始宗教观念的重要表现之一便是祭天、祭祖。它反映了古代劳动人民面对大自然与人类自身的利害关系所采取的自然崇拜的信仰和仪式活动。人们期望通过这类原始宗教信仰和仪式活动，满足生产和生活上的需求。在我国古代，农业生产居主导经济地位，祭天、祭祖、祭山川和土谷之神等，也是农事活动中的一项重要内容。大年初一开始，通过祭天、祭先农，期盼一年内风调雨顺、五谷丰登。天气久旱不雨，就要祭龙神求雨。遇久雨不晴，过去在河南一些地区的农村妇女要做"扫天娘娘"，求女娲大神扫除乌云。我国古代祭八蜡神也是农民为了祈祷来年丰收所举行的仪式活

动。一年里，对于涉及农事丰歉、耕作辛苦、祛灾降福等关系农民温饱、饥寒的生活大事，农民无不希望借助超自然的力量得以实现。这类习俗或信仰的产生和形成，主要原因是农业科学技术落后，人们战胜自然灾害的能力有限，其局限性也表现在这里。随着近代农业科学技术的进步，人类战胜自然灾害的愿望逐步得到实现，这类习俗逐渐淡化，有些民俗已经消失。

六、农业仪式程序与生产过程习俗

农业生产周期长，程序复杂，所呈现出来的民俗事象也十分丰富。这些习俗包括农业生产工具的制作和使用，以及具体的生产程序等。这些习俗世代沿袭，成为广大农民生产、生活的一部分。它既可以起到传授农业生产技术知识的作用，又成为农村精神文化的重要组成部分。

"鞭春牛"是旧时流行全国的岁时习俗，是一年当中农业生产的第一项民俗活动。"鞭春牛"（见图 2－1）又叫"打春"或"鞭春"，其仪式过程大概是这样：立春前一天，先将泥塑的春牛送至城郊的先农坛，或在先农坛举行迎春仪式后，将春牛抬回地方行政官署。立春这一天，官绅要沐浴洁身，更换素净的衣服，不坐轿不骑马，步行到祭坛前或官署前，和当地农民聚集在一起。等到"春官"报告立春时辰已到，扮成"芒神"的行政长官用"春鞭"抽打泥塑的春牛，意思是打去春牛的懒惰，让它勤奋耕地，以获得丰收。春牛被打烂后，大家争抢碎土，将其扔进田里，寓意获得好收成。

后来，泥塑的春牛变成了纸牛。纸糊的春牛是经不住打的，鞭子一抽下去，立即"皮开肉绽"，牛肚子里事先装入的五谷便撒落一地，这象征着"五谷丰登，谷流满地"。"鞭春牛"更具积极意义的是，当时的历书不太流行，即使有，农民们一般也看不懂，为了能使耕种者知道立春节气的到来，用"芒神"来打"泥牛"或"纸牛"，可吸引更多的农民来观看，加上"吃春饼"（见图 2－2）等民俗，这就起到了更广泛的宣传作用，使农民及时知道春天到来了，农事即将开始。

图 2－1　鞭春牛

图 2－2　春饼

农具制作和操作的习俗也很丰富，如北方小麦产区耕地时，使用的犁就有由犁辕、犁铧、犁面、犁梢、犁把等组成的铁犁和新式七寸步犁。犁地时，一般用牛、驴或人力牵引，采用“搅着犁”和“扶着犁”等各种犁法。山地或狭窄的地带用镢头锄地。耙地用的耙具为木制，称“耙”或“耙床”。播种用耧，耧一般由耧架、耧杆、漏斗、耧腿和耧铧等部分组成，有两腿耧和三腿耧。播种时，用牲口或人拉耧，旁边有一个人牵引，叫“帮耧”。在不宜耧播的地方用撒播、点播或掩播的办法播种。在抗旱方面，多用勾担挑水，打旱井、挖井囤蓄天上雨水，或用吊杆浇水。在田间管理方面，锄草分为深锄、浅锄、横锄和间锄等。施肥分造肥和上粪等。在收割上，大部分用镰刀和铲刀等割麦。打场时，讲究晒场、翻场、放滚、起场、扬场和堆垛等一系列操作习俗。

在南方水稻产区，农业生产也有独特的习俗。一般在犁田以前要先灌水，犁后耙两遍。麦茬田在栽秧前几天才平整土地，草子田要提前六七天犁地，犁耙后要平整泥土。同时还有一系列模式化的仪式环节，如“开秧门”“关秧门”“尝新米”等。

今天，随着农业现代化的发展，以往许多简易、笨重的体力劳动慢慢被现代化的机械操作所替代，农事习俗的很多方面已经消失或正在消失。

七、农业娱乐习俗

原始社会的艺术审美功能与生存需要的实用功能是融为一体的。首先是实用功能，但审美功能也同时存在于文化创造之中，只是当时还不曾被明确认识罢了。农业生产民俗来自劳动实践，也伴随生产活动自然形成娱神、娱人的具有文娱性质的民俗文化。这种民俗文化，有的是在农业生产过程中进行创作的，有的是在丰收以后节庆时表演的，有的出现在元宵节等节日期间的民间业余文娱活动中，或歌或舞，丰富多样。像四川天全县上元节制作的“祈谷灯”“白果灯”，通宵达旦点燃，都是为了庆节、求丰年之用。灯台下各有两人抬神像，来祈求当年五谷丰登。又如农民制作的“九曲莲花”，插竹一亩见方，由巫师在里面跳舞祈年，叫“踹灯神”，有的用竹子做秧标，避鼠雀，有的表演鸡栖避狸的情景，等等。各地类似的民俗都与农民盼望生产丰收、农事耕作顺利和身体健康的心理有关。

此外，各地的《数九歌》虽然说法不尽相同，但都离不开对季节的变化和耕作、生活情景的描绘，从中既可以判断农耕的时令以及在生产、生活上如何适应的要求，又可以满足农民对民俗文化娱乐审美的精神需求。

第二节　渔业民俗

渔业生产有海洋渔业和淡水渔业之分，这两类渔业生产风俗有很大的不同。

一、海洋渔俗

海上渔业生产门类繁多，一般称出海打鱼为大海市，称近海落潮时拾蛤捉鳖为“赶海”或“赶小海”。大海市集中在春季和秋季，称为“春汛”“秋汛”。

北方海上用船主要有三种：最小且无篷的叫“舢板”，用于近海钓鱼等；单篷的名为“脚子”，桅蓬之外，另设六支橹桨，出海打鱼，多半用它；三桅三篷，叫船，一般用于渔区的运输。船篷用白细布做成，幅与幅间包缝，并以绳索连接，横以竹竿节节撑起。船内部分人仓、鱼仓和货仓，船前曰“前头”，船后曰“后腚”，后顶板称“后照”，两舷之外曰“船帮”，左舷曰“里赶”，右舷曰“外赶”。推船下海或拉船上滩均称“拉船”。拉船有号子，只要一声号子呼唤，人不分男女，必齐奔海岸，无论为谁拉船皆拼命出力，即使平日有怨隙也不计前嫌。

南方沿海地区称出海捕捞为“碰海”。鱼汛期分“起水”“头水”“二水”“三水”“四次”。渔民对出海的日期讲究逢双不逢单。每次出海前先上香拜菩萨，再以酒菜请菩萨。船老大向菩萨参拜许愿，祈求出海打鱼顺利，并许以做戏之愿。

浙东渔民海上作业多到舟山渔场，以捕捞黄鱼为主。渔船捕上的第一条大黄鱼，要先供船上菩萨。供毕，船老大吃黄鱼头，众人分吃鱼身。若发现鲻鱼，立即将其头斩下，因为渔民认为鲻鱼为不吉之鱼。旧时渔民无钟表，故多点香计时，下网时点上一炷香，香燃尽即收网。

东海渔民所用的大渔网由一百二十张网拼合制成，上新网要由孕妇来拼头网，以喻“会生”“会发”。装网时，网上插花，多为月季花。此时，小孩不可在网底下钻来钻去，谓鱼要在网底下钻出。黄鱼丰收要做“渔戏”，在一个鱼汛期捕鱼量最高者称“红老大”，享有很高的威望，要以他的名义出钱请戏班做戏。

按生产习惯，东海渔船上的人员有明确分工，等级十分森严。一般大捕船有老大、头手、三季等。对网船有老大、多人、出网、出袋、扳二桨、扳三桨等。溜网船有老大、副老大和伙计等。不论是哪种作业船型，老大都是一船之主，在船上发号施令，生活上也从优。

若有渔船海上遇险，周围渔民都有抢险救灾的义务，若有人落水，无论何方人

士，都当救不辞。如在海上遇到浮尸，若是面朝天女尸或伏着的男尸则不能捞，要等海浪将尸体翻过来才能捞。捞尸时要用镶边篷布蒙住船眼，以避邪气。捞上尸体叫拾了个“元宝”，无主的尸体要运回陆地再埋葬。

东海渔民作业时有很多禁忌。例如：春汛时老大穿长裤；船上吃饭时座位固定，不得随意乱坐；菜肴放在正中，各人只吃自己一边的菜肴，不能吃对面或两旁的菜。船与船之间借东西称“拔红头”，一般不借；出海前，船上之物只准进、不准出；若群船在海滩上待发，晚间，渔民误把被褥或猪肉等递上别船时，对方不会归还，食物折价给钱，物品则待返船后再归还；不可在船头小便，两侧小便则以船桅为界；船上不可搁腿坐，坐船板上不可以把腿垂下；不可用大土箕等不干净的东西装鱼；不可用脚踢黄鱼；船上不可以说不吉利的话，忌说“倒”“翻”“没有”等词，忌做倒、翻等动作，“倒掉”称“卖掉”，“翻个面”称“转个堂”，“没有”说成“满发”；睡觉不可以俯着睡；碗不可以覆盖，筷子称“撑篙”，不可以搁在碗上；吃鱼须自上而下吃，不可吃了一面，把鱼翻个面再吃另一面；渔民不可以进产房；妻子临产，渔民要先把衣服拿出。

二、淡水渔俗

长江流域养鱼大多在池塘和稻田里。养鱼先要买鱼苗。沅湘流域沿岸都有鱼苗交易市场，生意十分兴盛，远近客商都来此贩运鱼苗。每年立春后有百日左右的交易，俗称“鱼逢百日春”。此处为保鱼苗养殖和交易兴旺，每年六月初六在东岳庙会举办酒会。

以捕捞为生的渔民素有信神重祀之俗。南方太湖流域的渔民奉灶王爷为河鱼神，农历十二月二十四，渔民在锅灶前摆上鱼肉和豆制品等供品，点上香，敬谢灶王爷的恩德。传说灶王爷掌管河里的鱼，每年此日夜间要为渔民开放一次鱼库，让渔民捕更多的鱼。敬灶王爷时要选一条活蹦乱跳的黑鱼供在锅灶前，敬毕，这条黑鱼要放生，看它向哪里游，如果向东游，那么明年捕鱼生意在东方，如果向西游，则捕鱼生意就在西边，向南、向北以此类推。但不管黑鱼游向哪里，渔民过完年后，第一次开船捕鱼，必先把船往东开，据说东方迎着太阳，表示吉利，开了一程以后再根据黑鱼“指示”的方向开。

渔民早上开船捕鱼，如果船头下面发现老鼠游过，而又捕不到鱼，则认为犯了禁忌，要立即收网回家，不再捕鱼。渔民忌讳黑白颜色的鱼跳上船头，以此为不吉利。如果捕到鲤鱼，则认为当天一定“利市”，网网丰收；如果捕到黑鱼，则以为特大吉兆，黑鱼头黑，喻“黑心”，当天定会捕到一大批鱼；如果捕到鱼头上有斑点的鱼，则预示生意就在近几天，鱼尾有斑点，预示生意在以后，鱼身有斑点，预示捕鱼生意

旺在中旬；如果正月里捕到身上有斑点的鱼，则预兆六月份捕鱼会丰收；如果早上开船时发现一条狗在河里游，认为要交好运；如此等等。

渔业民俗是渔文化的重要内容。无论哪一类渔业区，都有一个共同的特点，那就是它们的民俗与经济生产融为一体，具有明显的实用功能，即一切渔业民俗都以有利于这种生产的进行和提高收益为目的。

第三节　民间手工业民俗

民间有“三百六十行，无祖不立”的俗语，也有三十六行、七十二行、三百六十行之说，还有三教九流、七十二寡门的指称等，这些行业数目都是一种泛称，意谓行业众多。

各行各业的工匠们，数千年来代代相传，在生产技艺方面精益求精，在技术传授方面讲究师承，且有各自不同的行话和禁忌，形成了很有特色的行业习俗。手工业包括技术手段、制造过程、生产组织和消费模式，以及与之相关的习俗、习惯、规范和信仰。

一、手工业的技艺传承

在手工业民俗中，历数千年而不衰的“百工五法”，是我国古代工匠技艺中最杰出的创造。产生于战国时期的《墨子》一书，对此有过概括性的总结：“百工为方以矩，为圆以规，直以绳，正以县。”矩、规、绳、水、垂，就是人们常说的“百工五法”。这五种方法，在泥瓦匠、石匠、木匠、铁匠、皮匠等行业中都有应用，并一直传承至今。“百工五法”同各行业基本生产工具的结合运用，构成了我国工匠生产技艺最基本的民俗形态。

营造寺庙和宫殿的木匠，古代叫“大工”，他们是同类匠人中水平最高的。代表中华民族传统建筑技艺之最的榫卯结构和展现我国建筑艺术风格的斗拱和飞檐，正是中国木匠技艺最精华的部分。

“文房四宝”是中国传统文化用品，其中以湖笔、徽墨、宣纸、端砚最为有名。历代以制作高质量文具为主的工匠，代代相传，皆有绝技在身。如创建于乾隆四十年（1775 年）的安徽休宁、屯溪“胡开文墨店”所生产的徽墨，以色彩黑润、历久不褪、掭笔不胶、入纸不晕、香味浓郁、书写自如而著称，其产品有油烟墨和松烟墨两类，按品级又分为极品、神品、超贡、漆贡、贡烟等。为了保证制墨原料的地道，胡氏制

墨匠人要点燃数百盏油灯，一股股浓烟从灯头升起，在悬着的铁板下面聚集为“烟子”，然后轻轻刮下，加入黏合剂和香料制成各种墨锭。这个店所生产的上等墨，具有“落纸如漆，万载存真”的效果，堪称华夏一绝。

工匠的绝技，是聪明智慧和灵巧双手相结合的产物。他们技艺的传承，总是通过收徒授艺、言传身教和实践为主的办法来实现，而且主要记之在心、流传于口、代代相传，不轻易传人。各行工匠中流传着的大量艺诀、艺谚，正是他们经验的总结。如建筑工匠中所流传的“瓦匠看二”，其意思是普通房屋出檐部分的宽度应在柱高的十分之二，由泥瓦匠掌握。再如，木匠根据经验，认识到垂直木纹的耐压力，比平行木纹的耐压力要高出许多倍，所以在他们中间才有“立木顶千斤”的艺诀流传。民间画匠、塑匠的艺诀，也有自己的特色，比如，他们无论是画人还是塑像，都以“立七、坐五、盘三、跪四”的艺诀来说明人体的解剖比例，意思是以头的大小为标准，站像应当为七个头高，坐在椅子上应当为五个头高，盘坐着应为三个头高，跪着应为四个头高。在民间工匠的艺诀、艺谚中，行话、术语较多，若非同行，往往不易明了，和一般生活谚语有着明显的差别。这些行话、术语是历代工匠祖祖辈辈经验的积累，是研究工匠技艺传承风俗的宝贵材料。

二、手工业的行业习俗

我国传统的工匠行业习俗，除了前面提到的有关技艺传承的艺诀、艺谚之外，还表现在师承制度、职业行话、行业禁忌和祖师崇拜等方面。

“家有良田万顷，不如薄技在身”的俗谚，反映了旧社会劳动大众为了谋生而重视学艺的心态。数千年来，拜师收徒之风极盛，并形成了严格的师承制度，从选徒、拜师、传艺到出师，各行业都有自己的一套规矩。一般来说，师傅对徒弟实际上采取的是家长式的管制。刚进师门的小徒弟，先要为师傅家里干杂活，挑水、劈柴、烧饭、抱孩子等，什么活都要干，他不但要唯命是从、应对得体，还必须做到早起晚睡、眼尖腿勤，受训斥、挨巴掌是经常的事。经过一两年的家务活训练，师傅认为他能听话吃苦、人品合格，这才开始传艺。艺徒先是给师傅打下手，由简到繁、由粗到细，继而在师傅的监督和指导下干关键性的技术活。经过几年的勤学苦练，直到能独当一面，才能出师。出师时，徒弟要给师傅送大礼，叩头谢师，而师傅则以数件劳动工具相赠。老北京的画匠在每年的农历四月初十，都会在前门外东珠市口精忠庙集会，除祭神、聚餐、议事之外，一项重要的活动就是举行新艺徒的拜师礼和由各位师傅向同行介绍出了师的徒弟，充分表现出师承制度的严肃性。

职业行话，亦称“行业语”，是各行工匠为了本行业的技术保密、内部交换想法或其他特殊需要而创造、传承的一种同行用语，外行人很难明白其中的含义。如两湖

的木瓦工中曾流行一种“木瓦工条子”的行话，可细分为姓氏行话、称谓行话、工具名称行话、生产行话和日常生活行话等。如称尺子为“量天子”、“墨斗”为“江湖”、瓦刀为“开天子”、梯子为“步步高”等。甲地木匠赴乙地干活，如需同行帮忙找活干，只要用行话搭腔、问安、祝福、求助，必会得到帮助，甚至受到免费三天食宿的招待，反映出“人不亲行亲”的职业民俗特点。

各行各业的工匠都有自己特殊的语言禁忌和行为禁忌。如甘肃武威一带的挖煤工匠为了避凶求吉，无论是在井下还是在井外，都不说“砸”（应说“碾”）、“淹”（应说“沙”，连“盐”也得说“沙”）、“盖”（应说“搭”）、“炸”（应说“润”）。喝酒行令也不说“五”，因“五”与“捂”同音。北方泥瓦匠盖房要避开“不宜动土”之讳口，择吉日动工，木匠上梁时要在梁上张贴“上梁大吉”“姜太公在此”等红纸小条幅，以驱煞安宅。

祖师崇拜是我国各类工匠民俗中一个重要的组成部分，每逢祖师生日、重要节日或者重要工程开工之日，都要举行隆重的祀典。如木匠、石匠、泥瓦匠祀鲁班，油漆匠祀普安和尚，铁匠祀李老君，画匠祀吴道子，制笔匠祀蒙恬，篾匠祀刘备，玉器匠祀丘处机，酿酒匠祀杜康，陶器匠祀范蠡，染匠祀葛洪等。这些习俗，主要反映了各行工匠对本行业开创者或技艺超群者的怀念与崇拜。虽然其中有些祖师的事迹来源于民间传说，但工匠们都虔诚奉祀，这是他们信仰民俗的表现。

三、手工业民俗的特点

手工业是一种“流动”的行业，虽然行业自身的习俗较少系统性和凝固性，俗规多随附当地的其他习俗，迎合了民间普遍的心理需求，但总体而言，仍有以下三个特点。

（一）师承关系的系谱性

我国民间各行业的工匠在技艺上代代相传，形成了各自独特的风格和传统，这与他们师承关系的系谱性有着密切的关系。师徒关系的亲缘化（艺徒大多是工匠自己的子弟或亲戚），就是这种系谱性的典型表现。与此相关的就是工匠来源的地域性。如西安市的厨师被称为“勺勺客”，大都来自蓝田县；新中国成立前上海市服务行业操“三刀”（厨刀、剃头刀、修脚刀）谋生的工匠，则主要来自江苏扬州一带。这种某大城市某行业工匠来自某地的现象，在我国非常普遍。工匠艺徒大都来自农村，多为家族成员或亲戚关系。

（二）技术传授的封锁性

受师承关系的制约，加上工匠之间的激烈竞争，他们在技术传授上都相当保密，对非同一师承的同行，防范尤其严格。“祖传秘方”“传男不传女”“只此一家，别无分店”，等等，无一不是这种技术传授封锁性的表现。像北京玉雕、南京铜锣、杭州张小泉剪刀、常州梳篦等的制作工艺，在以往均严加保密。

（三）生产活动的神秘性

在长期的封建社会里，工匠们由于机遇的难觅和命运的多舛，普遍比较迷信，他们往往求助于神灵的佑护。因此，各类工匠的生产活动大都具有神秘的性质，诸如对祖师的祈祷和祭祀、语言和行为禁忌、行话和隐语等。其目的是：求得自身的安全；技术的保密；求得劳作的顺利和成功。至于通过祭祀希望能有较丰厚的收入，当然也在情理之中。

第四节　商贸民俗

古代文献把专门从事贸易活动的商人称商贾。“行曰商，处曰贾。”“列肆赎卖”“前店后场”者等，属坐贾。每家店铺都要取一个名号，大商号的招牌一般请书法名家或政要名人书写。招牌多用木板做成，悬于大门之上，讲究的要饰以金箔和金粉。民间素有“宁可赔了白银，也不能坏了名号名声”的说法。“船车贾贩，周于四方”者为行商，沟通于买者和卖者之间的人为掮客，掮客一般不自设铺号，“惟持口舌腰脚”。

一、商业集市

商品交换要在一定场所进行，这种交易场所有市、墟、集、会等多种称呼。“南方曰市，北方曰集，蜀中曰痎，粤中曰墟，滇中曰街子，黔中曰场。”“市”是比较通行的说法，它又有具体分类。比如，从交易时间上看，有早市、夜市，还有日落后交易的夕市、穷汉市；从交易的内容看，又有草市、鱼市、香市、粮食市、牛马市等。这些“市”又名“小市”，“小”字的意思就是只卖零碎的日常用品与食物。“市”的历史悠久，《周易·系辞下传》曰：“日中为市，致天下之民，聚天下之货，交易而退，各得其所。”

“集”是我国农村的经营场所（新疆称“大巴扎”，见图 2－3）。开集有固定日期，通常是三天一小集，五天一大集。去集市进行交易叫“赶集”“跟集”“赶场”。集市上各类商品有较固定的出摊地点，形成若干交易区域，井然有序。集市上人头攒动，小商小贩大声叫卖，一派火爆景象。

“庙会”又称“庙市”（见图 2－4），起源于古代的社祭。古代称土神和祭土神的祭礼、祭期为“社”，如春社、秋社、社日等。旧时有社戏，即农村中迎神赛会时演出的戏。开庙日期根据各庙特点或所供奉的神灵的祭祀日期来定。

图 2－3　新疆大巴扎

图 2－4　厂甸庙会

民国时期的庙宇均设定期市集，交易百物。市场大抵在庙宇中隙地上，而延展于庙宇旁隙地，与庙外市街的商业行为，构成庙会的中心。庙会上的买卖，大多是卖主租赁庙中的房屋、地段，固定设摊进行的。每届会期，货主总是到惯常的地方摆摊做生意。他们各自的摊位都比较固定，甚至几十年不更换处所。在会期以旬为单位循环的地方，摊主往往在一个庙会的会期结束后，再去赶另一个庙会。

在庙会上摆摊的摊主不同于坐商，他们的经营时间由庙会的会期决定，受到时间限制；这些摊主也不同于行商，他们有固定的地方，不是走街串巷做买卖。总之，在庙会里摆摊交易是一项特殊的交易。据 1930 年的调查统计，当时北京城区有庙会 20 处，郊区有 16 处。当时有八大庙会之说，即白塔寺、护国寺、隆福寺、雍和宫、东岳庙、白云观、蟠桃宫、厂甸庙会，其中厂甸庙会一直极为繁盛。随着经济的发展和物资交流的需要，人们在庙宇及其周围除了进行祭祀求神等庄严的活动，还可以进行日常商业贸易和各种娱乐，相当于提供了一个公共平台供人们进行物资交易、人际交往。庙会集宗教、商业贸易和民俗活动于一体，如今，我国很多地区都延续了庙会这一传统。

二、传统幌子

早期商业标记的幌子，可以追溯到战国时期仿效军队所用战旗演进而成的悬帜。作为引起注意、招揽顾客的幌子，其形式极为丰富，有旗帘、实物、夸张性模型、文字牌匾或某种含有一定寓意的物件等。比如古代的酒店大都以旗帘为幌子，如今遍布全国的四川小吃“鸡汤麻辣烫”、兰州的“清汤牛肉面”也有旗帘做的幌子；过去的中药店，则悬挂木制大型成串的药膏模型做幌子；弹棉花的则在屋檐下悬挂一团网住

的棉花；配钥匙的则悬挂一大把钥匙模型；修车的则悬挂车胎作为标记。另外，过去的当铺门前悬一个大大的“当”字，茶叶店则悬一个大大的“茶”字，点心店门前所悬的“应时名点”“什锦南糖”等精制长木牌为幌子，皆属于广告性质的文字招牌，人们一看便知其经营范围。

三、行商小贩的货声

吆喝叫卖，属于用声音指称所卖货物的民俗形态，称“货声”或“市声”。行商小贩在走街串巷贩卖货物时，仍继承旧时的传统，利用响器声和吆喝声招揽顾客。

旧时北京城里的货声颇具特色，小贩的吆喝声一般都有简单的曲调，顾客即便听不清其所吆喝的内容，但根据其约定俗成的曲调就能辨别卖的是什么货物，小贩的响器也大都因行业的不同而各具特色，方便顾客辨别。北京、天津一带卖小吃的小贩，吆喝花样颇多，常见的有：卖金鱼的喊“哎——大小——金鱼来!”，卖樱桃的喊“小红的樱桃，快尝鲜!”，以及“老豆腐，开锅!”“炸丸子，开锅!”如此等等，还有一些小贩，在长期的吆喝叫卖中，其吆喝声不但旋律高亢、声腔悠扬，而且多具有北方高腔的音乐性旋律。

北京、天津一带小贩用于招揽顾客的响器，常见的有：剃头的手里拿一把上宽下窄、形似镊子的响器，叫作“唤头”，用铁棒扒拉发出“嗡嗡嗡”三声；卖布的摇拨浪鼓；卖日用百货的用竹藤棍敲击葫芦瓢……旧时各地城镇流行的货声，以其特有的艺术魅力和乡土风采深受文学家和美术家的关注。如今，在很多的旅游景区或景点均有以货声吸引游客的场景，如在河南开封的相国寺和开封府里，甚至是在大街上均可听到特殊的叫卖声，以及开封砸花生糕的小贩的市声，游客莫不驻足观看，甚至有的游客还参与其中，给旅行带来了特殊的乐趣与体验。

四、商业隐语

为了不使商业情报外泄，商业界流行一套大体相同的商业隐语，称作“八大块”或“十八块”。这些词语说出口，一定要按照规矩改成其他说词，否则会招致厄运，并被同行惩罚。如凡店铺门市总称朝阳，典当为兴朝阳，盐店为信朝阳，衣店为皮子朝阳，布店为稀朝阳，杂货店为推恳朝阳……

除各行有各自行当的商业隐语之外，至清末民初又形成若干商人通用切口。如店东为老板，店东的儿子为小开，经理为阿大，协理为阿二，好买主为糯米户头，坏买主为馊饭户头，主人为点王，账房为龙头，交易的中间介绍人为掮客，伙计为猢狲，店员倚柜台而立为石狮子，学徒为三壶，学徒遭辞退又经调停留用为还汤，洋行买办为康白大，等等。使用商业隐语，成为当时一种颇具民族民间文化特征的商业习俗。

五、民间工艺品

在漫长的社会历史发展中，广大劳动人民为满足自己物质和精神生活的需要，以粗廉的原料，用手工或简陋工具加工制作，创造出众多民间工艺品。这些工艺品主要有麦秆画、麦草画、剪纸（见图2－5）、彩塑、泥塑（见图2－6）、草编、竹编、蜡染画、年画、烙画、刺绣、面塑等。民间工艺品与原始宗教和巫术活动有着密切的关系，祝福祈祥、镇恶辟邪、生殖崇拜等成为其重要的文化内涵。随着社会经济和文化的发展，民间工艺品中的原始文化内涵已经淡化，逐渐成为民间审美文化的重要代表，也是游客旅游的过程中重要的旅游纪念品。

图2－5　剪纸

图2－6　泥塑

六、商标及商品包装

商标及商品包装也是商贸民俗的重要组成部分。我国传统的商标，或绘龙、虎、鹿、鹤、蝙蝠及梅、菊、牡丹等图案，或以“福”“寿”之类的吉祥字及店主姓氏为商标，既富于民族文化内涵，又可以加深消费者对该商品的印象。许多著名的老字号十分讲究商品的包装，如过去到各大城市的著名药店抓药时，药店为了对病人负责和避免出错，店伙计必然先将每一味药用专门印有这味药性质、用途、主治、禁忌的小方纸包起来，然后才展开印有店名、地址、经营项目及成药名称的大纸，将各小包药整齐地摞在中间包好，再用扎中药包专用的双色线捆扎，并随药赠送一个过滤汤药的小箩儿。这种认真的态度和精到的服务，会使顾客印象深刻。再如，四川豆瓣酱容器小竹篓的精巧与牢靠等，均为民族特色和地方特色的包装样式，为我国商贸民俗增添了异彩。当游客在旅游的过程中购买当地土特产时，独具特色的商标及包装民俗也一定能够在宣传该商品的同时，给游客留下难忘的印象。

第五节 生产贸易民俗与旅游

随着旅游向专业化发展，出现了休闲旅游、生态旅游、农业旅游和工业旅游等新的形式和更为细化的旅游方式。依照对民俗旅游资源的界定，只要具有一定的观赏性、娱乐性和经济性，都可以列入旅游资源的范围。稻作、蚕桑业、渔业、手工业等都符合这些要求，自然也是亟待大力开发的宝贵资源。

一、农业民俗旅游是现代旅游的新天地

我国是个农业大国，农业生产的内容全面而丰富。农业生产民俗可以说是我国传统生产方式的全面反映。通过这些民俗，可以看出农业生产的流变和传承。当然，对于旅游而言，这是原生态的民俗景象。原始而古朴的农业生产方式，由于现代化生产力的迅猛发展和科技的高度发达，正在不知不觉中慢慢消失。这不但对农业生产民俗研究者而言是个遗憾，对广大有兴趣于此的旅游者来说也是一种遗憾。因此，大力开展农业民俗旅游十分必要，而且农业民俗旅游还能以其独具的生态性、田园性和休闲性吸引越来越多的旅游者，成为现代旅游的新天地。

二、商业民俗是重要的经济型民俗旅游资源

商业民俗是具有浓郁气息的民俗文化，它是发生在流通领域的行为，流通过程主要在民间实现，离不开民众，并反映出民众心理。

进行商业民俗旅游开发的典型代表是天津的“古文化街旅游商贸区”，它以商业步行街为依托，以天津传统民俗表演、民间工艺品展卖为主要活动内容。在每年的国际民俗风情旅游节上还特别邀请世界各国民间表演团体，以各具特色的国外民间艺术表演、盛装巡游展示为节日看点，增强了世界各国、各民族人民间的相互了解与友谊，营造了一种欢乐、祥和、浓烈的旅游氛围。每年的国际民俗风情旅游节都会吸引大批国内外游客和本地市民前来参观，它不仅成为一种对外宣传天津的金色招牌，而且也让国内外的游客更全面、更深刻地了解天津，同时极大地丰富了天津市民的精神文化生活，成为津门的标志性旅游品牌。

天津是“商贾之所萃集”的大都会，有着多元的商业民俗的文化积淀。从观念上讲，天津商人聚财思想十分鲜明，所以，平日供奉财神爷和利市天官，大年初二家家迎神。最具有民俗特征的是天津商业的文化形象。在古文化街上，游客可以看到街面

上的药店、茶庄、绸缎庄、鞋帽铺、金店等的门脸以及内部装修各有特色。天津商俗中还很注意职业道德，把道德规范变成口头传承的信条，如货真价实、公平交易、童叟无欺，等等。这些都是城市长久以来的商业民俗和历史文化形态的积淀所形成的。这些旅游资源对游客形成吸引力的同时，也给当地的旅游业带来了巨大的经济社会效益。

思考与练习

一、简答题

1. 为什么说生产商贸民俗是民间最主要的生存方式?
2. 以你的家乡为例，说说与小麦有关的习俗。
3. 生产民俗有哪些表现形式?

二、选择题

1. 生产民俗产生于（　　）。

A. 原始社会　　B. 奴隶社会

C. 封建社会　　D. 资本主义社会

2. 汉民族的生产民俗主要有（　　）。

A. 农耕民俗　　B. 养殖民俗

C. 渔业民俗　　D. 手工业民俗

三、思考题

1. 以河南开封为例，谈谈旅游开发中应如何利用生产商贸民俗。
2. 以河南郑州为例，谈谈你对生产商贸民俗旅游的看法。

第三章

饮食民俗旅游文化

本章导读

民以食为天，饮食在人们生活中占有十分重要的位置。它不仅能满足人们的生理需要，而且因其具有丰富的文化内涵，在一定程度上也满足了人们精神层面的需求，从而形成了丰富多彩的饮食文化。饮食民俗，正是这种饮食文化的形象化表现。在我国，不同地区、不同民族，由于各自特殊的历史、地理条件和经济文化因素，在漫长的历史进程中形成了各具特色的饮食民俗。本章的内容有：饮食民俗的特征与分类；中国传统饮食民俗、地方风味与菜系，以及茶俗文化、酒俗文化；饮食民俗与旅游开发的关系。

第一节　饮食民俗概述

《论语》中记载“食不厌精，脍不厌细”，体现了古人对饮食的较高要求。我国古代上至王侯贵族，下至平民百姓，尽管对于饮食有不同的追求，然而其中有许多习惯是一样的。

一、饮食民俗及其特征

由于中国幅员辽阔、民族众多、地区差异很大，饮食民俗便有所不同，但在本质上大体是一致的，饮食民俗的概念是有关食物和饮料，在加工、制作和食用过程中形成的风尚，是民俗中最活跃、最持久和最具特色的事象之一。

饮食民俗是伴随着人类社会的产生而产生、伴随着经济文化的发展而发展、伴随着科学技术的进步而进步的。它的形成与发展由中国的地域条件和历史文化等多方面因素所决定，也相应地表现出地域性、民族性、宗教性和融合性等特征。

（一）饮食民俗的地域性

饮食民俗对自然环境有很强的选择性、适应性和依赖性。地域和气候不同，食性和食趣自然就迥异有别。像西北地区招待客人多用羊馔，东南地区待客却多是河鲜海鲜，朝鲜族爱吃泡菜，壮族喜欢竹筒糯米饭。口味上有东淡西浓、南甜北咸的区别，调味上又有春酸夏苦、秋辣冬咸的更迭变化。正是饮食上地域性和季节性的差异，促使了各种乡土风味的形成。

（二）饮食民俗的民族性

我国是一个多民族国家，各个民族的饮食民俗存在差异。经过几千年的发展，形成了许多极富特色的饮食民俗传统，如蒙古族的“半月不撤席”、哈萨克族的“宰羊先问客”、纳西族的“街心酒宴”、畲族娶亲时由厨师“对歌点灶火”、侗族节庆时的“酸鱼席”、瑶族的“吃笑酒”、京族男女恋爱时的“以歌代言、托食寄情”等，均展现了我国民族饮食民俗的丰富多彩。

（三）饮食民俗的宗教性

宗教的戒律和禁忌规范着饮食民俗的传承与变异，民间的许多食俗与宗教信仰有密切联系。比如穆斯林的斋月食俗等。

（四）饮食民俗的融合性

中国漫长的历史发展过程，也是各民族、各地区融合发展的过程，这种文化交流，大大丰富和影响着我国的饮食民俗。如汉时张骞出使西域后，西域的核桃、蚕豆、黄瓜、香菜和胡萝卜等食物传入内地；隋时开通大运河，极大地促进了南北饮食文化的交流。

二、饮食民俗的分类

我国的饮食民俗丰富多样，地域不同、场合不同、时间不同，都会带来饮食结构、饮食方式、饮食礼仪的不同，但是总体来说，我国的饮食民俗可以分为以下三种。

（一）日常食俗

日常主要食物由主食和副食组成。我国是个农业国家，南方以种植水稻为主，北方以种植麦稷为主。水稻和麦子，加上玉米、高粱、豆类等，构成日常的主食。麦子一般制成面粉后做馒头、面条、烙饼；稻米一般做成饭、粥、糕及其他制品。副食主要有蔬菜、肉类、奶类和饮料等，制作方法也因地而异。日常食物的功能主要是满足人们的生活需要，以温饱为目的，以节约为本，讲究四时三餐的统筹安排，遵循强身健体、延年益寿的饮食习惯等。

（二）节日食俗

节日食俗是展示我国饮食民俗最充分的食俗之一。它除了满足人们的生活需要以外，更多的是赋予这些食物以及食物的各种造型等以特殊的象征意义。在我国汉族地区，一年之中最重要的节日要数春节，春节期间的饮食也最为丰盛。节前十多天，各家即着手准备食品。除夕晚上，全家要围坐在一起吃“团圆饭”，菜肴十分丰富，一般有条件的家庭都要做十二道菜，象征一年的十二个月，有的还做得更多。很多菜都有其象征意义，如鱼象征吉庆有余，吃鱼时要将鱼头留下，意为“有余头”；芹菜象征一年之中要勤快；葱象征聪明；蒜象征一年之中会算计；青菜、白菜象征一年清清白白。

节日食俗除了包括我国节日期间的食俗以外，还包括我国一些特殊时间或特殊活动的食俗，这些时期形成的饮食习俗与节日食俗一样十分独特，比如在结婚、建房、寿诞等活动中的饮食与节日饮食一样具有强烈的象征意味。

节俗饮食一般讲究“逢喜成双、遇丧排单、庆婚重八、贺寿重九”的排菜规矩，并且菜名注重“口彩”，将饮食礼仪与民众的良好祝愿紧密地结合起来。

（三）宗教食俗

宗教食俗主要是在原始宗教和现代宗教的影响下所形成的食俗禁忌、食俗礼仪和食俗规矩等。其民俗的表现与其他两类饮食民俗相比有明显的区别。宗教饮食民俗在行动上有某种手段或仪式，在语言文字上有某种戒律，在心理上有某种支配精神意识的神秘力量。这些都外化为什么可以吃、什么不可以吃、什么时候吃、什么时候不吃以及按什么方式吃等。

除了虔诚的宗教信徒创立和传承的宗教食俗外，民间的日常饮食习俗中还包含了许多饮食的宗教祭祀内容。如在一些节庆活动中，只有等神灵享受完祭祀食品后，人们才能食用。这种俗众中的宗教食俗与宗教信徒的宗教食俗有本质的区别，如果说宗教信徒的宗教食俗的主体是人的话，那么俗众中的宗教食俗的主体则是神。这种俗众中的宗教食俗源于人的灵魂不灭的观念，他们认为神灵像人一样具有灵魂和思想，他们过着与人一样的生活，他们同样享用人世间的美味佳肴。同时，俗众敬奉给神灵的祭祀食品，具有与神灵沟通、祈请神灵保佑的作用。

第二节　饮食民俗的发展与地方风味的形成

一、饮食民俗的产生和发展

饮食民俗的产生和发展是以饮食为基础的，中国传统饮食文化历史悠久，源远流长，是中国传统文化中的一颗明珠，是中华民族在长期的生产和生活实践中，在食物原材料的开发、餐饮器具的研制、烹饪技艺的提高等方面创造、积累并影响周边国家和世界的宝贵财富。

在远古时期，我们的祖先靠采集野果、捕猎野兽为生，过着“茹毛饮血”的原始生活。正如《礼记·礼运》所记载：“未有火化，食草木之食，鸟兽之肉，饮其血，茹其毛。”《太平御览》中记载“《古史考》曰：古之初，人吮露精，食草木实，穴居野处。山居则食鸟兽，衣其羽皮，饮血茹毛。”这些都生动地展示了我们的先祖们在没有学会用火熟食的技能时，连毛带血生食鸟兽的生存状况。这种情况维持了100多万年，直到人类开始懂得用火并且用来制熟食物时才开始有所改变。

以火熟食是我们饮食文化的起源，但除了火以外，要想让文明饮食的种子生根发芽，还需要相对丰足的食物材料和一定的烹饪器具。人们最初的食物来源主要是采集和渔猎，后来又发展到原始的农业和畜牧业。在原始社会新石器时代，粟、黍、稷、稻、麦等谷物是最古老的栽培作物，猪、狗、鸡、牛、羊、马等动物是最早被豢养的禽畜。人工种植谷物、饲养禽畜和采集、渔猎结合起来，使得中国古人的食物来源相对稳定。

在陶器诞生以前，人们只能在火上直接烧烤食物，或者用石头传热来使食物成熟，这就使得当时的烹饪受到了很大的限制。后来，先民们在长期的生产和用火实践中，慢慢发现火烧过的黏土会变成坚硬的泥块，不漏水、不变形，并且导热性好。于是，他们从最初相对简单的敞口盆和罐做起，造型越来越多样和实用，釜、鼎、鬲、甑等陶器的出土，说明当时除了煮以外，已经有了蒸的烹饪方式。

与原始社会相比，奴隶社会逐步进入比较成熟的农耕时代。夏商周时期，种植、养殖所提供的产品已经成为主要的食物来源，食物品种丰富而稳定。随着农业的发展以及生产部门的进一步分工，手工业也有了新的发展，最具有代表性的便是青铜器的冶炼和制造，上层贵族开始将青铜器作为炊具和餐具。

这一时期，人们不再是简单地制作食物，而是形成了初步的烹饪格局，选料严格，刀工精湛，配菜合理，在加热和调味上更是不断总结进步，菜品质量飞速提高，推出著名的“周代八珍”，其中显示出烹调技术有了长足进步，可以较好运用烘、煨、烤、烧、煮、蒸等10多种方法。

秦始皇一统天下，结束了战国时期的割据混战，中国开始进入封建社会，历经两汉、魏晋乃至隋唐，中国处于封建社会的上升时期，这一时期，中国的政治、经济和文化高速发展，中国的饮食也迅速发展起来。

这一时期的食物烹饪材料，除了常规的农业和畜牧业来源以外，也有很多新的开发和引进。如汉代时豆制品的出现、温室栽培技术的应用、张骞出使西域带来的珍贵蔬菜水果等。在餐具中，秦汉时期富贵之家广泛使用漆制器皿，长沙马王堆汉墓出土的就有壶、耳杯、盘、案和箸等。唐时，风姿特异的瓷质餐具逐渐普及到人们的日常生活之中，取代了陶质、铜铁质和漆质餐具。

这一时期出现了两次厨务大分工，第一，红白两案的分工。《汉书·百官公卿表》中明确记载，汤官主饼饵，导官主择米，庖人主宰割。第二，炉与案的分工。四川德阳出土的东汉庖厨画像砖（见图3-1）上画着厨师烹饪劳动的情形，有人专管切配加工，有人负责加热烹调。这有利于厨师集中精力专攻一行，提高技术。

图3-1　东汉庖厨画像砖

宋元明清是中国封建社会的中后期。这一时期，中国传统饮食文化逐步完善，进入了成熟阶段。食物来源不断增多，从国外引进许多新的食物原料，如占城稻、白薯、美洲玉米、倭瓜、四季豆、丝瓜、辣椒、番茄和土豆等。到清朝末年，食物材料已有2 000多种，凡是可以食用的东西都用来烹饪，食物原料非常广泛。

这一时期，餐饮器具也有进步，瓷质餐具仍占绝对优势，明清的金、银、玉、象牙餐具更为豪奢。菜点的制作技术及工艺环节都非常规范。单是炒法在清朝已派生出

生炒、熟炒、爆炒、干炒、葱炒和杂炒等十余种，至于切割、配菜、调味、装盘等技术环节，都有完善的体系。

二、菜系与各地风味

早在春秋战国时期，南北风味已有分野。秦汉以后，区域性地方风味食品的区别更加明显，南北各主要地方菜式初露苗头。两宋的京城已经有了北食、南食等地方风味流派的名称和区别。清朝中晚期，主要地方风味已形成稳定的格局，最终形成了帮派众多的地方菜系。中国最常见的地方菜系分为“四大菜系”，即川菜、淮扬菜、鲁菜和粤菜，分别是我国西部、东部、北方和南方的代表，少数民族风味饮食则反映边疆少数民族的饮食习惯。

（一）四大菜系

川菜主要由成都菜、重庆菜和自贡菜组成，尤以成都、重庆两地的菜肴为代表，在秦末汉初就初具规模，唐宋时发展迅速，明清已富有名气，晚清时逐步形成地方风味极其浓郁的菜系，如今川菜馆遍布世界各地。川菜以麻、辣、鲜、香为特色，原料多选山珍、江鲜、野蔬和畜禽，善用小炒、干煸、干烧和泡、烩等烹调法。以“味”闻名，味型较多，富于变化，如今常见的有麻辣、酸辣、椒麻、麻酱、蒜泥、芥末、红油、糖醋、鱼香、怪味等各种味型，口味清鲜、醇浓并重，具有“一菜一格”“百菜百味”的特殊风味，各式菜点无不脍炙人口。

苏菜主要由淮扬、金陵、苏锡、徐海四个地方菜组成。它始于春秋，兴于隋唐，盛于明清。淮扬菜发源地有长江横贯于中部、运河纵流于南北，一年四季物产丰富，烹饪原料应有尽有，反映到菜品特色上就是：淮扬菜用料广泛，选料精良，尤为注重鲜活、鲜嫩；制作精细，注重刀工，尤以瓜雕享誉四方；调味上追求本味，重视调汤，风味清鲜；在造型方面，力求色、香、味、形俱佳，菜品风格雅丽，展现出高超的艺术性。

鲁菜也叫山东菜，由济南和胶东地方菜、孔府菜构成，其孕育期可追溯到春秋战国，南北朝时发展迅速，经元、明、清三代的不断发展，被公认为一大流派，主要风行于北方地区。山东是粮食和水产品的生产大省，蔬菜水果种类繁多，丰富的原料为鲁菜的精细选料创造了条件。鲁菜原料多选畜禽、海产、蔬菜等，擅用爆、熘、扒、烤、拔丝、蜜汁等烹调方法，偏重于酱、葱、蒜调味，擅用清汤、奶汤增鲜调味，口味咸鲜。

粤菜也叫广东菜，以广州、潮州、东江三地的菜品为代表而形成，最早可以上溯到秦始皇南定百越之际，历经发展，明清时随着海运大开、口岸开放，饮食业愈加兴隆，终于形成集南北风味、中西烹饪于一体的独特风格。粤菜最突出的特色之一就是

用料广博，据粗略估计，粤菜的用料达数千种之多。此外，粤菜注重质和味，口味比较清淡，清中求鲜、淡中求美，而且品味随季节时令的变化而变化，夏秋偏重清淡，冬春偏重浓郁，追求色、香、味、形俱佳。

（二）少数民族的风味饮食

我国幅员辽阔，民族众多，少数民族各有自己的饮食特色，这些民族饮食是中华风味饮食体系的重要组成部分，现选择一些有代表性的少数民族风味饮食进行介绍。

1. 蒙古族的风味饮食

蒙古族主要聚居在内蒙古自治区，其余分布在中国的东北、西北地区。蒙古族是一个历史悠久而又富于传奇色彩的民族。千百年来，蒙古族过着“逐水草而迁徙”的游牧生活。蒙古族每餐都离不开奶与肉。手扒肉和马奶酒是他们日常生活中最喜欢的食品饮料和待客佳肴。

手扒肉是蒙古人传统的食品之一。做法是将肥嫩的绵羊去皮去内脏洗净，去头蹄，再将羊分成若干大块，放入白水中清煮，待水滚肉熟即取出，置于大盘中上桌，大家各执蒙古刀大块大块地割着吃。手扒肉因不用筷子，用手抓食而得名。

每年七八月份牛肥马壮，是酿制马奶酒的季节。勤劳的蒙古族妇女将马奶收贮于皮囊中，加以搅拌，数日后便乳脂分离，发酵成酒。随着科技进步，蒙古人酿制马奶酒的工艺日益精湛完善，不仅有简单的发酵法，还出现了酿制烈性奶酒的蒸馏法。六蒸六酿后的奶酒为上品。马奶酒性温，有驱寒、舒筋、活血、健胃等功效，被称为紫玉浆、元玉浆，是“蒙古八珍”之一。此外，蒙古族还有涮羊肉、烧牛蹄筋、扒驼掌、奶皮子、奶酪、酥油等非常具有民族特色的风味饮食。

2. 满族的风味饮食

满族主要居住于东北地区，由于生活环境的不同以及与汉族交流频繁，饮食习惯一方面与汉族有相似之处，如吃大米、小米、面食等，另一方面仍有自己的特点，保留了饽饽、酸汤子、萨其马、火锅等富有民族特色的食品。

饽饽是由黏米做成的，有豆面饽饽、苏叶饽饽、年糕饽饽等。根据不同的季节制作不同的饽饽。酸汤子是满族的一种普通食品，它是用玉米面经过发酵后做成的，形似一条条筷子粗细的扁形面条，放上各种调料和白菜等食用。萨其马是满族的传统风味糕点，是用精面粉、鸡蛋、糖、芝麻、瓜子仁、青红丝等做成，色、香、味、形俱佳。火锅这种吃法在满族先民中已有上千年的历史。在古时，女真人狩猎时常用篝火烧陶壶来煮食物吃。塞外天寒，往往边烧边吃，这是火锅的雏形。后来随着金属器皿的广泛使用，火锅正式诞生。随着时代的进步，这种吃法进一步发展，内容也大大丰富起来，在满族历史上出现过天上锅（飞禽锅）、地上锅（走兽锅）、水中锅（鲜鱼

锅）、酸菜白肉锅等。火锅在全国流行以后，各地居民把本地佳肴食俗融进了火锅，出现了许多风味各异的新品种。

3. 回族的风味饮食

回族主要聚居于宁夏回族自治区，在新疆、云南等地也有不少聚居区。回族有小集中、大分散的居住特点。在内地，回族主要与汉族杂居，在边疆，回族主要与当地少数民族杂居。因为分布较广，回族的食俗也出现了多样性，如宁夏的回族偏爱面食，喜食面条、面片，还喜食调和饭，甘肃、青海的回族则以小麦、玉米、青稞、马铃薯为日常主食。

回族长于煎、炒、烩、炸、爆、烤等各种烹调技法。风味迥异的清真菜肴中，既有用发菜、枸杞、牛羊蹄筋、鸡鸭、海鲜等为主要原料，做工精细考究、色香味俱佳的名贵品种，也有独具特色的家常菜和小吃。民间特色食品有酿皮、拉面、打卤面、豆腐脑、牛头杂碎、臊子面等。在青海省西宁市，回族著名的万盛马糕点影响很大。

4. 藏族的风味饮食

藏族主要分布在西藏自治区以及青海、甘肃、四川、云南等省。藏族食品主要是糌粑、酥油茶、牛羊肉和青稞酒等。糌粑是农牧区普遍的主食。它是将炒熟的青稞用石磨加工成面粉，又称“炒面”。酥油茶是把砖茶的茶叶倒入 1 米长的木质长筒内，加上盐和酥油，用长轴上下冲击，使其各种成分均匀混合而成。藏族食用牛羊肉讲究新鲜，在牛羊宰杀之后，立即将大块带骨肉入锅，用猛火炖煮，开锅后即可捞出食用，以鲜嫩可口为最佳。人们吃肉时不用筷子，而是将大块肉盛入盘中，用刀子割食，牛、羊血则加碎牛羊肉灌入牛、羊的小肠中制成血肠。青稞酒是用当地出产的青稞酿制而成的一种低度酒，男女老少皆喜欢饮用。此外，藏族的典型食品还有炸果子、搅团和奶茶等。

5. 维吾尔族的风味饮食

维吾尔族主要聚居于新疆维吾尔自治区，饮食以面食为主，吃菜必须见肉，多为牛、羊肉和鸡肉，烹调方法常用烤、煮、蒸、焖，习惯用胡椒、辣椒面、孜然、洋葱等调料，还喜欢用黄油、蜂蜜、果酱、果汁、酸奶、马奶等提味增香，常以胡萝卜做配菜。最常吃的有馕、羊肉抓饭、烤包子等。

馕是把发酵的面团放进馕坑内用红火炭烤制（也有的家庭用圆煎锅烙制）成的大小、厚薄不等的各种烤饼，有的还加入白糖、鸡蛋、奶油或肉，美味可口，其种类有大馕、薄馕、油馕、肉馕等。羊肉抓饭是用羊肉、羊油、胡萝卜、葡萄干、洋葱、大米做成的风味食品，也是节日和待客不可缺少的食品。维吾尔族人将抓饭称为“帕罗”，意为用蔬菜、水果和肉类做成的甜味饭。烤包子，维吾尔语称“沙木萨”，用羊肉、羊尾油、洋葱（皮牙子）等做成馅，再用面皮包成方形，放入馕坑烤熟即成。

6. 傣族的风味饮食

傣族主要生活在云南地区，以大米为主食，尤其喜欢吃糯米。傣族的竹筒饭最为有名，制作时将一节竹筒挖通待装米。米洗干净泡水后，即可直接装入竹筒，再用叶子将竹筒口塞紧，然后放在小火上烧烤，待竹筒表面烧焦后饭也熟了，剖开后就是有着特殊清香味的竹筒饭，是傣族过节或待客的上等主食。

傣族日常肉食有猪肉、牛肉、鸡肉、鸭肉，不食或少食羊肉，善于制作烤鸡、烧鸡，极喜鱼、虾、蟹、螺蛳等水产品。所有佐餐菜肴及小吃均以酸味为主，如酸笋、酸豌豆粉、酸肉及野生的酸果。傣族还喜欢饮酒，甜米酒更是男女老幼都喜爱的饮料。

7. 壮族的风味饮食

壮族主要生活在广西，主食是稻米，还有色、味、香俱全的五色饭、外形奇特的各种粽子、吃法与众不同的包生饭、金灿灿的粘小米饭，还有无论是节日还是平时都受欢迎的米粉。传统肉食有猪肉、鸡肉、鸭肉、鹅肉、羊肉、牛肉和马肉等。在这些肉食中，较有特色的是白斩鸡、烤猪和鱼生。壮族的菜食，四季新鲜，种类繁多，有青菜、萝卜、豆、瓜、竹笋、蘑菇、木耳等。酒水主要是自家熬酿的米酒、白薯酒和木薯酒，度数都不高，其中米酒是过节及待客的主要酒水。

第三节　中华茶俗与酒俗

中国是最早制茶、饮茶的国家，被誉为“茶之祖国”。中国也是世界上最早酿酒的国家之一，酒文化历史悠久，享誉世界。茶、酒与人们的精神生活密切相关，融进了人们的日常生活，渗入了人生的方方面面，构成了一幅色彩斑斓的民俗风情画卷。

一、中华茶俗

中国存有最原始的野生大茶树树种，世界各国最初的栽培技术、加工工艺、饮茶方法、茶事礼俗等，都是直接或间接地从中国传播出去的，中国茶文化是中华民族对世界文明做出的特殊贡献。

（一）饮茶的历史与传统

茶最初被人们作药饮用，据《神农百草经》中记载：“神农尝百草，日遇七十二毒，得茶而解之。”在中国的文化发展史上，往往是把一切与农业和植物相关事物的

起源都归结于神农氏，神农氏所处时期大抵是新石器时代，当时的食用茶的方法应该是咀嚼茶的鲜叶。

夏商周三代时，也有与茶相关的记载，当时我国西南地区已经有了人工栽培的茶树。茶主要是作为菜肴汤料供人食用。秦汉魏晋时，茶叶从巴蜀地区传到江南，饮茶的人也明显增加，不再限于少数的贵族之家，这一时期普遍将茶制成茶团，饮用时先将茶团捣碎放入壶中，再加入开水。

隋唐时茶文化迅猛发展，茶叶产地遍布全国，茶叶制造以蒸青团饼茶为主。陆羽总结了前人饮茶的经验，写成《茶经》一书，罗列了相关的植茶、制茶、烹茶的知识，使得茶饮的内容大为丰富。

宋代时，全国茶叶产区又有所扩大，饮茶虽以饼茶为主，但同时也有一些蒸而不捣的散叶茶。在饮用方式上，改唐代的煮茶法为点茶法，即不再把茶叶投入水中煎煮，而是放在茶盏中用开水冲注，再充分搅拌。

由宋至元，另一种通俗饮茶方式的发展，则是散茶冲泡的逐渐普遍。散茶的制作方法有蒸青、炒青，这都是唐代就有的工艺。

明清时，无论是在茶叶类型上还是饮用方法上，都与前代有着差异。散茶成为盛行明清两代并且流传至今的主要茶类。清代除了名目繁多的绿茶、花茶之外，还出现了乌龙茶、红茶、黑茶和白茶等，从而奠定了我国茶叶结构的基本种类。

（二）茶的种类

茶的分类标准有很多，按季节可分为春茶、夏茶、秋茶和冬茶；按生长环境可分为平地茶和高山茶。一般来说，通用的方法是分为基本茶类和再加工茶类，基本茶即绿茶、红茶、青茶、黄茶、白茶、黑茶；以这些基本茶类做原料进行再加工以后的产品统称再加工茶，主要有花茶、紧压茶、萃取茶、果味茶、药用保健茶和含茶饮料等。下面主要对六种基本茶的制作、特色和代表名茶进行简要介绍。

绿茶是历史上最早的茶类，距今已有 3 000 多年的历史了。绿茶属于不发酵茶，经杀青、揉捻、干燥等典型工艺加工制成。中国绿茶中，名品最多，主要有西湖龙井、洞庭碧螺春、六安瓜片、黄山毛峰和信阳毛尖茶等。

红茶是发酵茶，以适宜制作本品的茶树新芽叶为原料，经萎凋、揉捻、发酵和干燥等典型工艺过程精制而成。红茶具有红汤、红叶和香甜味醇的特征，名品有祁门红茶、川红工夫茶、云南红碎茶和滇红工夫茶等。

青茶，亦称乌龙茶、半发酵茶，综合了绿茶和红茶的制法，制作工序包括萎凋、摇青、杀青、揉捻、干燥等步骤，其品质介于绿茶和红茶之间，名品有武夷岩茶、安溪铁观音、闽北水仙和冻顶乌龙茶等。

黄茶最早是从炒青绿茶中发现的，它的制作比绿茶多了一道“闷黄”的工艺，这一特殊的工艺，使得茶叶进行了发酵，最终区别于绿茶，形成“黄叶黄汤”的特色。较著名的黄茶有君山银针、蒙顶黄芽、北港毛尖和温州黄汤等。

白茶是我国的特产，加工时只将细嫩、叶背满茸毛的茶叶晒干或用文火烘干。这种制作方法既不会破坏酶的活性，又不会促进氧化作用，保持了茶叶清新自然的口感。名品代表有银针白毫、白牡丹、贡眉和寿眉等。

黑茶属于后发酵茶，生产历史悠久，多产于四川、云南、湖南、湖北和广西等地。黑茶的基本工艺流程是杀青、揉捻、渥堆、干燥，成品黑茶呈黑褐色，汤色黄中带红，香味醇和。普洱茶和六堡茶是特种黑茶，品质独特。

（三）茶的礼俗

茶作为“国饮”，随着历史、文化的不断发展和积淀，进而变为礼俗的一部分，体现了人们美善的心灵和高尚的道德品格。

客来敬茶是中华民族的传统礼仪和习俗，也是表达主客之间深厚友谊的一种方式。究其历史，由来已久。晋代王蒙用“茶汤敬客”，桓温用“茶果宴客”，唐人张籍《赠姚合少府》诗中的“为客烧茶灶，教儿扫竹亭”，宋代杜耒《寒夜》诗中的“寒夜客来茶当酒，竹炉汤沸火初红”，至今仍是用茶敬客的佳句。

宾客临门，一杯香茗，既表示了对客人的尊敬，又表示了以茶会友、谈情叙谊的至诚心情。同时，饮茶的地点，应尽可能打扫得干净；选择的茶具和用水必须清洁卫生；茶叶的选择亦必须是家中所存茶叶中的上品，如为极品，还应事先向客人介绍一下此茶的来由和特点，以引起客人对此茶的兴趣；泡茶时不宜将水冲得过满，可分两次冲水；敬茶时，主人必须将茶双手捧上；主人陪客饮茶，边饮边叙情谊，客人所饮茶汤剩 1/3 左右时，主人宜起身为客人茶杯里添水；饮茶时，主人有时亦可配上一些糖果点心，以助雅兴。

以茶会友是我国自古以来就有的联谊形式。唐代著名书法家颜真卿曾在月夜啜茶，与挚友抒怀，留下《五言月夜啜茶联句》。宋代著名文学家、诗人苏轼与好友秦观等游惠山，以被誉为“天下第二泉”的惠山泉水煮茶。在当代，“品茶香、知茶趣”，香飘四溢的茶浓缩着现代人宁静致远的生活情调，引领着现代人清新雅致的生活潮流。工作之余，约三五好友聚于茶馆，品茶清谈，交流思想，一杯清茶入口，顿觉精神振奋，疲劳尽消，不但在身心上得到某种满足和慰藉，还能增进友谊、增长知识。

茶的礼俗还表现于冠礼、婚礼和寿礼等重大喜庆典礼中。茶在民间婚俗中历来是“纯洁、坚定、多子多福”的象征，故世代流传民间男女订婚要以茶为礼，茶礼成为男女之间确立婚姻关系的重要形式。婚嫁行聘礼曰“下茶”，结婚曰“吃茶”。浙江一带，新人入洞房前，夫妇要共饮“合枕茶”，婚礼后的第二天，新郎新娘须捧着盛满

香茶的茶盘，向长辈们“献茶”行拜见礼。

（四）少数民族茶俗

酥油茶是藏族民众每日必不可少的饮料。居住在青藏高原的藏族，由于独特的自然地理环境，日常生活中以酥油和糌粑为主要食品。青藏高原气候较冷，不宜于蔬菜的生长，与之相比，茶叶却容易运输和保存。在长期的实践过程中，藏族民众渐渐懂得，蔬菜所含有的营养成分，可以通过茶叶来补充。这样，他们就创造了独特的打制酥油茶的方法。

酥油茶是用酥油和浓茶加工而成。打制时先将适量酥油放入特制的桶中，佐以食盐，再注入熬煮的浓茶汁，用木柄反复捣拌，使酥油与茶汁融为一体，呈乳状即成。藏族常用酥油茶待客。他们喝酥油茶还有一套规矩：当客人被请到藏式方桌边时，主人便拿过一只木碗放到客人面前；接着主人提起酥油茶壶摇晃几下，给客人倒上满碗酥油茶；刚倒下的酥油茶，客人不能马上喝，要先和主人聊天；等主人再次提过酥油茶壶站到客人跟前时，客人便可以端起碗来，品尝并进行赞美；等客人把碗放回桌上，主人再给添满。就这样，边喝边添，客人不一口喝完，热情的主人总是要将客人的茶碗添满。假如客人不想再喝，就不要动它；假如喝了一半，不想再喝了，主人把碗添满，客人就摆着不喝；客人准备告辞时，可以连着多喝几口，但不能喝干，碗里要留点漂油花的茶底。这样，才符合藏族的习惯和礼仪。

三道茶是云南白族招待贵宾时的一种饮茶方式。驰名中外的白族三道茶，以其独特的“头苦、二甜、三回味”的茶道，早在明代时就已成了白家待客交友的一种礼仪。第一道茶称为“清苦之茶”，寓意为“要立业，就要先吃苦”，是由主人用小陶罐烧烤大理特产沱茶至黄而不焦、香气弥漫时再冲入滚烫开水制成。此道茶以浓酽为佳，香味宜人。因白族人讲究“酒满敬人，茶满欺人”，所以这道茶只有小半杯，不以饱饮为目的，以小口品饮，在舌尖上回味茶的苦凉清香为趣。第二道茶称为“甜茶”，寓意“人生在世，做什么事，只有吃得了苦，才会有甜香来”，用大理特产乳扇、核桃仁和红糖为佐料，冲入清淡的茶水制作而成。此道茶甜而不腻，客人可以痛快地喝个够。第三道茶称为“回味茶”，是用蜂蜜加少许花椒、姜、桂皮为佐料。此道茶甜蜜中带有麻辣味，喝后回味无穷。它告诫人们，凡事要多“回味”，牢记“先苦后甜”的哲理。

蒙古族人喜欢喝奶茶，尤其喜欢喝与牛奶、盐巴一道煮沸而成的咸奶茶。蒙古族人喝的咸奶茶，用的多为青砖茶和黑砖茶，并用铁锅烹煮。煮咸奶茶时，先把砖茶打碎，并将洗净的铁锅置于火上，盛水 2～3 千克。至水沸腾时，放上捣碎的砖茶约 25 克，再沸腾 3～5 分钟后，掺入牛奶，用量为水的 1/5 左右；少顷，按需加适量盐巴，等锅里茶水开始沸腾时，咸奶茶就煮好了。蒙古族人认为，只有器、茶、奶、盐、温

五者相互协调，才能煮出咸甜相宜、美味可口的咸奶茶。对其他地区的人来说，“一日三顿饭”是不可少的，但蒙古族往往是“一日三次茶”，却只习惯于“一日一顿饭”。通常一家人只在晚上放牧回家后才正式用一餐，但早、中、晚三次喝咸奶茶一般是不能少的。如果晚餐吃的是牛羊肉，那么，睡觉前全家还会喝一次茶。至于中老年男子，喝茶的次数就更多了。

回族的饮茶方式多样，其中有代表性的是喝刮碗子茶。刮碗子茶用的茶具俗称“三件套”，由茶碗、碗盖和碗托组成。茶碗盛茶，碗盖保香，碗托防烫。喝茶时，一手提托，一手握盖，并用盖顺碗口由里向外刮几下，这样一则可拨去浮在茶汤表面的泡沫，二则可使茶味与添加食物相融，刮碗子茶的名称也由此而生。

刮碗子茶用的多为普通炒青绿茶，冲泡茶时，除在茶碗中放茶外，还放有冰糖和多种果干，诸如苹果干、葡萄干、柿饼、桃干、红枣、桂圆干、枸杞等，有的还要加上白菊花、芝麻之类，通常多达八种，故也有人美其名曰“八宝茶”。由于刮碗子茶中食品种类较多，加之各种配料在茶汤中的浸出速度不同，因此，每次续水后喝起来的滋味是不一样的。一般来说，刮碗子茶用沸水冲泡，随即加盖，经 5 分钟后开饮，第一泡以茶的滋味为主，主要是清香甘醇；第二泡因糖的作用，有浓甜透香之感；从第三泡开始，茶的滋味开始变淡，各种果干的味道就生发出来了，具体依所添的果干而定。大抵来说，一杯刮碗子茶能冲泡 5～6 次，甚至更多。回族同胞认为，喝刮碗子茶次次有味、次次不同，且能去腻生津、滋补强身，是一种甜美的养生茶。

油茶是侗族和瑶族都喜欢的饮品。凡在喜庆佳节，或亲朋贵客进门，他们总喜欢用做法讲究、佐料精选的油茶款待客人。油茶的制作颇为讲究，首先是选茶。通常有两种茶可供选用：一种是经专门烘炒的末茶；另一种是刚从茶树上采下的幼嫩新梢，这可根据个人口味而定。其次是选料。油茶用料通常有花生米、玉米花、黄豆、芝麻、糯粑、笋干等，应预先制作好待用。再次是煮茶。先生火，待锅底发热，放适量食油入锅，待油面冒青烟时，立即投入适量茶叶入锅翻炒，当茶叶散发出清香味时，加上少许芝麻、食盐，再炒几下，随即放水加盖，煮沸 3～5 分钟，即可将油茶连汤带料起锅盛碗待喝。最后是奉茶。一般当主妇快要把油茶打好时，主人就会招待客人围桌入座。由于喝油茶时碗内加有许多食料，因此还得用筷子相助，与其说是喝油茶，还不如说是吃油茶更为贴切。吃油茶时，客人为了表示对主人热情好客的回敬，要赞美油茶的鲜美可口，称道主人的手艺不凡，总是边喝、边啜、边嚼，在口中发出“啧、啧”声响，以示欣赏和感谢。

二、中华酒俗

我国是酒的故乡，也是酒文化的发源地，是世界上酿酒最早的国家之一，早在

《诗经》中就有“八月剥枣，十月获稻。为此春酒，以介眉寿”的诗句。在中国数千年的文明发展史中，酒与文化的发展基本上是同步进行的。

（一）酒的起源与发展

从科学的角度来看，酒是一种发酵食品，是由一种叫酵母菌的微生物分解糖类产生的。酵母菌是一种分布极其广泛的菌类，在广袤的大自然中，尤其是在一些含糖分较高的水果中，这种酵母菌更容易繁衍滋长。因而世界上最早的酒，应是落地野果自然发酵而成的。此外，天然谷物受潮后会发霉和发芽，吃剩的熟谷物也会发霉，这些发霉发芽的谷粒，就是上古时期的天然曲蘖，将之浸入水中，便发酵成酒，即天然酒。所以，我们可以这样认为，酒的出现，不是人类的发明，而是天工的造化。我们的先祖从最初尝到天然酒到“酝酿成酒”，是一个漫长的过程，究竟多少年，谁也无法说清楚。近现代考古发掘出土的新石器时代的陶器制品中，已有了专用的酒器。这说明此时我国酿酒技术已经开始盛行。

夏商周三代贵族饮酒极为盛行，从已发掘出来的大量青铜酒器可以证实。西周王朝建立了一整套机构对酿酒、用酒进行严格的管理。在这套机构中，有专门的技术人才，有固定的酿酒式法，有酒的质量标准。这说明当时的酿酒技术已较为完善。

酒之大兴，始自东汉末年至魏晋南北朝时期，盛于隋唐。魏晋南北朝时，各国连年战争，社会动荡不安，统治阶级内部产生了不少失意者，大家借酒浇愁，狂饮无度，饮酒不但盛行于上层，而且进入寻常百姓家。隋唐统一天下后，中国进入封建社会的繁盛时期，汉唐盛世及欧、亚、非陆上贸易的兴起，使中西酒文化得以互相渗透。秦汉及至唐宋，《齐民要术》《酒法》等科技著作问世，新丰酒、兰陵美酒等名优酒开始涌现，黄酒、果酒、药酒及葡萄酒等酒品也有了发展，刘伶、阮籍、李白和杜甫等酒文化名人辈出，中国传统酒的发展进入了黄金时代。

宋末到晚清，是我国传统酒的提高期。明代李时珍在《本草纲目》中记载：“烧酒，非古法也。自元时起始创其法。”指的是西域的蒸馏器传入我国，举世闻名的中国白酒登上了历史舞台，从此，白酒、黄酒、果酒、葡萄酒、药酒五类酒竞相发展，特别是白酒开始深入百姓的日常生活，成为不可或缺的杯中珍品。

（二）酒的种类与名酒代表

酒的分类标准很多，按酒生产方法的不同，通常可分为发酵酒、蒸馏酒、配制酒；按酒精含量的不同，可分为高度酒、中度酒、低度酒；按商品类型的不同，可分为黄酒、白酒、葡萄酒、果酒、啤酒和药酒等。

黄酒是我国最古老的饮料酒，至今已有三千多年的历史，它以糯米、大米或黍米为主要原料，经蒸煮、糖化、发酵、压榨而成。黄酒度数一般比较低，多在16°～18°，营养价值很高，含有糖、氨基酸、维生素等多种成分。成品黄酒用煎煮法灭菌后用陶坛盛装封口，酒液在陶坛中越陈越香，故又称老酒。最为著名的当数浙江绍兴黄酒和江苏丹阳封缸酒。

白酒是中国传统蒸馏酒。白酒以谷物等富含淀粉的作物为原料，经过糖化发酵后，用蒸馏法制作而成。酒的度数一般都在40°以上，酒液清澈透明，质地纯净，有酱香型、窖香型、清香型和米香型等不同香型，各有其风味。代表名品有茅台、五粮液和宝丰酒等。

葡萄酒是用新鲜的葡萄或葡萄汁经发酵酿成的酒精饮料。葡萄酒除去酒和水以外，还含有糖、蛋白质、无机盐、微量元素、有机酸、果胶、各种醇类及多种维生素，这些物质都是人体生长发育所需要的，对于维持人体的正常生长、代谢是必不可少的。国内较著名的葡萄酒有张裕葡萄酒、长城葡萄酒等。

啤酒是以大麦芽、酒花和水为主要原料，经酵母发酵作用酿制而成的饱含二氧化碳的低酒精度酒，作为外来酒种，约在二十世纪初传入我国。啤酒营养价值很高，成分除水和二氧化碳外，还有碳水化合物、蛋白质、维生素及钙和磷等物质。国内著名的啤酒品牌有青岛啤酒、燕京啤酒等。

果酒的生产是以新鲜的水果为原料，利用野生或人工添加酵母菌来分解糖分，产生酒精及其他副产物，除了葡萄外，其他水果制成的酒都叫果酒。与白酒、啤酒等其他酒类相比，果酒的营养价值更高，它含有人体所需要的多种氨基酸和维生素及铁、钾、镁、锌等矿物元素。

（三）饮酒习俗

中国人一年中的几个重大节日，都有相应的饮酒活动，如端午节饮“菖蒲酒”，重阳节饮“菊花酒”。过年是中国人最为隆重的节日，是家人团聚的日子，年夜饭是一年中最为丰盛的酒席，年夜饭中酒是必不可少的。吃完年夜饭，还有饮酒守夜的习俗。在一些地方，如江西，春季插完禾苗后，要欢聚饮酒，庆贺丰收时更要饮酒，酒席散尽之时，往往是“家家扶得醉人归”。

中国人对生命的繁衍、家庭的亲和十分重视。订婚仪式时，要摆酒席，称“会亲酒”，表示婚事已成定局，婚姻契约已经生效，此后男女双方不得随意退婚、赖婚。举行婚礼时，新人要喝“交杯酒”，从此以后，新婚夫妻要风雨同舟，共同生活。婚后的第三天，新婚夫妇要回到新娘娘家探望长辈，娘家要置宴款待，俗称“回门酒”。

小孩出生的第三天，要办“三朝酒”，酒宴要用鸡肉、肉丸、馒头等，以庆大喜特喜。孩子满月时要剃头，这时家里要祀神祭祖，摆酒宴请，亲友们轮流抱过小孩，最后坐在一起同喝“剃头酒”。除用酒给婴孩润发外，在喝酒时，有的长辈还用筷头蘸上一点酒，给孩子吮，希望孩子长大了能像长辈们一样，有福分喝“福水”（酒）。孩子长到一周岁时，俗称“得周”。家中要摆“得周酒”，这时的孩子已牙牙学语，在

酒席间，由大人抱着轮流介绍长辈，让孩子称呼，这不仅增添了“得周酒”的热烈气氛，更让人尽享天伦之乐。

民间往来、酬谢、欢庆离不开酒。有亲朋外出远行，要喝“饯行酒”；有朋自远方来，要饮“接风酒”“洗尘酒”；盖房上梁，要喝“上梁酒”；迁入新居要喝“进屋酒”。中国人的热情好客，在酒席上表现得淋漓尽致，人与人的感情交流往往在敬酒时得到升华。

（四）少数民族酒俗

蒙古族好饮酒，男女均喜饮奶酒，且有大碗喝酒的豪侠风度，有客来必热情款待，宴请必备各种酒，献上纯净的马奶酒和各种肉、乳制品。主人和客人必须畅饮，“男女杂坐，更相酬劝不禁”“客饮若少留涓滴，则主人更不接盏，见人饮尽则喜”“必大醉而罢”。他们认为，“客醉，则与我一心无异也”。来客后不分主客，谁的辈分最高，谁坐在上席位置。客人不走，家中年轻媳妇不能休息，要在旁边做好准备，随时斟酒、添菜、续菜。

满族的待客礼仪向来十分周到。旧时客人进餐，都由族中长辈陪同，晚辈不能同席，年轻媳妇手脚麻利，要在一旁侍候。进餐时，由主人给客人斟第一杯酒，喝酒用小盅，没有碰杯干杯的习惯。客人喝酒要在杯底剩一点，俗称“福底”，预祝主客都有富足的生活。

到藏族人的家里做客，讲究“三口一杯”，即客人接过酒杯（碗）后，先喝一点，主人斟满，再喝一点，主人又斟满，至第三口时干杯。若客人确实不能饮酒，可按藏族习惯以右手无名指蘸酒向右上方弹洒三次，表示敬天地神灵、父母长辈和兄弟朋友，主人再不勉强，并会表示欢迎。一般喝完“三口一杯”之后，客人便可随意饮用。客人起身告辞时，最后得干一杯方合礼节。在喜庆节日里，藏族同胞往往以歌舞劝酒，客人若能唱，要在接过酒杯唱完答谢的酒歌后再饮尽。主人会继续歌舞敬酒，客人若不能再喝，就装出醉了的样子狂歌乱舞一通，表示酒好，忍不住喝多了。众人及主人都会开怀大笑，再不强劝，因为尽兴尽欢的目的已达到了。

凉山彝族喜欢喝寡酒，即不用下酒菜，可以随时随地喝。相识者邂逅，买酒后，几个人围圈而蹲，仅用一两只酒杯，或干脆不用酒杯，一人一口轮流喝，称为喝“转转酒”。若用酒杯，便先从最年长者开始，从右至左，一人一杯，接力轮流，不得轮空，众人用同一酒杯，称为“杯杯酒”，谁也不嫌弃谁，同乐同喜。凉山甘洛县有家酿酒的彝族还常饮“杆杆酒”，即酒酿好后，将一根打通节的竹管插入坛中，众人围坛轮流吸饮，酒液吸完了，再掺冷开水入坛直至味淡。

贵州苗族人家待客，在酒席上每巡给客人敬酒都是双杯，表示主人祝福客人好事成双、福禄双至，也寓意“客人是双脚走来的，仍能双脚走回去”，健康平安。若客人推辞，女主人就会捧杯唱起敬酒歌，直至客人领受他们的祝愿。

青海土族在招待贵客时讲究“三杯酒”，即客人进门饮三杯酒洗尘，客人上炕就座入席（有炕桌摆酒菜）饮“吉祥如意三杯酒”，客人告辞时饮“上马三杯酒”，有酒量的一饮而尽，表现出豪爽真诚，主人很高兴，不胜酒力的，只需以左手无名指蘸酒向空中弹三次，表示敬神、领情和致歉，主人绝不勉强。

第四节　饮食民俗与旅游

中华饮食文化源远流长，历经中华民族五千年历史的洗礼，成为中华文化中一颗璀璨的明珠。同时，“食”作为旅游的六大要素之一，素来为中外游客所关注。古往今来，不少文人骚客在饱览祖国大好河山的游程中因为美食而诗兴大发，留下传世佳作。旅游离不开美食，它们互为花叶，相得益彰。如何弘扬中华饮食文化、发展特色旅游项目、推动餐饮业和旅游业的发展，是一个值得深入研究的问题。

一、饮食民俗的旅游开发可以推动旅游业繁荣

（一）对饮食民俗的开发可以增加旅游业的经营效益

每个城市都有自己的美味饮食，而每个城市也都会有一些美味汇聚的地点，这些地点甚至会成为一个城市的标志，吸引众多游人来寻访。正因为如此，饮食情结增加了旅游业的经营效益。购物、美味似乎不搭界的两种事物，其实在很大程度上是难以分清界限的，逛街的同时能享受美味应当是一种幸福的融合。现在休闲旅游如此红火，一方面有着购物的休闲主导，另一方面，在购物之外，享受一些特有的地方美食，也是游客的基本需求。而对于有着独特的民族特色的旅游地区，饮食就表现得更为突出了。

可是，目前在旅游项目开发时，饮食民俗的开发在旅游线路的设计中还没有得到足够的重视。虽然有专门的民族特色餐饮店，但是这些餐饮店的饮食供应远远没有民族地区的特色用餐方式和用餐配料吸引人。如果旅行社把品尝地方饮食作为一项旅游活动来安排的话，不仅会使得旅游者的行程更加丰富多彩，也会为旅游地和旅行社带来可观的收入。所以，可以肯定地说，饮食民俗的开发必然会增加旅游业的经营效益。

（二）对饮食民俗的开发可以丰富旅游活动的内容

目前，旅游活动早已从最初的观赏名胜古迹、名山大川，发展到如今的休闲旅

游、家庭旅游，旅游活动已经发展到了顶峰。旅游者的旅游目的不仅是观光、休闲，追求新奇体验和释放工作中的压力也成为重要的旅游目的。因此，我们的旅游组织者在设计旅游线路时，要把饮食民俗与旅游结合起来，让游客参与食品的制作，以增加旅游中的乐趣。改变以前的“导游少，导购多”的现象，将“导吃”安排在旅游活动中。

当导游把游客带到少数民族地区旅游时，除了安排吃正宗的当地传统民族食品外，还可以安排游客参与制作这些传统民族食品：当游客到壮族地区旅游时，可以开展让游客参与做猪血灌粉肠、五色饭、竹筒饭等旅游体验活动；当游客到苗族、侗族地区旅游时，可以让游客在品尝“酸、辣、香”特色食品的同时，体验包粽子、打油茶等；当游客到新疆地区旅游时，可以让游客观看烤全羊的制作，参与馕、烤包子的制作等体验活动。游客既能吃到自己制作的食品，又掌握了这些食品的做法，还享受到了快乐，消除了工作压力，这种美好的回忆会让游客印象深刻。

改革开放以来，我国旅游业得到迅速发展，这主要是因为我们在发展旅游业的同时，充分利用了中华民族的悠久历史文明。饮食民俗的开发利用，可以使旅游业走向更为全面的服务方向，全面繁荣旅游业。

二、通过旅游活动促使饮食民俗的发展

在人们生活水平得到提高的今天，旅游业的发展推动了各类服务业以及与旅游相关的生产部门的发展。在旅游业的带动下，许多原来受到冷落的行业日益发展起来，与旅游业形成相互依赖、相互促进的关系。饮食民俗的发展就是这样，它既是旅游业存在发展的基础，同时又因为旅游业的推动而呈现出新的趋势。因此，随着旅游业的不断发展，饮食民俗也会相应地得到促进和发展。

求新、求异、求特、求名和求美是人类的一般需要。旅游者对旅游美食菜点的要求是：不仅可以果腹充饥，而且要有一定的审美意义和文化价值。于是，色、香、味、形、质、意以及制作工艺精巧的风味饮食、特色饮食备受青睐。这样，就必然刺激着各地的饮食服务者想方设法地提高饮食的质量并有所创新，使之适应旅游发展的需要，从而促使饮食民俗的发展。

旅游也是一种文化交流。国内外的游客都感兴趣于旅游地各族的民间文化、风土人情、礼俗习尚，对于饮食更不例外。旅游者了解了一地的民俗，自然会加以传播，使民俗的知名度得到提高；同时，旅游开发可以挖掘出许多以前未受人关注的饮食民俗，进而拓展各地的饮食内容、丰富各民族的饮食文化，这不仅能让旅游者尽兴，而且也能让当地人民受益。

一、填空题

1. 我国的饮食习俗丰富多样，可以分为日常食俗、________和宗教食俗。

2. 中国最常见的地方菜系划分方法是“四大菜系”，即川菜、________、鲁菜和________。

3. 蒙古族每餐都离不开奶与肉。马奶酒和________是他们日常生活最喜欢的食品饮料和待客佳肴。

4. ________是历史上最早的茶类，距今已有 3 000 多年的历史，属于不发酵茶，经杀青、揉捻、干燥等典型工艺加工制成。

5. ________是云南白族招待贵宾时的一种饮茶方式，以其独特的“头苦、二甜、三回味”的茶道，早在明代时就已成为白家待客交友的一种礼仪。

6. ________是我国最古老的饮料酒，至今已有 3 000 多年的历史，它以糯米、大米或黍米为主要原料，经蒸煮、糖化、发酵、压榨而成。

二、问答题

1. 饮食民俗的特征主要有哪些？
2. 中华饮食民俗的发展经过了哪些阶段？
3. 列举一些有代表性的少数民族风味饮食的特色。
4. 简述饮食民俗开发和旅游业发展的关系。

第四章

服饰民俗旅游文化

服饰的出现，既是人类物质文明的体现，又与精神文明的发展息息相关。制作服饰的材料也随着历史的发展而不断变化，从上古时期的兽皮、树叶，到后来的桑麻、棉、丝，直至如今各种现代化的服饰制作材料，经历了漫长而曲折的过程。本章叙述了服饰的特征和类型，阐述了不同时代的代表性服饰和少数民族各具特色的民族服饰，并从旅游开发的角度探讨了服饰民俗的旅游开发价值和常见的旅游开发模式。

第一节　服饰民俗概述

一、服饰民俗及其特征

服饰是人类特有的文化现象。作为物质文化，它是人类物质生产的产物；作为精神文化，它又是人们政治、哲学、宗教、审美和伦理等观念的结晶。概括地讲，服饰民俗是一个地区生活风尚的表征，服、饰结合的民俗，既指衣饰，也含穿着者的行为和文化习惯。中华民族的服饰文化是一个历史悠久、积淀丰厚、绚烂多彩的宝库，有着鲜明的特征。

（一）历史悠久，文化内涵深厚

根据考古和文献资料证实，中国的服饰有着悠久的历史，最早可以追溯到170万年前的元谋人时期。北京山顶洞人遗址出土了缝制衣服的骨针，说明山顶洞人已经知道缝制衣服。到了有文字记载的时代，我国的服饰样式早已形成。作为一种有着悠久历史的社会现象，服饰在我国历史和社会发展的漫长进程中融进了深厚的文化，透过服饰这面镜子可以折射出中华民族光辉灿烂的文化。

（二）极高的观赏价值

服饰在其诞生之初是源于遮羞、防寒等实用功能，但呈现在人们面前更多的却是其审美、伦理等功能，特别是当服饰的数量达到一定的丰富程度，人的冷暖有了保证之后，人对其实用功能之外的装饰、美化身体等审美及伦理功能的追求更是达到了极致。我们的祖先以其超凡的智慧不断推陈出新，在服饰材料、设计以及工艺上创造了一个又一个辉煌，在世界服饰史上写下了光辉灿烂的篇章，给我们留下了光彩夺目的艺术瑰宝。

（三）样式多变，丰富多彩

从时间角度来讲，服饰作为一种物质文化和精神文化，在我国经过几千年的发展，从秦汉时的深衣到隋唐时的高腰裙，从宋明时的褙子到清朝时的旗袍，产生了许多丰富多彩的样式。从地域角度来讲，自然地理条件以及多民族导致我国在横向上亦即在同一个时代不同地域、不同少数民族地区的服饰产生明显差别，从而呈现出服饰的另一种多样性和丰富性。

（四）艺术性

服饰的艺术性是通过服饰的造型、款式、材料、色彩、图案以及花纹等要素来加以表现和反映的。服饰艺术是一种综合艺术，它的发展和演化受到时代、地域、民族、宗教、文化、艺术、教育等诸多因素的影响，从而形成不同风格和式样的服饰。中国广阔的地域范围，悠久的历史，多民族、多宗教的大融合等诸多特点，造就了中国传统服饰艺术在内容、形式、表现手法和风格上各具特色。

二、服饰民俗的类型

服饰是人们穿戴在身上的服装与饰物的全部，包括服装本身及与服装并存的有关饰物。我国服饰形制丰富，种类多样。服饰按照穿戴部位，一般可分为首服、衣裳和足衣三大类别。

（一）首服

历来用于首服的有巾、帻、幞头、帽、抹额等。

巾是用来包头的布帕，以便劳作，有保暖和防护之功用，最初只是在下层男性社

会成员中广泛使用，后来王公贵族才开始使用。

帻是用较厚实的布帛折叠固定成形，用来包裹发髻。戴法是束好发髻后，再戴上帻，上层贵族到下层百姓皆可戴用。

幞头又叫“四脚”，就是四条带子。裹发覆巾于头顶，两条带子系在脑后下垂；另两条带子由后脑朝前折返，系于头顶上，所以幞头又叫“折上巾”。

帽本是少数民族的头饰，魏晋以后才为汉族男女接受，有质地厚实的御寒帽，也有轻薄的纱帽等。

抹额是一条二至三寸宽，长约为各自头围两倍的丝巾，夏天多用质薄、透气性好的纱，冬天多用稍厚一些的绫，使用时将头额和一些头发包围起来，既简单又美观实用。

（二）衣裳

古代服装分为两大类：第一类，分体制，即上身为衣，下身为裳，上衣有襦、袄、衫等，下身为裙、裤等。第二类，衣裳合二为一制，即深衣、袍、直裰等。

深衣：交领右衽，曲裾，不论贵族庶人皆可穿用，可以将人的身体深深地掩藏起来，非常符合礼制的要求，始于春秋战国，兴于秦汉。

袍：有衬里，内衬棉絮，多为交领右衽，袖子宽大，领袖边缘有宽边装饰，穿着舒适方便。

襦：短上衣，长度不同，或齐腰，或齐膝盖，为常人平时所穿。

裳：男女遮蔽下体的主要服装，与后世裙子颇为类似，蔽前一片用三幅布帛连缀，蔽后一片面积稍大，共用四幅连缀，另外还有一条用来系结的腰带。

裤：最初的裤是一双套在小腿上的套筒，无裆，穿在裳内保护腿，后来逐渐有了腰和裆，成了裤子。最初在军队流行，后来才在全国流行。

（三）足衣

原始社会时，为了保护脚不被冻伤和受创，人们从最初用兽皮或其他材料包扎脚，进而制成适合脚的鞋子，古代常见的足衣有履、屐和靴等。

履：鞋子的总称，有丝履、麻履、革履和皮履等，履头式样有圆头和方头等。

屐：木底，底有前后两齿，下雨天在泥泞地行走比较方便。

靴：长筒，原是北方少数民族所穿，赵武灵王胡服骑射后，开始传入中原地区。

三、影响服饰民俗的主要因素

（一）自然环境

服饰民俗的形成与人类居住的自然环境有密切的联系。热带地区气候炎热，服饰样式相对简单，同时工艺也不复杂；在寒带，漫长的冬季和滴水成冰的严寒，人们也无须经常换衣服；而生活在温带，特别是年平均气候在20℃左右的地区，服饰文化相对比较发达。

（二）人文环境

服饰民俗的产生与不同民族的文化传统有着密切的联系，也就是说，服饰从产生后，在保护身体的实用基础上，生发出不同的文化内涵。中国传统文化的一个重要的人生处世观念是中庸之道，凡事不冒尖，对人包容大度，处事沉稳，这种中庸思想体现在服饰的审美上就是讲究“中和”，在色彩上，讲究色彩和谐，在样式上，推崇含蓄端庄，整体格调沉稳大方。

（三）生产生活方式

生产生活方式也是影响服饰文化的重要因素。如傣族居住的地区气候炎热，那里的妇女喜欢穿筒裙。这种服饰不仅透气性好，而且便于蹚水过河、下田劳作；北方游牧民族由于骑马必须叉开双腿，所以只能选择可以保护双腿的裤子，被称为“胡服”的有裆的裤子，就是北方的游牧民族发明的。农耕民族冬日穿棉衣，游牧民族穿长袍，狩猎民族穿兽皮，而生活在乌苏里江流域以打鱼为生的赫哲人，历史上则有穿鱼皮衣裤的现象。

第二节　服饰民俗的发展与变化

人类社会经过蒙昧、野蛮时期到文明时代，缓慢地行进了几十万年。我们的祖先在与猿猴相揖别以后，披着兽皮与树叶，在风雨中徘徊了难以计数的岁月，终于艰难地跨进了文明时代的门槛，服饰也从最初的保暖和遮羞，逐渐增添出更多的审美意味，我们的祖先创造出了璀璨华美、丰富多彩的服饰文化。纵观服饰的发展，其基本特点是阔袖长袍、温文尔雅，深受封建礼教的熏陶与约束，但每个朝代又都有自己相应的特点。

一、先秦时期服饰

早在一万年以前，我们的祖先就已经开始用兽皮缝制衣服，创造了与采猎经济相适应的服饰文化。旧石器时代，人们的装束极为简单，无论男女老幼，都是用树叶或兽皮为衣。此后，随着生产力的提高，服饰的材料有了一些变化。新石器时代，先民们发明了纺轮，麻、葛甚至丝绸已成为重要的衣料来源，同时，服装的样式也逐步开始变化。最初只是将兽皮披在身上，后来人们开始在服装材料中间挖洞，做成贯头

衣，套头穿上，中间再系带，能有效防寒，再晚些时候，服装开始上下分穿。

夏商和西周时期，人们的服饰较为简朴，服装的材料主要是皮、革、丝和麻。服装样式的主流是上衣下裳，上衣交领右衽，下身裙式短裳，裳内有无裆套裤，腰间系带，带下前腹部垂有斧形蔽膝。

春秋战国时，服饰有了新的变化，出现了一体围裹全身的深衣。深衣交领右衽，曲裾，制作时将上衣下裳分开剪裁再缝制成衣，上衣用布四幅，象征一年四季，下裳用布十二幅，象征一年十二个月。图 4-1 为长沙仰天湖楚墓出土的战国曲裾衣妇女彩绘俑。

图 4-1 长沙仰天湖楚墓出土的战国曲裾衣妇女彩绘俑

图片来源：沈从文. 中国古代服饰研究. 上海：上海书店出版社，2011.

春秋战国是中国上古社会的转型期，思想领域“百家争鸣”，各国服饰民俗都因地制宜，“各殊其俗”。在与少数民族的交往中，华夏族也吸收了胡服的长处，赵武灵王“胡服骑射”就是著名的范例。

二、秦汉时期服饰

秦始皇统一六国后，建立了中国历史上第一个封建大帝国，在大一统思想的指导下，秦规定了包括服饰在内的典章制度，汉承秦制，又有了进步。秦汉时，男女服装的差异不大，主要有深衣、袍服、襦、袴、冠、巾、帻、足衣等。

深衣依然是秦汉时最为重要的服饰，是社会上层人士在正式场合的重要服装。形制仍为上下相连，交领右衽，曲裾，但也有了一些小小的变化，如两只袖筒比以前明显加宽。

袍服上下一体，有衬里，内衬棉絮，多为交领右衽，袖子宽大，领袖边缘有宽边装饰，穿着舒适方便。秦汉之前已有袍服，但主要穿在罩衣之下，不可明穿。秦汉时，袍服被用作朝服，不分贵贱，上至皇帝、下至百官都可以穿用。

襦多为交领右衽，长度一般到膝盖，有单襦，也有复襦，常与裙或袴配套穿用。

袴比较特殊，一种是只有套筒，没有裤裆，穿用时两条袴筒用带子直接系在腰带上，只能穿在衣内保护腿不受寒，不可明穿。另一种是受少数民族影响，是有裆的裤子，可以和襦搭配直接穿用。

这一时期上层男子流行戴各种冠，如高山冠、獬豸冠、长冠和远游冠等。巾最初只是在下层男性社会成员中广泛使用，到东汉中后期，王公贵族也开始使用。此外还有帻，戴法是束好发髻后，再戴上帻，从上层贵族到下层百姓皆可戴用，特别是东汉时帻上加冠，成为一种新的冠制。女子以梳髻为尚，发式多为椎髻，就是将头发向后梳掠，在脑后挽一个髻。

秦汉时足衣形制很多，贵族穿丝和锦制成的丝履、锦履，百姓多穿价格低廉的麻履、草履。在样式上，履有圆头、方头等。

三、魏晋南北朝时期服饰

魏晋南北朝是我国历史上的民族大融合时期，这种交流和融合对我国服饰民俗的发展起到了很大的推动作用。

魏晋仍承汉制，男子上穿袍、衫、短襦，下穿裤，天气寒冷时，一般是短襦穿在里面，下穿裤，外面裹以长袍，温暖的季节则以衫为主。女子上衣着襦、衫，下穿裤、裙，衣衫领、袖、襟、裾均施边缘。

袴褶据说是北方少数民族的一种服饰，魏晋时主要流行于军中，后来民间不少人也以穿袴褶为时尚。袴是裤子，裤筒非常肥大，由于这种裤筒过于宽肥，又有人在膝盖处用丝带扎束，起到紧护的作用，褶是上衣，短身大袖，交领对襟，长度多在膝盖以上。

裲裆也是少数民族服装，由裲裆甲发展而来。这种衣服不用衣袖，只有两片衣襟，其一当胸，其一当背，另外在两片衣襟上端钉缀两条比较结实的条块，将前后结合起来。南北朝时，男女皆可把袴褶和裲裆作为普通服装。

男子首服常戴的有小冠和笼冠。小冠有若干样式，常见的呈圆筒状，冠顶前低后高，形成坡面。戴好小冠后可以再加笼冠，笼冠是用细黑纱制成的网状冠罩，看上去像个纱笼罩子。贵族妇女用假发进行装饰的习俗日益风行，西晋流行的十字大髻是典型代表。

足衣形制很多，除了常见的各种材质做成的履以外，用木或竹为主要材料制成的木屐在南朝时曾风行一时。北朝多为少数民族所建，盛行各种靴鞋。

四、隋唐五代时期服饰

因为隋朝短命而亡，隋的服饰与初唐相近，而五代服饰又多受晚唐影响，所以我们对隋唐五代时期服饰民俗的研究，多以唐代为主。唐代是封建社会的全盛时期，国家统一，经济发达，对外交往频繁，思想活跃，文化开放，这样的时代孕育出的服饰文化，无论是男装还是女装，都具有鲜明的时代性和强烈的民族性。

隋唐五代时，男子的服装主要是各种袍、衫，下体一律穿裤。隋唐五代服饰民俗的一个重要特点是胡服流行。公元 7 世纪和 8 世纪，中国是世界上经济、文化最发达

的国家，是各国人民向往的地方。西域各族及波斯、阿拉伯等国商人、使者云集长安，出入中原。他们的奇装异服深深地吸引着中原士庶。《新唐书·五行志》中记载“天宝初，贵族及士民好为胡服胡帽”。

隋唐五代女子服装主要以襦衫、长裙搭配，再辅以半臂和帔帛。初唐时，女子襦衫多用窄袖，此后衣袖逐渐加宽，到了晚唐时，甚至出现了袖宽可及地的大袖衫。女子长裙穿用时裙腰靠上，甚至提高到胸部，比较流行的有间裙、花笼裙、百叠裙和石榴裙等。半臂衣长及腰，袖长及肘，穿用时大多套在窄袖襦衫外面，帔帛则披绕在肩背上，两边下垂，或将垂下部分随意绕在手臂上，越发衬托出女性的妩媚。图 4－2 为陕西乾县永泰公主墓着帔帛妇女石刻线画。

图 4－2　陕西乾县永泰公主墓着帔帛妇女石刻线画

图片来源：沈从文. 中国古代服饰研究. 上海：上海书店出版社，2011.

唐代女子思想开放，崇尚男子的阳刚之气，喜欢以男装显示自己的飒爽英姿。她们所穿的男装形式有两种：一种是男式袍衫，圆领或交领右衽，窄袖或中袖，袍长及踝，腰腹系带；另一种为胡服，圆领或翻领，窄袖，衣长比袍服略短，腰间系带。

隋唐五代男子的首服主要是幞头，由汉末魏晋时期的头巾演变而来。女子发型变化多样，常见的有惊鹄髻、垂练髻、抛家髻、螺髻和飞天宝髻等。

隋唐五代的足衣主要有：家居穿用的丝履，皮革或锦做成的靴子。有屐齿便于在泥泞地行走的木屐及麻、草等做成的鞋履。这些足衣便于不同身份的人在不同的场合穿用。

五、宋元服饰

宋元服饰不如唐朝那样种类繁多，主要是朝着复古、质朴、规范、烦琐的风格发展。各民族的服饰虽有融合，但仍按各民族各自的特点发展。

汉族男子以袍、衫、襦、袄、褙子为主要服饰。袍上下一体，一般较长，有夹里。衫为单衣，有长衫、短衫之分，无夹里。襦、袄长度一般至膝，有单、夹、棉之分，是广大劳动者的衣着。褙子是男女皆可穿用的一种服装，有交领、盘领和对襟等样式，衣长可长可短，袖亦长短不一，但腋下都有开叉，领、袖口、衣襟下摆都镶有缘饰。男子的褙子不可明穿，需加外衣。

汉族女子仍以衫、襦和袄为主要上衣，下穿各式窄裙或裤子。相对于唐代女子裙子的宽大，宋代女子的裙子一般比较窄小，与襦衫搭配时将上衣下摆垂落于裙外。裤子依然有开裆式和合裆式，开裆式穿于裙内，多为上层贵族或富家之女眷穿用。合裆式直接穿在外面，便于活动、保暖性强，多为广大劳动妇女所穿。宋朝女子喜欢在衫襦、裙裤之外穿褙子作罩衣，这一点与男子不同，男子大多将褙子衬于公服之内，在外面穿的比较少。

契丹族、女真族和蒙古族由于地理与文化背景非常接近，服饰也大同小异。女真族与契丹族服饰基本一致：袍衫、左衽，质料以皮、裘为主。蒙古族以长袍为主，式样较为阔大，都是窄袖袍、圆领、宽下摆，腰部都有宽腰带。

汉族男子比较流行的头衣有幞头、东坡巾等。东坡巾是文人雅士崇尚的一种冠帽，形状为帽口窄、帽顶宽，整个帽体棱角分明，帽后有垂带。汉族女性比较流行的有重楼子冠、花冠和额帕。值得一提的是，蒙古族贵族妇女有一种非常有特色的“姑姑冠”，这种冠以高二尺许的木或竹制圆筒为胎，外面包以红绢或帛，冠身有彩绣花纹，冠顶插饰数根雉尾并坠挂珠宝。

足衣按制作材料的不同可分为：丝布鞋、革鞋，官僚绅士穿用；麻鞋，差役等低层小吏穿用；草鞋，劳动者穿用；木屐，作雨鞋穿用；少数民族则习惯穿靴。由于缠足，女子的脚形发生了严重的变化，翘头尖鞋应运而生。翘头鞋一般比较窄长，底子很薄，鞋头上翘。

六、明清服饰

朱元璋建国后，十分重视冠服制度，对不符合汉族习俗的礼仪进行了整治，多采用和恢复了唐宋时期的制度和习俗。这些措施对民间服饰习俗有巨大的影响。

明代士庶男子仍以传统的袍衫类为主，衣袖宽肥，有圆领，也有直领和斜领。举人、监生、贡生等都穿襕袍。衙门中的差役、皂隶等，一般穿用棉布制成的青色布衣，衣的腰下部打有许多密褶，腰间还束有红布织的腰带。但劳动人民的衣裳变化却不大。

明代妇女服饰形制是参照宋代妇女服饰而制定的，主要有衫、袄和裙等。褙子在明朝更为盛行，还有一种与褙子差不多的外套比甲，其形制为无袖，无领，对襟，衣长至臀部或膝部，两侧开叉。值得指出的是，明代服饰的款式搭配、长短比例、色彩对比都达到了很高的美学水平：大凡衣短则裙长，衣长则裙阔；衣长至膝下，离地仅五寸，袖阔四尺，则裙子自可不必多加装饰；衣短显露腰身，则需裙带、裙色等装饰裙身。这种对立统一的和谐美学原则至今仍有实用价值。此外，明末妇女首创的“水田衣”，是以各种零碎布片拼缀而成，纹路交错，形如水田，这种不规则龟裂纹的衣服也具有较高的艺术水准。

明代男子头衣主要有四方平定巾、六合一统帽和网巾等。其中四方安定巾由黑色

纱罗制成，戴用时巾呈四角方形，不用时还可以随意折叠，是职官、儒生常戴的一种便帽。明朝女子的发式基本承袭了宋元。这一时期，还有一个很流行的头部装饰——额帕。额帕形制非常简单，是一条二至三寸宽，长约为各自头围两倍的丝巾，夏天多用质薄、透气性好的纱，冬天多用稍厚一些的绫，使用时将头额和一些头发包围起来，既简单又美观实用，所以深受明代不同年龄、不同阶层的妇女喜爱。

明代男子的足衣有皮靴、布靴、布面鞋、锦面鞋、麻面鞋，样式有小方头、圆头等。由于缠足之风在明代依旧盛行，因此妇女的鞋子也就以“弓鞋”为主。最为流行的是弯钩形小翘头弓鞋，鞋底有平底、厚底和高底之分。

总的来讲，明代服饰民俗崇尚汉唐风韵，由初期的俭朴逐渐趋于华丽，纹饰丰富多彩，是中国古代服饰艺术的典范。

清朝是满族入关建立的统治，清朝建立后，对汉族男性的服饰进行强制规定，在发型上，统治者下令男子都要剃发。首服中，各种巾饰比较少，最为流行的是各式小帽，如瓜皮帽等。服装要求以满族的袍、褂和马甲为主。袍长至踝，袖口既有马蹄袖式，也有平袖式。褂是穿在袍衫外面的罩衣，为立领大襟或对襟前开身，身长至腰臀部位，下摆较宽，两侧有开叉。马甲亦称背心或坎肩，直接穿在袍外。裤子经过近两千年的演变和发展，已经比较成熟，既有无裆套裤，穿在长袍或长褂里面，冬季用于抵御风寒，也有有裆和腰的裤，可以明穿。清朝男子的足衣一般以靴、鞋为主。鞋子样式比较简单，一般为窄帮圆口式，也有少数做成方口的。而靴子只有皇帝和朝中百官及吏士、差人才能穿，一般平民百姓是不准穿靴的。

清代汉族女子和满族女子都保持各自的民族服饰。满族妇女发式造型颇为独特，最负盛名的是一种被称为“两把头”的发髻。满族女子的服装与男子服装大致相似，也是以袍褂为主，在穿袍时，满族妇女都喜欢在脖领处围上一条浅色长条围巾。满族妇女的鞋很别致，高跟设在鞋底正中央，高度为一至二寸，也有四五寸高的，鞋跟一般为木质，上宽而下圆，俗称“花盆底”。

清代汉族妇女的发髻沿袭明代传统，尤其是江南一带的汉族妇女将明代发型髻式保持得相当完美。清朝末年，不分年之长幼，额前均留一排齐眉短发的刘海式头饰，由于梳妆简单且不失美观，非常流行，直至近现代仍旧能见到这种发型。女子的服装，仍沿袭明代的传统，上身多穿各式长衫或花袄，下身仍穿各种各样的裙子，但到清代末期，却又开始流行穿裤子。汉族女子仍缠足，穿尖头弓鞋。

七、民国时期服饰

民国时期，中国传统衣冠服饰迎来了重大改革：废弃了旧时的烦琐衣冠服饰制度，废除了封建时代官民服饰的等级和禁例，废除了强加给妇女的缠足恶习。政府根据实际情况制定了新的服饰规定：女装总趋势分为两种类型，一种是用各种素色或印花面料制作的曲线长旗袍，另一种是上衣下裙分开的衣裙式；男子服饰上的变革首先是“剪辫子革命”，其次是在长衫队列里，加进了中外合璧的“中山装”。

民国时期，穿中山装、西裤，穿皮鞋，戴礼帽成为城市男装以及进步人士的着装主流；在农村，马甲、瓜皮帽、对襟小褂仍是比较普遍的服装。女子服装常见高领、窄身短袄和黑色长裙相配，不饰纹饰，简便清新。受西方影响，旗袍出现改良，衣领紧扣，斜拉右襟，腰身收紧，曲线玲珑，从而表现、衬托出东方女性文静、端庄、优雅的风姿，成为女性日常生活中的主要服饰。

八、中华人民共和国成立至今服饰

中华人民共和国成立后，服饰崇尚简朴实用。二十世纪五六十年代，我国和苏联外交关系较好，受苏联服饰的影响，列宁装、“布拉吉”（即连衣裙）风靡城市。

1978 年实行改革开放政策后，我国同世界其他国家的接触增多，外来文化对我国服饰文化产生了极大的影响。中国在借鉴西方的服饰发展特点的同时，形成了自己独有的服饰民俗。

第三节　服饰民俗与旅游

中华民族的服饰是中华文明独特的承载体，与当时的生产方式、经济社会发展水平、文化礼仪、道德规范甚至政治制度等社会文化因素密切相关。中国丰富的民族服饰资源，是一种承载着丰富文化信息的旅游吸引物，是重要的旅游资源。

一、服饰民俗文化资源的旅游价值

服饰民俗是民族文化的重要载体。从游客需求角度看，服饰民俗的旅游文化内涵主要体现在旅游活动的“食、住、行、游、购、娱”后三大环节中，具体表现为以下三个方面。

（一）有较高的审美价值，可满足游客的视觉享受

服饰首先是一种具有遮体、保暖等实用功能的人类创造的客观存在物，但服饰更是一种文化和艺术的载体，具有审美功能。无论是客观实体的服饰还是作为文化和艺术载体的服饰，都同其他旅游资源一样具有一定的审美价值，无论是收藏在陈列室中的历代服饰还是穿戴在人们身上的服饰，对于游客来说都是一种美的享受。

从内容上看，服饰的造型、款式、材料、色彩、图案、花纹和制作工艺等单一要素以及服饰给人的整体感受都是观赏的对象；从时间上看，中国历史悠久，朝代更替频繁；从地域上看，中国幅员辽阔、民族众多。这样一来，欣赏不同时代、不同民族的服饰是一场视觉盛宴，会给游客带来无尽的美的享受。

（二）作为特色商品，可以满足游客的购物需求

从远古人类服饰的产生，到现代服饰的发展变化，始终离不开人类欣赏美、追求美、创造美的心理驱动。当代服饰审美突出的特征是个性化、多元化，我国传统服饰和少数民族服饰，以其鲜明的色彩、精美的工艺和独特的风韵著称，很符合现代人的审美情趣。对于游客来说，无论是面料、色彩、款型，还是纹饰符号、加工工艺等，都非常新奇有趣。若能亲身参与制作过程，经过纺、织、染、做一番忙碌后，带着自己的产品离开旅游目的地，收藏留作纪念或馈赠传递友情，都会增添极大的旅游乐趣。而对于追求时尚的人士或者艺术工作者来说，甚至可以将这些服饰作为日常服装，以彰显自己的个性和独特的审美眼光。

（三）独特的体验价值，可满足游客的多元旅游需求

21 世纪是体验经济时代，旅游产品的开发也不应该拘泥于观光、度假、休闲等方面的发展，而是要给游客提供参与其中去体验乐趣、文化等的体验式旅游产品。服饰作为一种具有实用、伦理、审美等功能的人文旅游资源，无疑也具有一定的体验价值，主要表现在：通过服饰的穿戴可以体验某种服饰的舒适度、美观度，从而给人们带来心理上的愉悦；同时，通过对某种服饰的穿戴还可以体验不同时代、不同地域的生活方式、社会习俗等深层次的文化体验，从而使游客在得到感官愉悦的同时获得难得的文化艺术体验。

二、服饰民俗旅游资源的开发

服饰民俗是民俗文化景观的重要组成部分，一个民族或地区的服饰民俗的外显特征越显著，它的旅游价值就越突出，景观效果就越好，感染力也就越强烈。基于服饰民俗鲜明的外显特征，服饰民俗旅游资源的开发可以按下列四种方式进行。

（一）服饰博物馆

可以建立专门的服饰博物馆，或在综合博物馆中设置专厅，将我国各个时期、不同地域及不同民族的多样化服饰展现在游客的面前，使其获得视觉上的审美享受。需要注意的是，在选址方面，服饰博物馆宜选择在人口众多、经济发达、在全国具有较大影响力的大城市，或者选择在少数民族比较集中、经济条件和交通条件比较好的区域性中心，以确保充足的客源和吸引力。在设计展厅时，要做到各展示厅主体鲜明，同时要配备必要的、通俗易懂的文字解说。

（二）民俗服饰装扮

服饰装扮其实就是人体服饰展示，服饰穿戴在人身上带给游客的绝对是另外一种审美感受。这种开发模式一般是在一些特定的景区，由特定人群穿戴古代服饰或者少数民族服饰工作和生活，营造一种浓厚的服饰文化氛围，形成一道具有强烈异质性特色的风景，最终达到吸引游客的目的。此外，也可以在宾馆、饭店要求所有的工作人员穿戴少数民族服饰或者某个朝代的服饰。但服饰的穿戴要同旅游企业的文化相协调，起到突出其经营理念的作用。

（三）民俗服饰试穿

充分利用服饰能够给人带来的心理上的审美和自我精神表现等功能，让游客在旅游当中通过参与得到不一样的体验。比如说，可以在少数民族旅游景区为游客提供民族服饰穿戴服务，让游客不但能够目睹民族同胞着民族服装的美丽风景，还能够亲身体验将民族服饰穿戴在自己身上所带来的惊喜感受。将身着民族服饰的快乐、美丽形象用照片或者录像长久地保留下来。或者在历史文化类景区景点，给游客提供古装影视拍摄等项目，让游客过足戏瘾。

（四）服饰旅游商品

服饰旅游商品不但具有实用性，还具有纪念性、艺术性和审美性的特点。游客在旅游区的体验只是一时的，而服饰旅游商品可以将服饰体验从旅游地延伸到家里，既可以获得更多的体验，还可以作为纪念品和收藏品。当然，服饰旅游商品的开发一定要在设计上下功夫，将我国传统服饰的优秀元素消化吸收后加以创新，与现代时尚服饰新元素相融合，开发出具有一定实用性、符合消费者心理需求，同时也紧跟时代潮流的服饰旅游商品。

一、填空题

1. 我国服饰形制丰富，种类多样。服饰按照穿戴部位，一般可分为首服、____________和________三大类别。

2. 影响服饰民俗的主要因素有________、人文环境和________。

3. 夏商和西周时期，人们的服饰较为简朴，服装样式的主流是上衣下裳，上衣__________，下身__________，裳内有无裆套裤，腰间系带，带下前腹部垂有斧形蔽膝。

4. ________依然是秦汉时最为重要的服饰，是社会上层人士在正式场合的重要服装。形制仍为上下相连，交领右衽，曲裾，但也有了一些小小的变化，如两只袖筒比以前明显加宽。

5. 隋唐五代女子服装主要以襦衫、________搭配，再辅以________和帔帛。

二、问答题

1. 中华服饰民俗有哪些特点？

2. 中华传统服饰民俗是怎样演变发展的？

3. 服饰民俗文化资源的旅游价值具体体现在哪些方面？

4. 常见的服饰民俗旅游资源的开发方式有哪些？

第五章

人生仪礼民俗旅游文化

通过本章内容的学习，学生可认识人生仪礼及其民俗的概况；了解中国传统的人生仪礼及其民俗的相关知识；学习不同国家和地区利用人生仪礼民俗来发展旅游的成功经验；能够利用所学人生仪礼民俗相关知识解释工作、生活与学习中的民俗事象；培养文化情感。

每个人的一生，都面临着既有民俗对他的塑造，直至生命结束。个人在社会中所经受的仪礼习俗，简称个人生活仪礼民俗或人生仪礼民俗。人生仪礼民俗，是我们先人在千万年的实践中摸索出来的一套按生命的节律而构建的礼仪程式，主要体现在生命的关节点，如诞生、婚嫁、寿诞、丧葬等阶段。

第一节　人生仪礼民俗概述

人生仪礼是指人在一生几个重要阶段中所经历的不同仪式和礼节，主要包括诞生仪礼、成年仪礼、结婚仪礼和丧葬仪礼。此外，标志进入重要年龄阶段的祝寿仪式和

一年一度的生日庆贺活动，也可视为人生仪礼的内容。伴随着人生不同阶段的仪礼，有许多一般或奇异的风俗，它们共同构成了人生仪礼民俗。人生仪礼民俗是社会民俗事象之一，是民俗学研究的重要内容。

一、人生仪礼民俗的分类

在人的一生中，有几个主要的阶段，分别是诞生、成年、婚姻及丧葬。据此，我们把人生仪礼民俗分为这四个部分来加以阐述。

（一）诞生仪礼

诞生仪礼是人一生的开端礼，在人生诸仪礼中占有重要位置，而且持续的时间也较长，其中经历许多有趣的环节。从内容上看，大体包括求子仪式、孕期习俗和庆贺生子三个阶段，而以第三个阶段为中心部分。

（二）成年仪礼

成年仪礼又叫成丁礼或冠礼，它是一种古老习俗的传承，在人的一生中具有重要的意义。青年男女只有通过成年仪礼，才能取得一定的社会地位和权利，才能被社会成员认同，同时也开始履行一定的义务。

（三）婚姻仪礼

婚礼是人生仪礼中的又一大礼，历来都受到个人、家庭和社会的高度重视。人们之所以重视成人仪礼，一个重要的功利目的是与婚姻联系在一起的。人类自身要发展，社会要进步，都少不了人类的延续，从这一点来说，婚姻仪礼受到家庭、社会的重视是一点也不奇怪的。

（四）丧葬仪礼

丧葬仪礼是人的一生当中最后一项“脱离仪式”。它是指人死后，亲属、友人、邻里为之举行殓殡、祭奠、哀悼的习俗惯制。它涉及的范围非常广泛，内涵也极其复杂。另外，葬礼的形式多种多样，从葬法上来看，主要有土葬、火葬、风葬、水葬、塔葬和悬棺葬等。

二、人生仪礼民俗的功能

人的一生中有几个主要的阶段，在不同的阶段举行不同的仪式，具有不同的功能。下面就分别加以阐述。

（一）诞生仪礼的功能

诞生仪礼是人一生的开端礼。一个婴儿刚一出生，有些人认为，他仅仅是一种生物意义上的存在，只有通过为他举行的诞生仪礼，他才能获得在社会中的地位，被社会承认为一个真正意义上的“人”。

（二）成年仪礼的功能

成年仪礼是为承认年轻人具有进入社会的能力和资格而举行的仪礼。一般来说，举行成年仪礼有年龄的规定。不同的国家、不同的民族举行成年仪礼有不同的方式与内容，其意义也不尽相同。举行成年仪礼的最终目的是使年轻人能成为正式的社会成员，能明白自己的社会责任。

（三）婚姻仪礼的功能

婚姻是维系人类自身繁衍和社会延续的最基本的制度和活动。婚姻作为民俗现象，其内容主要包括婚姻形态和婚姻仪礼两个方面。本节着重阐述后一个方面，即婚姻仪礼的功能。其主要表现为：男女双方只有经过合法结婚程序而组成的家庭，才能得到社会的认可；婚后所生子女的权利才能得到法律的保护；双方的合法财产才能受到国家的保护。

（四）丧葬仪礼的功能

人的最后一个阶段是离开世界，即“死”。有“死”便有“葬”，有“葬”就自然有丧葬仪礼。自古以来，我国就十分重视丧葬仪礼。之所以如此，除了普遍存在的灵魂不灭的观念外，儒家孝道和先人荫庇后代的思想也起了作用。封建思想认为，丧礼办得如何对能否得到祖先荫庇使家道昌隆具有重要意义。另外，在丧葬仪礼中，死者亲属表达了对死者的真诚怀念，以及对灵魂存在论这种迷信思想既恐惧又有所求的复杂情感。

三、人生仪礼民俗的性质

人生仪礼是社会民俗事象中的重要组成部分。每个人之所以要经历人生仪礼，决定因素不只是他本人的年龄和生理变化，还是在他生命过程的不同阶段中，生育、家庭、宗族等社会制度对他的地位规定和角色认可，也是一定文化规范对他进行人格塑造的要求。因此，人生仪礼是将个体生命加以社会化的程序化规范和阶段性标志。人生仪礼与社会组织、信仰、生产与生活经验等多方面的民俗文化交织，集中体现了在不同社会和民俗文化类型中的生命周期观和生命价值观。

中国的人生仪礼民俗同宗教的祭祀仪式相比而言，更具有世俗的性质，体现出在宗法社会中对于以个人为中心的礼俗规范。人生仪礼一方面连接着寻常百姓的人生追求和需要，另一方面连接着受儒家文化支配的传统价值观念，千百年来一直发挥着规范人生和统一教化的作用。

第二节　中国人生仪礼民俗

人生仪礼，又称为通过仪礼，是每个人在一生中经历的几个生活阶段，人的社会属性通过这些重要阶段得以不断确立。人生礼仪可分为三种类型：脱离前状况的仪式（如诞生礼、葬礼）、过渡阶段的仪礼和进入新状况的仪礼（如成年礼、婚礼）。一个人一生中成长的不同阶段，都有与之相适应的仪礼。

一、诞生仪礼

诞生仪礼是人一生中的开端礼。它受到人们的普遍重视，尤其是在我国这样一个重视子嗣的国家。可以说，从婴儿未出生之前一直到成年，人们都会举行一系列的仪式。因此，诞生仪礼大体上包括求子仪式、孕期习俗、庆贺生子三个阶段的内容，其中又以庆贺生子为中心部分。

（一）求子仪式

“不孝有三，无后为大”的思想观念，深深根植于受封建制度影响的中国。在我国，已婚妇女在未怀孕之前，民间有种种企盼怀孕得子的习俗，并且其仪式多带有神秘色彩。求子仪式主要有以下几种：

（1）向神灵祈子。这是最普遍的一种求子方式。在民间建有许多寺庙，供奉送子观音、碧霞元君、金花夫人、子孙娘娘等主管生育的神灵。未孕妇女带香烛、纸钱等到神像前默祷以求怀孕生子。有的人还在家中供奉送子观音，平时烧香祷念以求生子。

（2）由旁人送子。最突出的仪礼是麒麟送子仪式。所谓麒麟送子，是指亲戚朋友给尚无子嗣的人家送特定的子嗣象征物。如偷瓜送子风俗。在湖南衡阳一带，送的是冬瓜，时间在中秋晚上。冬瓜在几天前就偷来了，并且用彩笔绘成面具，用衣服裹成人形，由年长、命好的老人抱着，在噼啪的爆竹声中送去。送到家时，把冬瓜放在床上，用被子盖住，老人念祝吉词：“种瓜得瓜，种豆得豆。”

此外，还有掏子孙窑、拴娃娃等仪式（见图 5－1、图 5－2）。

（二）孕期习俗

（1）孕妇禁忌。妇女怀孕以后有种种禁忌，如在饮食方面禁食一些动物的肉，认为吃了兔肉生子会豁唇；吃公鸡会使生下的小孩夜里啼哭；吃螃蟹会致胎横难产等。

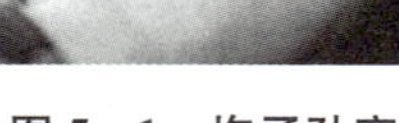
图 5－1　掏子孙窑

图 5－2　拴娃娃

外出时忌参加红白喜事，忌孕妇入生子人家。在视听方面，孕妇忌淫秽、异常的事物，忌听淫乱、不洁之声等。此外，孕妇还应忌剧烈运动、要节制房事等。

（2）孕期馈赠。这是各地颇有特色的催生习俗，一般是在孕妇产期将到时，由娘家送一些婴儿出生后所需的衣食物品，如“催生蛋”。

（3）接生方式。过去，在医疗条件还很落后的情况下，产妇即将分娩时，要请接生婆到家里，由其负责接生。

（三）庆贺生子

（1）洗三。即在婴儿出生后第三天举行洗浴庆贺仪式，谓之“洗三”或“三朝”。

（2）满月。诞生仪礼的一项重要仪式是在婴儿满月的时候进行。在这一个月内，产妇须“坐月子”，不能出门。在满月这一天就可以为婴儿举行有亲朋好友参加的庆贺仪式。满月之后，还有在一百天时所举行的庆贺仪式，称“百岁”，含义是祝福小孩能够健康长寿。

（3）抓周。这是预卜小孩前程的仪式。小孩周岁生日，可看作是小孩诞生仪礼的最后一个高潮。届时在桌子上摆放文房四宝、糕点果品、玩具等物，让小孩坐在桌子中央，任他伸手去抓，人们相信，小孩抓到的第一件东西就预示了他日后的志趣。不管他抓到什么，在场的亲朋好友都会说祝福的话。

以上所说的就是人生的第一大礼——诞生仪礼，它反映了我国对婴儿精心呵护的态度，也反映了我国对履行家庭生育和教养职责的重视。

二、成年仪礼

成年仪礼是为承认年轻人具有进入社会的能力和资格而举行的仪礼。它在人的一生中具有重要意义。在古代，汉族有男子二十岁行冠礼，女子十五岁行笄礼的规定。它意味着冠者从此有了治人的权利、服兵役的义务和参加祭祀活动的资格。而女子从此结束了少女时代，可以嫁人了。如今，现代社会中的学校教育在很大程度上代替了传统的成年仪礼过程。在学校主要通过正规教育使青少年定型化，在形式上有脱离父

母的入学仪式、平时的学习过程和考试以及毕业后进入社会等。在我国，大多数民族在年轻人成年后，行“冠”“笄”之礼，但其表现形式各异。

（一）冠笄之礼

所谓冠礼，是指男子的成年礼。如流行在我国朝鲜族中的“三加礼”：初加、二加和三加。初加时，即给男子结发髻，加网巾，加冠；几天后，取下冠，换上纱帽；三加时，加上幞头。所谓笄礼，是指女子成年时所举行的仪礼。笄是簪子，女子到了十五岁，将头发在头顶上盘成发髻，用簪子插住，以表示成年。

（二）穿裤、换裙

这是成年仪礼的一种，如永宁纳西族少年成年时，要举行穿裙子或穿裤子仪式。这种改换服装的仪式，是成为成年人的标志。另外。凉山彝族少女也盛行换裙仪式，年龄一般在十五至十七岁。

（三）文身、染齿

文身、染齿是一种十分古老的习俗传承，它可能和原始图腾崇拜、巫术活动有关。文身在我国南方民族中曾经普遍流行过。如傣族，文身只限于男子，民间认为文身是一个男子勇敢和成熟的标志，不文身会被女子讥笑，不容易得到女子的喜爱。染齿，是女子成年时所举行的一种习俗。傣族女子十四五岁时，就开始染齿，这标志着她已成人，可以结婚。

总之，各民族的成年仪礼表现形式各种各样，不管是穿裤、换裙仪式，还是文身、染齿习俗，它们都是标志男女已成年的仪式，表明男女已长大成人，享有和其他成人一样的权利，也承担一定的义务。

三、婚姻仪礼

（一）各地主要婚俗

婚姻仪礼，简称婚礼，是人生仪礼中的又一大仪礼，历来受到重视。在我国，各民族的婚姻习俗丰富多彩。不同地区、不同民族，其婚俗的表现形式各异。

1. 抢婚习俗

抢婚，又称掠夺婚，是指通过抢劫妇女来缔结婚姻关系，这是一种比较古老的婚姻习俗，如在云南德宏一带的傈僳族中就有这种习俗。青年男女背着父母互许终身，缔结婚约。男方将女子偷偷领到山中密林处藏起来，女方父母得知后到处搜寻，三天之内找到，则认为男方愚蠢无能，男方不但得不到媳妇，还要赔一大笔钱财；如在三天内找不到，则抢婚者可领着女子回寨，并可前往女家求婚定聘，履行婚姻手续。云南红河一带的苗族，也有类似的婚俗。

2. 入赘习俗

入赘，又称“从妻居”，是一种古老的婚姻习俗。在我国，许多少数民族都有这种婚姻习俗，比如鄂温克族。鄂温克族的入赘有两种情况：一种是女方父母只有一个女儿，不愿女儿离开父母，便招一女婿到家长期居住，女婿可继承财产；另一种是短期入赘，即女婿到女方家，过一段时间后，离开女方家，另立门户。当然，采取这种方式的女婿没有财产继承权，婚后所生子女从父姓。

3. 表亲婚

表亲婚分为姑表（舅表）婚、姨表婚，是指那些姑表或姨表关系的兄妹（或姐弟）之间结为夫妻的婚姻。如在土家族中有这样的谚语：“姑妈女，顺手牵”“舅舅要，隔河叫”，就是这种婚姻习俗的反映。如今，由于原《婚姻法》和现行《民典法》婚姻家庭编的贯彻和人们科学知识水平的提高，渐渐懂得了这种婚姻习俗带来的危害，这种落后的婚俗已逐渐消失。

4. 转房婚

所谓“转房”，是指兄亡后嫂嫂可转嫁给弟弟，或弟亡后弟媳转嫁给兄长，或姐亡后妹妹续嫁给姐夫的一种婚俗。在我国，许多民族都普遍存在着转房婚，如壮族、苗族、傈僳族、佤族、布依族、蒙古族等。形成转房婚习俗的原因有多种，其中一个很重要的原因是使家族内的财产和劳力不致外流。

5. 不落夫家

不落夫家，是指新娘出嫁后，只在夫家住几天便回娘家长住，与其夫偶尔相会，直至怀孕临产才被接回夫家。生下孩子后，才能真正落脚到夫家。这种婚姻习俗主要存在于我国广东、广西、福建惠安一带及某些少数民族地区。

如今，随着经济的发展和社会的进步，青年男女自由恋爱、自愿结合，已经是一种不可逆转的趋势。

（二）中国传统的婚姻仪礼

中国传统的婚姻仪礼习俗主要经过以下几个过程。

1. 相亲、订婚阶段

在相亲、订婚的阶段，要经过“媒、帖、聘”的程序。媒，即媒人，她是使婚事得以成立的关键人物。有女之家到了婚嫁年龄尚无婆家，有儿之家到了迎娶年纪尚未娶亲，只有媒人从中介绍、牵线，男女双方的家长才能进入议婚的阶段。帖，即问名、纳吉礼。媒人把男女双方的生辰八字讨来，看是否相合。若相合，男方即“下帖”，“帖”中有男女双方的姓名、生辰八字，把它送往女方家。女方家接下，表示答应这门亲事。聘，即男方把彩礼送往女方家，表明聘定女方为妻，这是婚礼前最后的、也是最重要的环节。

2. 迎娶阶段

迎娶之前，女方家要准备嫁妆，在结婚前一天把嫁妆送到男方家。结婚当天，新郎、新娘梳洗打扮，脸上喜气洋洋。男方多用花轿接亲，接回后举行拜堂仪式：新郎、新娘胸佩大红花，手牵火红绸带，在主持人的高声中，一拜天地，二拜高堂，夫妻对拜，送入洞房。此后是“闹洞房”。

3. 认姻亲关系

认姻亲关系，顾名思义，是指婚礼后，男女双方互认对方的宗亲、近亲。

如今提倡婚姻自由，大多数青年人都是自由恋爱而结婚，婚礼仪式较为简单，已经没有古时那么烦琐了。

四、丧葬仪礼

丧葬仪礼，是人生最后一项仪礼，或可称为“脱离仪式”。它表示一个人最终脱离社会，标志着人生旅途的终结。

（一）安葬方式及其分类

安葬方式，是指对死者遗体的处理办法，即用什么样的方式安葬死者。葬式，是丧葬仪礼的组成部分。由于篇幅限制，本书着重叙述几种在我国流传较广的葬式。

（1）火葬，又称“火化”，是一种起源较古老的葬式。火葬在我国许多地方都是主要的、现行的葬式。

（2）土葬，是我国又一种比较流行的葬式，至今仍在一些农村沿用。土葬在我国大部分地区和民族都以一次葬为主，也有二次葬的。

（3）塔葬。将死者遗体用药物处理，风干，然后置于灵塔之内。

其他的葬式还有悬棺葬（或曰崖葬）等。

（二）丧葬的仪礼表现

丧葬仪礼的仪式主要有初终、设床、沐浴更衣和报丧等。

1. 初终

初终是指人弥留之际。此时主要是确定人是否已死。如确已停止呼吸，围坐在四周的亲属一般都会号啕大哭。

2. 设床

招魂以后，即设床停尸，一般是不能让死者躺在原先的床上的。

3. 沐浴更衣

这是对死者的遗体进行清洗装扮。一般是把死者全身擦洗干净，穿上一年四季的衣服。

4. 报丧

这是把死讯及时报告给亲朋、邻居和有关部门。

5. 大殓

这是把死者的遗体抬入棺材的仪式。

6. 选择墓地及下葬日

选择合适的墓地，希冀亡者的灵魂保佑生者。下葬日一般选在死者死后的第三天，但也有存放一个星期甚至一个月的，主要是看日期是否适宜安葬。

第三节　人生仪礼民俗与旅游

人生仪礼是民俗旅游资源的一个重要组成部分。利用人生仪礼民俗，不仅可以丰富和充实旅游资源，增添旅游者的生活情趣，扩大旅游者的见闻，而且还可以不断开拓旅游的新领域。

人生仪礼民俗，无论是寿庆礼俗、婚嫁礼俗还是丧葬礼俗，都具有鲜明的民族特点和地方特色，对国内外游客来讲，都会有极大的吸引力。开发人生仪礼旅游资源，建立人生仪礼人文景观设施——博物馆，是行之有效的方法。同时，利用人生仪礼民俗进行专项旅游开发也是当今令中外游客好奇的项目。

一、博物馆——重要的文化旅游设施

现代博物馆是一个国家、地区重要的文化教育机构，也是公众游览学习的重要场所。从旅游学的角度看，它还是重要的文化旅游设施。旅游业发达的国家，几乎全是倚仗博物馆的建设，并以此来吸引大量游客。

国际上以博物馆为发展旅游业的模式，并取得成功的例子很多，原因在于博物馆具有其他旅游设施无可比拟的优势和特点：博物馆是展示一个国家、一个地区历史、文化、习俗和经济的重要窗口，也是一个国家、一个地区文明的象征。博物馆展示的藏品涉及政治、经济、文化、艺术、民俗习惯和风土人情等各方面，其特有的高度集中性、典型性和丰富性最能满足各种游客的求知、审美等方面的需要。正因为如此，全世界每天有数以百万计的游客涌向博物馆，把参观博物馆作为重要的旅游观光活动。世界上许多博物馆的兴建目的也是吸引游客。

传统的人生仪礼，贯穿于人生的整个过程，既是中华民族物质生活的反映，也是伦理道德、宗教信仰、民族心理和社会价值观念的体现。我国历史悠久、幅员辽阔、

民族众多，所以各地区在人生仪礼方面表现出很大的差异性。无论是国内游客还是国外游客，都对我国传统的人生仪礼具有浓厚的兴趣。

将人生仪礼民俗直接引入旅游活动中，可以利用现代媒体方式来进行展现。博物馆可以借助实物、标本、道具、绘画、录像、幻灯片及灯光技术，把某项人生仪礼的全过程真实、形象、生动、通俗易懂地再现给游客。为此，旅游部门应该和文博部门携手建立各类人生仪礼民俗博物馆，如婚姻博物馆、寿庆博物馆和墓葬博物馆，以适应我国旅游业蓬勃发展的需要。

近年来，全国各地已经建立了人生仪礼方面的民俗博物馆，并在旅游业中发挥了重要的作用，深受广大游客的欢迎。

（一）婚俗博物馆

现在我国各地比较多的是在综合性民俗博物馆中设置婚俗专馆，如苏州民俗博物馆设有“婚俗厅”，便是以“婚礼”作为其展示的内容，主要展示了苏州传统婚姻中婚礼习俗的场景：厅内陈列一顶苏州婚礼中常用的宝塔花轿，这顶花轿木质镂花，朱漆鎏金，红缎作幔，美观豪华；大厅一侧模拟举行结婚仪礼的喜堂，果盘里盛满枣子、胡桃、桂圆等，取其“早生贵子”“和和气气”“团团圆圆”的吉祥口彩；一对蜡制新人在拜堂成亲，充满喜庆气氛；另一侧是“洞房”，内有一套精美典雅的苏式家具以及新娘待嫁时亲手制成的绣品。整个婚礼场景充满喜庆气氛，给人以身临其境的感觉，深受游客喜爱。

（二）寿庆博物馆

寿庆博物馆的任务是通过调查、收集、研究、保存寿庆民俗的物品资料，举办通俗易懂、趣味性和知识性强的寿庆展览，展示我国各民族的寿庆仪礼文化，传播寿庆礼俗文化中健康、有益的精华部分，为我国旅游业发展服务。目前，我国尚未建立专门的寿庆博物馆，只是在各地的民俗博物馆中有所反映，很受游客的青睐。

（三）墓葬博物馆

墓葬是丧葬仪礼的一个主要方面，也是丧葬仪礼的物化表现。墓葬作为死后尸体的埋葬处，受到人们的高度重视，所建造的坟墓和随葬物品可反映出墓主的社会经济地位。墓葬极富民族特色和地方特色，不同民族、不同地区、不同层次的墓葬所表现出的风格差异极大，且具有人文景观和自然景观相结合的特点。对于游客来说，墓葬是一种重要的旅游资源，所以具有极大的旅游开发潜力和发展前景。

迄今为止，我国已经建立了一批墓葬博物馆，如四川乐山崖墓博物馆、河南洛阳古墓博物馆等，均受到了中外游客的欢迎，每年都会吸引成千上万的游客前去参观。

二、专项人生仪礼民俗活动表演

人生仪礼反映了人生道路上最为重要的几件事情。民俗学家一致认为，人生仪礼是最能体现某个地区、某个民族民俗风情的活动，古今中外，概莫能外。在中国，人生仪礼可以说是一部风俗百科全书。从生到死，都有一套极其复杂的程序，并且因地域而不同，因民族而异。近年来，有关部门对这些旅游资源的开发特别重视，通过整理开发，推出了一些以此为主题的专项旅游项目。

汉族的婚礼仪式已有几千年的历史，从而形成了一套完整的程式，从花轿迎亲到拜天地、拜高堂，从喜宴到入洞房，从请鼓乐手到收送贺礼……虽然各地的仪式不尽相同，但从头到尾都充满着喜庆气氛，表现出中国人尊敬长辈、夫妻和睦、企盼早生贵子的风俗，给人以强烈的感染力。

与汉族相比，各少数民族的婚礼在热烈之中更显几分淳朴、几分豪放。如云南楚雄彝族在举行婚礼当天，要给新郎所在村子里的各家献上一份礼物，一个人的喜事就成为全村的节庆。当夜幕降临，已经在村外等候多时的迎亲队伍把新娘迎入村中，不过新娘不能自己走，要由舅舅或女伴背进新郎家中。在正式婚礼前，新娘和女伴坐在房间里接受来宾的祝贺，招待客人的任务由新郎家的姐妹们完成。新郎、新娘走入新房前，必须先解开挂在门框上的松针结以求吉祥。与汉族的婚礼后新人入洞房不同，这里的人们在村中场院上燃起篝火，青年男女围着篝火弹弦子，边唱边跳，新郎、新娘也参与其中，歌声、乐声在人群中回荡，就这样通宵达旦直到第二天天亮。按照这里的习俗，外来的陌生人，只要愿意参加婚礼的，一概会受到欢迎，客人和主人一起大碗喝酒、大口吃肉，充分显示出豪爽、好客的民风。

一、简答题

1. 人生仪礼主要可以分为哪些类型？

2. 为什么说人生仪礼是一种社会规范，是人类文明不断进步的标志之一？

二、选择题

1. 诞生礼仪民俗的中心内容是（　　）。

A. 求子仪式　　B. 孕妇禁忌

C. 孕期馈赠　　D. 庆贺生子

2. 历史上关于汉族成年礼仪的规定，下列表述正确的是（　　）。

A. 男子十八岁行冠礼、女子十五岁行笄礼

B. 男子二十岁行冠礼、女子十八岁行笄礼

C. 男子二十岁行冠礼、女子十五岁行笄礼

D. 男子十八岁行冠礼、女子十八岁行笄礼

3. 苏州民俗博物馆以“婚礼”为主要展示内容的是（　　）。

A. 食俗厅　　B. 婚俗厅

C. 民俗厅　　D. 节俗厅

三、思考题

1. 结合你家乡的婚俗现状，谈谈你对开展婚俗旅游的看法。

2. 结合你所在地区的丧葬礼仪现状，谈谈你对丧葬改革的看法。

3. 根据所学专业知识，结合本章内容，对洛阳古墓博物馆做一次书面导游。

第六章

节庆民俗旅游文化

通过本部分内容的学习，学生可了解岁时节日及节庆民俗的一般概况；了解不同节日及其民俗的相关知识；学习不同地区利用节日民俗来发展旅游的成功经验；能够利用所学节庆民俗相关知识解释工作、生活与学习中的民俗事象；培养节日文化情感。

节日民俗与旅游有着不解之缘，自古以来，旅游便是节日的重要内容。现代社会，随着旅游业的进一步发展，旅游成了人们的生活方式，更是人们过节时的热门活动。人们喜欢节日旅游，不仅是因为节日期间人们有较多的闲暇时间，更是因为节日有着多姿多彩的民俗活动展演。

第一节　节庆民俗概述

一、何为“节”

中国的传统节日是人们一份浓浓的情结，成为中国人的“文化之根”。传统的节日融入了丰富的文化意境和象征意蕴，并注入了辞旧迎新、祭祀、宗亲礼仪往来和民

间娱乐等多种现实的功能。

据统计，我国各民族，从古至今有 1 700 多个节日，其中汉族的传统节日有 500 多个，少数民族的传统节日共计有 1 200 多个。在汉族的传统节日中，春节、元宵节、清明节、中秋节被合称为“中国四大传统节日”，并已成为全民的法定假日。少数民族的传统节日有蒙古族的那达慕大会、回族的开斋节、傣族的泼水节、壮族的三月三、藏族的藏历新年等。

节是植物的关键部位，节外才会生枝。植物中“节”的这种特征，影响中国人对时间的认识。古人认为时间也有“节”，也是一年四季的关键部分。中国人把时间分成两个部分，一部分是平常时间，另一部分是非常时间。非常时间是一年四季中最“坚硬”的时间，即最难通过的时间，也是最容易“出事”的时间。古代大部分节日都是单日，尤其是单月单日，如一月一日春节、三月三上巳节、五月五日端午节、七月七日七夕节、八月十五日中秋节、九月九日重阳节等。中国人讲究好事逢双，成双成对为吉利。这些所谓节日并不像后世演化得那么欢天喜地，称为“佳节良辰”，而都是不吉利的日子，各有所禁忌，非“凶”即“恶”，所以叫“过节”。

那么如何过“节”呢？主要有两种过法：其一，把煮熟的整鸡、猪头等“荤食”摆上神龛，供奉给祖先吃，以此祈求祖灵保佑活着的家人平安度过这段凶恶的时间；其二，在这段时间里，人们需要采取一些防范措施，以一些行为约束即禁忌来达到避凶的目的。

二、节庆民俗的产生与发展

我国传统的岁时节庆是农耕文明的伴生物。丰富多彩的岁时节庆文化不仅记载着我们祖先对自然运动规律的认识与把握，也显示了各个不同历史阶段的社会、经济、科技发展的水平，同时也反映了我国民众那种张弛有度、应时而作的自然生活节律。

岁时节日民俗在精神民俗内容中是最丰富的一种民俗。它的最初形成和古代科学技术的产生有着密切的关系，特别是古代天文、历法知识，直接导致了岁时节日民俗的形成。

人们对天文知识的认识来源于生产实践经验的总结和对自然现象的科学观察。另外，随着社会的不断发展、生产水平和人们认识能力的不断提高，历法产生了。有了历法，人们从事各种生产和安排生活就方便多了。我国古代劳动人民正是根据天文、历法知识来划定一年中的时序节令，将生产活动和日常生活纳入自然规律之中，逐步形成了不同的风俗。

随着社会的发展，人们的日子越过越好，为感谢上天的恩赐，人们在特定的日子里（一般在农闲时候）举行祭祀仪式，开展各种文娱活动，这样，节日就产生了。不过，不同的地方、不同的民族有不同的节日，即使是相同的节日，其内容也不尽相同。因此我们说，节日及其民俗的形成是一个历史累积的过程，它受到多种因素的影响。

（一）节日所处时空位置的影响

“时”是指节日在历法中的日期，“空”是指节日流行地区的地理条件，它们是影响节日民俗构成的基础。

（二）社会生产和生活的影响

以生产性节俗来说，从事农业生产的民族，其节日习俗受农事活动的影响，如春季有迎接春耕的节日典礼，秋季有庆贺丰收的节日典礼。

社会生活对节日民俗形成的影响是多方面的。在我国古代社会，鬼神迷信思想盛行，求神拜佛、问卜占卦是社会生活的重要内容，因而在我国传统节日中有大量这方面的习俗。另外，我国长期以来受儒家思想的影响，重视人际交往，逢年过节都会走亲访友，登门贺岁，这些都显示了社会生活在节日民俗形成中的重要影响。

（三）历史事件与传说的影响

历史事件与传说也是影响节日民俗形成的因素之一。如端午节的来历，有纪念屈原之说、纪念伍子胥之说、纪念东汉孝女曹娥之说。种种传说多数是后人添加上去的，其中在民间流传最广的是纪念屈原的说法，于是在端午节就形成了纪念屈原、赛龙舟的风俗，它显然受到历史传说的影响。

（四）文化传播的影响

文化传播对节日及其民俗形成的影响分两种情况：一种是通过自然的文化传播形成的节日民俗，如汉族有春节、清明节、端午节、中秋节，许多少数民族也有这些节日。另一种传播是人为的，主要是宗教性的节日传播。

以上节日民俗的形成原因在实际情况下往往互相渗透、互相影响，共同对节日民俗的形成产生作用。

三、节庆民俗的分类

（一）传统节日的分类

传统节日是一个国家和民族的历史文化长期发展的产物，是民族文化、民族精神的重要传承载体，是一个国家或民族重要的标志性文化。“传统节日”今天似乎一直作为一个不言自明的概念被使用，根据以往的研究，往往把传统节日分为以下几类。

1. 宗教性节日及民俗

宗教性节日包括两类：原始宗教节日和现代宗教节日。这两类节日都是宗教性质的，但它们的产生时代及民俗表现形式却是不同的。

2. 生产性节日与民俗

生产性节日一般是指在农业、林业、牧业、养殖业、渔业和手工业等生产中，伴随岁时变换和生产习俗所传承的群众性活动。首先，生产性节日有固定的时间（也有的日期不确定）；其次，生产性节日是在生产实践基础上产生的，并表达人们的美好愿望；最后，它带有祭祀、纪念等意义，其中，农事生产节日及民俗最有特色。农事生产节日的最初形成，大约是和农业生产中的祭祀活动有关。农业比较发达的地区和民族，农事生产节日的原始信仰成分逐渐减少，变为庆祝丰收、祈求丰年的娱乐活动，有些节日还成了农忙季节的生产动员。如藏族的“望果节”是藏族人民预祝农业丰收的节日。“新果节”，又称“吃新节”或“尝新节”，是许多民族中流行的庆祝农业丰收的节日。日期各地不一，一般都在谷子成熟的时候举行。

3. 年节及其民俗

年节在各民族中普遍受到重视，其形成一方面有祈求来年丰收的含义，另一方面是迎接新的一年的来临。春节是我国绝大多数民族共有的节日，人们最重视的是除夕。在除夕之夜，讲究阖家团圆，共庆佳节。

4. 文娱性节日及民俗

文娱性节日大都具有联欢性质，目的在于加强个人和社会团体的社交和友好往来，有时还加入民间的竞技活动。在文娱性活动中，较有特色的是各民族的歌会、歌节。这些活动，除娱乐内容外，还为人们提供社交场所和物资交流场所，深受各民族人民的欢迎。

（二）综合现代节日现状的分类

在综合考量民族、时间、地域等维度的基础上，我们还可以将传统节日定义为具有群体性、周期性以及相对稳定的内容和程式的特殊时日。在此定义基础上，综合考虑现代节日的现状，可以将节日分为以下四类：

（1）法定的传统节日，如春节、清明节、端午节、中秋节等。

（2）各少数民族节日，包括历史上没有的，但各民族自治区结合传统的文化要素再造的节日，如赫哲族的乌日贡。

（3）传统的庙会、祭会、歌会，如妙峰山庙会、祭黄帝陵、三月三歌节、淮阳太昊陵庙会等。

（4）现代节日庆典。这是为适应现代生活需要而产生的现代节庆日，如五一国际劳动节、十一国庆节、洛阳牡丹花会等。

四、传统节庆民俗的特征

长期以来，农业在我国占据主要地位，大量的岁时节日都是为祈求或庆祝农业丰收而形成的。同样，由于我国长期以来受儒家思想的影响，因此儒家思想在岁时节日中也有大量的体现。据此，我们认为，传统节庆民俗具有以下几个特征。

（一）鲜明的农业文化特色

我国的传统节日是农业文明的伴生物。许多节期的选择便是农业社会生产、生活规律的一种特殊表现形式。与春种、夏伏、秋收、冬藏的生产性节律相应，民间节日中，也就有了春祈、秋收、夏伏、冬腊的岁时生活节律。

新岁开春，万物复苏，但冻土乍开，农事不多，农家生活相对闲适。人们祭天敬祖、鞭春劝农、拜大年、赏花灯、闹社火、过花朝等，通过一个个春的节日，频频播下希望的种子，祈盼着秋天的好收成。

入夏，农事渐忙，少有闲暇，且冬谷既尽，宿麦未登，青黄不接，更兼炎夏暑热，疾病易生。故端午习俗以驱邪避瘟、除恶祛毒为主，盛夏酷暑，更有“曝书”“伏闲”等驱、避之俗。

金秋时节，新谷登场、瓜果成熟。人们怀着丰收的喜悦，秋社报赛、荐新祭祖、拯孤照冥、团聚赏月、饮酒登高。既是报答神明，也是慰劳自己。

秋去冬来，大田农事告竣。仓廪丰足，猪羊满圈。人们舂米磨面、酿酒烧肉、“寒衣”“数九”消寒、饮酒“扶阳”。直到喝完“腊八粥”，又开始准备“忙年”。

就这样，所有节日井然有序地分布在一年四季，顺应岁时节令的变化，应和着农业生产的节奏，张弛有度、自然和谐。

（二）浓厚的伦理观念与人情味

我国是一个非常重视团圆、讲究亲情，贵人伦、重亲情的国度。有许多节日都是为祭祀祖先而设的，如除夕之夜祭祖、清明节上坟、中元节烧纸钱等。每当节日来临时，一家之主都希望家人能和和气气、团团圆圆地坐在一起吃饭、聊天。在这个时候，天伦之乐表现得格外充分。千百年来，传统节日也成为维系中国社会人际关系重要的感情纽带。

（三）节俗的内容与功能由单一性向复合性发展

节日风俗的缘起，与各种原始信仰有关。最早的节俗活动意在敬天、祈年、驱灾、避邪。后来，节日逐渐从避忌、防范的神秘气氛中解脱出来，成为人神共欢的日子。随着经济繁荣、文化昌盛，节日风俗也以极快的速度向娱乐方向发展。大量的体育活动也出现在节日里。每逢重大节日，很多地方都会有盛大的社火、庙会活动。这样，传统节日就集信仰、经济、社交、娱乐等多种功能于一体，成为中国广大民众生活必不可少的组成部分。

在现实生活中，岁时节日虽已经基本失去了早先的信仰内核，但许多传统节俗却依然留存在民众生活之中，并且随着时代的发展，从内容到形式都更加丰富多样。

第二节　主要岁时节庆

岁时节日，也被称为传统节日，它们历史悠久、流传面广，具有极大的普及型、群众性，甚至全民性的特点。

节日的形成及发展受诸多因素的影响。有些节俗产生的渊源可能是单一的，然而，后世的发展及现实存在形态却又是综合的。因此，很难根据某一单一的性质做相应的归类。下面根据节日现存的状态，选择影响最大、至今仍广泛流传的主要节日并按时间顺序做一下介绍。

一、春节

年节俗称春节，是中华民族最隆重的传统佳节。自汉武帝太初元年（前 104 年）开始，以夏历正月初一为“岁首”，年节的日期由此固定下来，并一直延续两千多年至今。年节古称“元旦”。1911 年辛亥革命以后，开始采用公历纪年，遂称公历 1 月 1 日为元旦，农历正月初一日为春节。

年节是辞旧迎新的日子。年节虽定在农历正月初一，但年节的活动却并不止正月初一这一天。从腊月二十三开始，人们就开始“忙年”了，有民谚曰：“二十四，掸尘扫房子；二十五，推磨做豆腐；二十六，杀猪割年肉；二十七，宰年鸡，赶大集；二十八，打糕蒸馍，贴年画；二十九，赶集去灌酒；三十晚上熬一宿；大年初一扭一扭……”从腊月二十三那天起，扫房屋、刷墙壁、剪窗花、贴春联和“福”字、置办年货、蒸花馍、添置新衣、洗头沐浴、准备年节器具，等等（见图 6－1、图 6－2）。所有这些活动都有一个共同的主题，即“辞旧迎新”。

年节也是祭祝祈年的日子。古人谓谷熟一次为一“年”，五谷丰登为“大有年”。西周初年就已经出现了一年一度的庆祝丰收的活动。后来，祭天祈年成了年俗的主要内容之一。而且，诸如灶神、门神、财神、喜神、床神和井神等诸路神明，在年节期间，都备享人间香火。人们借此酬谢诸神过去的关照，并祈愿在新的一年里能得到更多的福佑。除夕之夜燃爆竹、点旺火，迎神“燎祟”、击鼓驱傩（nuó）。在“一夜连两岁，五更分两年”的时刻，还有占岁之举。

年节还是合家团圆、敦亲祭祖的日子。除夕，全家欢聚一堂，吃罢团圆饭，长辈给孩子分发压岁钱，一家人围坐“守岁”。元旦子时交年时刻，鞭炮齐鸣，辞旧岁、迎

图 6－1　倒贴“福”字

图 6－2　花馍

新年的活动达到高潮。各家焚香致礼，敬天地、祭列祖，然后依次给长辈拜年，继而同族亲友互贺新春。初一之后开始走亲访友，互送礼品，以庆新年。

年节更是民俗娱乐狂欢的节日。元日之后，各种丰富多彩的娱乐活动竞相开展：耍狮子、舞龙灯、扭秧歌、踩高跷、划旱船、杂耍诸戏等，为新春佳节增添了浓郁的喜庆气氛。此时，正值立春前后，古时要举行盛大的迎春仪式，鞭牛迎春，祈愿风调雨顺、五谷丰登。各种社火活动到正月十五再次达到高潮。

年节的主要习俗得到了比较完好地继承与发展。如今，尽管过年期间的大部分禁忌习俗、祀神祭祖等活动有所淡化，但是，“春节”“新年”依然是中国人最重要的节日，是对中国人的一种文化身份的认定。而这种对自己文化身份的认定，正是维护一个家庭、一个社会，或一个民族、一个国家的情感认同的重要力量。因此，“回家过年”对于中国人具有极其崇高的价值，它的情感作用和社会作用也越来越重要。

二、元宵节

正月十五元宵节是我国传统节日中的大节。因为这是新年的第一个月圆之夜，古代称夜为“宵”，因此叫“元宵节”；又因元宵节的主要节俗活动是放烟花爆竹、张灯、观灯和赏灯，故又称为“灯节”。道教则称正月十五为“上元节”。

元宵节燃放灯火之俗始于汉武帝祭祀太乙神；佛教传入中国之后，与佛教正月十五“燃灯礼佛”的仪式融合。因有了官方的大力提倡，于是在民间广为流传。元宵之夜，城乡烟花爆竹声不断，锣鼓声震四野，踩高跷、舞龙灯、耍狮子、打腰鼓、扭秧歌、百戏社火，人们走街串巷，成群结队观灯、猜灯谜、看戏，欢笑之声不绝于耳，堪称中国民间的狂欢节。

过元宵节时，各地有吃元宵的习俗。元宵由糯米制成，或实心，或带馅。馅有豆沙、白糖、山楂、各类果料等，食用时煮、煎、炸、蒸均可。如今，北方叫元宵，南方称汤圆。吃汤圆的风俗始于宋代，当时的汤圆称“浮圆子”，亦称“汤圆子”“乳糖圆子”“汤丸”“汤团”，生意人则美其名曰“元宝”。元宵节吃汤圆寄托着人们祈求新的一年圆满顺遂的心愿，象征着全家团圆、和睦幸福，人们以此怀念离别的亲人，寄托了对未来美好生活的企盼。

三、清明节

清明节属于我国历法中的二十四节气之一，节期在每年的公历 4 月 5 日前后，农历三月的上半月内。这个节日与农业生产密切相关。《岁时百问》云：“万物生长此时，皆清洁而明净，故谓之清明。”作为农事节气的清明，标志着春耕时节的到来。俗谚云：“植树造林，莫过清明。”“清明前后，种瓜点豆。”而作为岁时节日的清明节，在融合了寒食节、上巳节的有关风俗后，便有了禁火寒食、祭扫坟墓、踏青郊游、荡秋千、放风筝、打马球、插柳等一系列民俗活动。

祭墓、禁火两大习俗，周代已有，但原来并未固定日期，禁火寒食和清明祭扫也无多少关系。汉末，蔡邕的《琴操》将禁火之俗与传说中介子推被焚之事联系在一起，但禁火日期之说是在五月五日。魏晋之时，始将寒食节定在清明前一两日。东晋陆翙的《邺中记》云：“并州俗，冬至后百五日，为介子推断火，冷食三日，作干粥，今之糗是也。”到了唐代，唐玄宗于开元二十年（732 年）正式下诏将寒食、扫墓列入五礼之中。此后，寒食、清明祭扫坟墓的习俗就合二为一了。每年农历三月清明日，官员士庶、男女老幼皆出郊扫墓上坟，一时间车马如流，四野如市，香烟缭绕、纸钱纷飞。中华民族尊亲敬祖、隆宗重嗣的传统习俗，在清明节表现得格外充分。这种习俗一直流传至今，除了祭扫宗亲之墓，人们还到烈士陵园去祭扫，缅怀先烈的丰功伟绩，以示悼念。

清明节民间还有插柳、戴柳、踏青、游春等习俗。在古代，由于寒食禁火，火种熄灭，于是引出了清明节钻榆柳取“新火”、传“新火”以及沿门插柳、戴柳的习俗，民间有“清明不戴柳，红颜成皓首”之说。另外，古代还有三月上巳日踏青的习俗。因上巳日与清明日很近，诸多游乐活动贯穿其间，演变成清明前后的春游热潮。清明日，人们在扫墓之余，亦在郊外聚会冷餐，尽兴游乐：荡秋千、蹴鞠、拔河、放风筝、斗鸡，有些地区还举办大型庙会、娱乐表演活动……热烈奔放的游乐气氛与大自然的无限生机相融互感，作为一种深层的生命意识，积淀在清明节的风俗之中，代代流传。直到今天，清明节依然是我国民间十分重要的节日。

四、端午节

农历五月初五为“端午”或“重五”。古代时，“五”与“午”相通，因此，“端五”亦称为“端午”“重午”。古人有在端午日用兰草汤沐浴的习俗，故又称“沐兰节”。唐宋时，此日又称“天中节”“端阳节”。明清时北京人称其为“五月节”。端午节是我国民间夏季最重要的传统节日。

过端午节是中国两千多年来的传统习俗，由于地域广大，民族众多，部分少数民族也过此节，加上许多传说故事，于是不仅产生了众多相异的节名，而且各地也有着不尽相同的习俗。其主要内容有：女儿回娘家，挂钟馗像，迎鬼船，躲午，贴午叶符，悬挂菖蒲、艾草，游百病，佩香囊，赛龙舟，比武，击球，荡秋千，给小孩涂雄黄酒，饮用雄黄酒、菖蒲酒，吃五毒饼、咸蛋、粽子和时令鲜果等。

关于端午节的起源，历来诸说并存。从其传统节俗活动的内容来看，端午节最初与祛邪、除毒、避瘟、止恶等观念密切相关。

仲夏时节，酷暑即至，毒虫滋生、疾病易犯，为抗拒“五毒”袭扰，民间形成了一系列习俗：端午日煎兰汤沐浴、采制草药；采菖蒲、艾叶插于门旁以禳毒气；制作、饮用、涂抹雄黄酒以驱毒杀虫；贴“天师符”“钟馗像”以捉鬼降妖；系五彩绳、长命缕以避灾除病、益寿延年；等等。上述习俗，除以兰汤沐浴、采制草药尚存些许保健性意义外，其他多属岁时性禁忌的产物。

端午节流传至今的主要习俗活动是吃粽子、赛龙舟。这两项习俗最初亦属于驱疫逐魅的活动之一。自与纪念屈原的说法结合后，传统节俗获得了新的历史性含义，一直沿袭千年，久盛不衰。如今，粽子依然是端午节人人要吃的节令食品；龙舟竞渡成了海内外华人非常喜爱的民间竞技、娱乐活动；而纪念屈原，则成了端午节一切活动的恒定主题。

五、中秋节

农历八月十五为中秋节。八月为秋季的第二个月，故中秋节亦称“仲秋节”。又因此日正值中秋之半，且月色倍明，故又称“秋节”“月夕”“月节”。在中国人心目中，中秋是一个象征团圆的传统佳节。

中秋节的起源，与古代秋祭、拜月的习俗有关。在它的形成、发展过程中，月宫嫦娥神话的附会、渲染，又起了直接的推动作用。先秦时代，即有帝王春天祭日、秋天祭月的礼制；汉魏以后，已有了赏月、咏月的诗赋。除了祭月、赏月之外，古时候，秋季谷熟之时，民间还有享祀土地神的“秋报”活动。与之相伴随，自汉代即已开始流传的嫦娥奔月神话不断被加工、丰富，逐渐注入了古老的拜、祀习俗；到唐

代，中秋拜月、祭月、供月、礼月、赏月已经蔚然成风，到宋代达到极盛，此后一直盛传不衰。

每当中秋之夜，皓月当空，亮如明镜，圆似玉盘。家家户户设供桌于庭院，上置西瓜、香瓜、葡萄、大枣、苹果、石榴等时鲜果品，全家围坐，一边赏月，一边分食月饼。江浙一带还有去钱塘江望月观潮、泛舟夜游及“烧斗香”的习俗。旧时，吴地妇女中秋夜盛装出游“走月亮”；已婚未育妇女还在中秋夜去瓜田架下摸取瓜、豆以求子，叫作“摸秋”。

团圆之夜，月圆、饼圆、瓜圆、果圆、家人团圆，人们借助各种象征团圆的节物与活动，表达一个共同的心愿：祈愿家人团圆、生活美满。时至今日，拜月的观念与礼数虽已淡化，但中秋观月、赏月、吃月饼依然是中国人最具情思的传统习俗。“每逢佳节倍思亲”是中国人特有的传统情感。对于华夏子孙而言，即使远在天涯海角，中秋节的明月也能带去亲人的相思与祝福。

六、重阳节

农历九月九为重阳节。因日、月逢“九”，且“九”为阳数，古称“重阳”，也称“重九”。又因重阳节有出嫁女儿归宁的风俗，故又称“女儿节”。

重阳节的活动，主要有登高、赏菊、饮菊花酒、佩戴茱萸、食菊花糕等。古人认为茱萸是一种可以驱邪的神物。菊花酒亦被认为有辟恶除疾、益寿延年的作用。《西京杂记》将此俗缘起归于汉高祖宠妃戚夫人之侍女贾佩兰。重九登高之俗，民间传说解释为与“桓景避灾”事件相关。《续齐谐记》载东汉汝南人桓景，受仙人费长房指点，于九月九日携全家登高、饮菊花酒、佩戴茱萸囊而躲开了一场灭门之灾，于是世人效法，沿之成俗。传说尽管不足信，但它帮助我们了解了重阳节俗产生的初始之义与祓禊、驱避的观念有关。按阴阳五行说的解释，重九之日，地气上升，天气下降，天地之气交接，古人为避免接触不正之气，所以才登高以避之。

重阳节除了祈福与辟邪之外，还有一个独特的鲜明主题，就是敬老。“重阳节”名称最早的记载是在三国时代。据曹丕《九日与钟繇书》中记载：“岁往月来，忽复九月九日。九为阳数，而日月并应，俗嘉其名，以为宜于长久，故以享宴高会。”九为阳数，又是数中最大者，自然就会让人联想到敬老、养老。另外，在民俗观念中，因为“九九”与“久久”同音，包含生命长久、健康长寿的寓意。《管子·入国》有“一曰老老”，晏子曰“今君爱老，而恩无所不逮，治国之本也”，足见古人对敬老的重视。中秋已过，步入盛秋，季节变化，即将步入冬季，又引起人们对人生短暂的感叹，多种情感的交集，使得重阳节的焦点集中在老人身上。重阳“登高”有崇尚自然的生命意识，深受人们的重视，特别是受到老年人的重视，“高”有高寿的寓意，人们认为“登高”可以长寿。如今，人们追求长寿的节日仪式行为，已经演变成了强身健体的节日体育活动了。

随着岁月的流逝，重阳节中的信仰成分日渐淡化，逐渐演变为一个以登高、赏菊、宴饮、赋诗为主要内容的游乐性节日。到了近现代，重阳登高消灾的观念早已很淡，而趁秋高气爽之时，结伴郊游、赏菊、饮菊花酒、食菊花糕，依然是民间广泛流传的民俗活动。

第三节　主要节庆民俗

一、那达慕大会

那达慕，蒙古语是“娱乐”或“欢聚”的意思。这是蒙古族传统的群众性娱乐活动，一般在每年的七、八月份举行，那时草原上水草丰美、牛羊肥壮。那达慕大会（见图6－3）的主要内容是摔跤、赛马、射箭、套马等传统项目。如今增添了文艺体育表演、物资交流等新的内容。现在那达慕大会在每年农历六月初四开始，为期5天。

图6－3　那达慕大会

二、宰牲节

宰牲节是伊斯兰教的三大节日之一，又称为古尔邦节。“古尔邦”意为“献祭”“献牲”，为朝觐功课的主要仪式之一，时间是伊斯兰教历12月10日，即朝觐期的最

后一天。当日，朝觐者要进行宰牲。我国穆斯林特别重视古尔邦节，是日皆盛装参加会礼，游坟诵经、缅怀先人宴请亲友，有条件者宰牲。

三、开斋节

开斋节是伊斯兰教的三大节日之一。一般把伊斯兰教历每年的九月一日至十月一日定为斋月。在斋月里，人们只能在每天日出前和日落后进食，整个白天不能吃饭喝水，称为守斋。此外，还要做到清心寡欲。按规定，老弱病残及儿童可以不守斋，但也要节制食欲。斋月期满之日，即伊斯兰教历的十月一日为开斋节。届时，所有虔诚的穆斯林都要沐浴更衣，身着节日盛装，到清真寺做礼拜，人们走访亲友，互相馈赠礼品，互相祝福。

四、藏历年

藏历年是藏族人民的传统节日，从每年藏历元月一日开始，一般持续 15 天。藏历十二月初，人们便开始忙于准备年货，如“古过”“那夏”“布鲁”等油馃子。大年初一天不亮，家庭主妇们便从河里背回“吉祥水”，然后唤醒全家人，按辈分排位坐定，长辈端来五谷斗，每人先抓几粒，向天抛去，表示祭神，然后依次抓一点送进嘴里。此后长辈按次序祝“扎西德勒”（吉祥如意），后辈回贺“扎西德勒彭松措”（吉祥如意、功德圆满）。仪式完毕后，便吃麦片土巴和酥油煮的人参果，接着互敬青稞酒。初一这天，一般是闭门欢聚，互不走访。初二，亲友之间相互登门拜年祝贺，互赠哈达。男女老少都穿上节日的盛装，见面互道“扎西德勒”“节日愉快”。在城乡演唱藏戏，跳锅庄和弦子舞。在牧区，牧民们点燃篝火，通宵达旦地尽情歌舞。民间还进行角力、投掷、拔河、赛马、射箭等活动。

五、雪顿节

雪顿节是藏族人民的重要节日之一，时间在每年藏历六月二十九日至七月一日。雪顿是藏语译音，意思是“酸奶宴”，于是雪顿节便被解释为喝酸奶的节日。后来逐渐演变成以演藏戏为主，又称“藏戏节”。届时，拉萨市附近的居民，身着鲜艳的节日服装，扶老携幼，提上酥油桶，带上酥油茶，来到罗布林卡。在繁茂的树荫下，搭起帷幕，铺上地毯，摆上果品佳肴，席地而坐，边饮边谈，载歌载舞，观看藏戏，享受节日的欢乐。下午，各家开始串帷幕做客。主人向来宾敬三口干一杯的“松准聂塔”（酒礼），唱各种不同曲调的劝酒歌。歌罢，客人将酒三口饮完。敬酒声、祝福声、欢笑声经久不息。当晚霞染红天际，人们才踏着暮色离开罗布林卡。

六、沐浴节

沐浴节，藏语叫“嘎玛日吉”（洗澡），是藏族人民特有的节日。在藏历七月六日至十二日举行，历时 7 天。时值夏末秋初，万里高原风和日丽，天高云淡。节日期间，男女老少全家出动，来到河边溪畔欢度一年一度的沐浴节。届时，藏族人民在树荫下搭起帐篷，围上帷幕，铺上地毯。老年人在河边洗头擦身，年轻人在河中洗澡游泳，孩子们在水里嬉戏，妇女们也毫无顾忌地尽情沐浴，把身体和全家的衣物都洗得干干净净。休息时，一家人围坐在帐篷里，品尝芳醇的青稞酒和香喷喷的酥油茶，帐篷里阵阵欢声笑语。沐浴节既是藏族人民所喜爱的传统节日，又是一年一度最彻底的群众性卫生活动。

七、泼水节

泼水节，亦称浴佛节，是傣族人民古老的传统节日，也是傣历新年，在清明节后第七天开始举行，历时三至四天。这天清晨，虔诚的佛教徒都会沐浴更衣，在佛教寺院中心用沙堆成宝塔，围坐在宝塔四周听佛僧诵经布道，祈祷丰年。之后，全寨人民各挑水一担，泼在佛像身上，为佛洗尘。随后，身着节日盛装的傣族男女老少从四面八方敲着铜锣，打着象脚鼓涌向街头，伴随着“水、水、水”的欢呼声，互相追逐，把一盆盆水泼向对方，以示美好的祝愿，直至人人全身湿透。节日期间，还要赛龙舟、跳孔雀舞，青年男女趁过节“丢包”定情。夜晚，燃放五颜六色的烟花，大家围着熊熊的篝火，载歌载舞，通宵欢闹。

八、三朵节

三朵节，纳西语称“三朵颂”，是祭拜“三朵”之意。“三朵”是纳西族人民千百年来笃信的保护神。过去，每年二月初八和八月的第一个属羊日，各地的纳西族人都要到白沙“三朵阁”（即“北岳庙”）或各地的“三朵阁”隆重祭拜“三朵神”。届时，三朵阁人山人海，热闹非凡，同时还进行各种文娱活动。1986 年 8 月，云南丽江纳西族自治县八届人大常委会通过决议，将农历二月初八的“三朵节”定为纳西族的传统节日，届时，全县统一放假一天，并由县政府具体安排各种庆祝活动。

九、火把节

火把节是彝族人民的传统节日，时间在农历正月二十四或二十五日。届时，彝族家家户户门前都要竖一个火把。在广场中央堆砌一个宝塔形火炬。选一根十几米长的青松立在中间，四周用干柴分层堆砌成宝塔形，顶端放一根挂满红花、白饼、海棠的

翠木。傍晚，男女老少手持火把，随锣声、号角声汇集于广场，将树塔点燃。顿时火光冲天，干柴烈火噼啪作响，与锣鼓声、欢呼声汇成一片，震撼山岳。

十、花炮节

花炮节是侗族最热闹的传统节日之一。举行日期各异，一般在农历正月初三、二月初二或三月初三。花炮节的主要活动是抢花炮。花炮用长约 10 厘米的铁筒制成，内装火药，炮口上放置直径 4 厘米、用丝线包扎成五颜六色的铁环，炮身披红挂绿，彩带迎风飘扬，具有一种奇特的美。比赛时，花炮在芦笙队的簇拥下，被抬进平坦的鼓楼场地中央。运动员分列两队，每队 10 到 30 人，均在场地边缘待命。按照侗家习俗，由上穿黑衣、下着白裤、扎绑腿的小伙子组成仪仗队，举行隆重仪式。随着指挥员一声令下，一名体格健壮的小伙子点燃导火索。一声炮响把裹着红绿布条的铁环冲上天，铁环将落，队员竞相争抢，以抢到铁环并投入对方球门的花篮为胜利。抢花炮场面极为惊险、激烈，被誉为“东方的橄榄球”。抢花炮通常一场三炮，寓“头炮福禄寿喜、二炮升官发财、三炮人丁兴旺”之意。当然花炮节上还有吹芦笙、跳踩堂、对歌、唱彩调、斗马、斗鸡等娱乐活动。对歌、抢花炮成了“三月三”节日最精彩的内容。

第四节　现代节庆

现代节庆日，指的是近现代才产生的节庆日。从根本意义上来说，现代节庆，不能算传统岁时节日，因为，大多数现代节庆的形成，与农业生产，与天时、物候的周期性变化，几乎没有什么关系。

这些新的节庆，多是适应现代生活的需要，或是在某种历史背景下形成的一些纪念日或社会公共活动日。只是因为它们也是以年为周期，循环往复，且各有特定的活动内容，因而具有了节日的形态，在现实生活中，发挥着节日的功能。如公历 1 月 1 日的元旦新年、3 月 8 日的国际妇女节、5 月 1 日的国际劳动节、6 月 1 日的国际儿童节、7 月 1 日的建党节、8 月 1 日的建军节、10 月 1 日的国庆节，等等。另外，又有 3 月 12 日的植树节、9 月 10 日的教师节等，这些都是由政府明文规定的现代节庆日。

从总体上来看，现代节庆日可以分为如下两类。

一、以某一专题为主的现代节日

以某一专题为主的现代节日，集中地反映着现代社会的风貌，从一开始就引起了当地政府及游客的重视，并在民俗旅游中显示出越来越旺盛的生命力。近年来，为了更好地开展经贸活动，我国许多地区纷纷根据地区特点恢复传统节日和开创新的节日，例如，洛阳的牡丹花会、潍坊的风筝节、大连的服装节、海南的椰子节等。这些节日由于自身所具有的地方特色、文化特点和风俗特点，吸引了大批游客前往。在新创的节日中，直接为旅游服务的各种节日占了很大的比重，而且呈逐年增加的趋势。在这类节日中，有的突出本地悠久的历史，有的展示独特的民俗风情，有的推出土特产品，有的宣传社会文化的发展……这些都从不同的侧面为旅游者提供了食、住、行、游、购、娱。

二、全国规模和以省区为单位的大规模的节庆盛典

我国各级各地政府已成功地举办了多种节庆盛典，例如，2023 年春节期间，山东省旅游局精心运作的 2023“好客山东贺年会”，以“过年就到山东玩，过年就买山东货”为主题，广泛开展“来古城过大年”“冬春文化惠民季”“非遗年货购物”等系列活动，着力打造“年文化”，各项活动精彩纷呈，地方气息浓郁，文化氛围厚重，吸引了大量游客纷至沓来。2015 年 4 月 21 日，黄帝故里祭祖大典在新郑黄帝故里举办，来自中央和各省市、港澳台地区以及海外侨胞代表出席典礼，沿袭传统。典礼共分九项仪程，以新的艺术创意和文化内涵打造民俗盛典的旅游吸引力。

现代节庆日具有鲜明的时代特色。它体现着时代变革过程中，人类为争取自由解放和一切合法权益的奋斗精神，展示着人们热爱祖国、崇尚科学、尊重知识、敬老爱幼、尊重妇女、保护环境、造福后人的新的时代风尚。它们丰富着我们民族的节日文化，并以新的内容、新的风采对传统节日的节俗活动产生积极的影响。

正因为节庆日在人民生活中有着非常重要的地位，人们对节日期间的一切活动常常尽力投入。所以，近年来，不少的经贸洽谈、商品展销、旅游观光等活动，也往往借助“节庆”这种为人熟悉而又易于接受的形式进行。诸如“购物节”“时装节”“美食节”“书法节”“烟花节”“啤酒节”“茶花节”“苹果节”“豆腐文化节”“海鲜节”……名目之多，不胜枚举。这是当前经济发展大潮中应运而生的一种文化现象。

作为展销、促销的一种手段，节庆日对于开阔视野、交流信息、促进经济贸易开展，以及与之相关的环境卫生、交通秩序的整顿等各项工作，有一定的积极作用。但是，过滥的“人造节日”活动不宜提倡，也不可能作为一种“节日”存活下去，因为它不符合节日自身发展的规律。节日，本是人们为适应生产、生活需要，在长期

的生活实践中自然形成的一种休整日。如果天天“过节”，那就失去了节日本来的意义。

第五节　节庆民俗与旅游

我国的节庆民俗丰富多样，是一座宝藏。开发利用好节庆民俗旅游资源，可以极大地促进旅游业的发展。

节庆民俗与旅游具有天然的联系。首先，从节日与旅游的关系来看，旅游本是节日的民俗活动内容之一，许多节日有旅游游乐的活动；节日以其特殊的有利条件和多姿多彩的民俗内容吸引着游客，使其成为最佳的旅游日期。其次，从旅游对节日的影响来看，旅游能吸引更多的人参加节日活动，它能使传统节日焕发新的活力，并能促进新的节日及新的节日民俗的发生发展。节庆民俗和旅游可以说是一对亲密的伙伴，两者互相依赖、互相促进。

一、节庆是旅游的载体

节日里人们有各种各样的民俗活动，旅游是其中之一。节日旅游在古今社会广泛存在。在古代社会，许多岁时节日都有相沿成习的旅游活动。春节是一年一度的最热闹的大节，据《梦粱录》记载，南宋时，临安（今杭州）人已有春节外出游玩的风习，“不论贫富，游玩琳宫梵宇，竟日不绝。”《燕京岁时记》记载，清代北京过春节，有钱的官宦人家纷纷乘车马外出游玩，“貂裘蟒服，道路纷驰，真有车如流水马如游龙之盛。”这些记载描述了古代春节游玩的欢乐景象。

古代的春节活动从正月初一一直持续到正月十五，与元宵节相连。元宵节晚上张灯放烟火，把游乐活动推向高潮。古代城市为严格治安，平日多有宵禁，但元宵节破例允许市民通宵观灯，形成了家家外出、万人空巷的观灯盛景。连平时不大出门的妇女这时也联袂而出，结伴群游，俗称“走百病”“走三桥”。从旅游的角度看，古人的元宵节是古代特有的全民夜游节日。

元宵节过后至清明是春游的大好季节。《武林旧事》记载，南宋都城自收灯后，贵宦巨室皆争先去郊外游玩，谓之“探春”。“探春”过后，又有“放春”“踏春”，都是春游之意。此段日子春游虽多，但相对集中的日子是花朝节、上巳节和清明节。

现代的节日旅游比古代更加丰富。现代社会不仅有自古代传承下来的节日旅游，而且还有许多现代节日旅游，如国庆节、劳动节、元旦等都是国家法定假日，2013 年

《国民旅游休闲纲要（2013—2020年）》出台，以纲要的形式“呼吁”国民出门旅游。因此，节日期间，街上人流熙攘，商场、餐馆、公园、剧院、电影院、展览馆、博物馆等场所人流如织，不少人还去外地或国外去旅游度假。现代的新兴地方节日庆典也有许多旅游活动的内容，有的新型节日还辟有旅游专线，提供“食、住、行、游、购、娱”的一条龙服务，为游客提供方便。现代新型节日还有不少是专以旅游节来命名的，如上海国际旅游节、安徽黄山国际旅游登山节、山东济南旅游书画艺术节、内蒙古草原旅游节等。旅游作为一种重要的生活方式，已经成为人们节日生活的重要组成部分。

二、节庆是最吸引游客的旅游佳期

旅游可以在节日进行，也可以在平日进行，但节日旅游的人数总要超过平日，主要受以下因素的影响：

（1）节日有丰富多彩的民俗活动。节日期间，人们可以参加各种平日没有的活动，特别是庆贺性、娱乐性的民俗活动，从中感受欢快、热烈的气氛。节日里还能看到平日不易见到的许多民俗风情，这对于满足人们愉悦身心的旅游要求和猎奇、思古等旅游心理十分重要。

（2）节日期间，人们有较多的闲暇。我国的传统节日多处于农闲时节，与农耕生产时间相协调。古代的政府机构、学校等逢重大节日多休假。现代社会，国家对许多重要的纪念节日或传统节日也规定了休假制度。因此，节日期间，人们有较多的闲暇时间，能够参加旅游游乐的活动。

（3）节日期间，人们的消费观念异于平日。节日是特殊的日期，成年累月的节日民俗文化积淀在人们头脑中，形成了强烈的过节意识。过节时，人们花钱一般总是比较大方。过节的花费增加不仅用在吃、穿、送礼等方面，而且用在旅游玩乐方面，这也是节日旅游兴旺的原因之一。

节日旅游具有的有利因素是其发展的重要条件。事实上，节日旅游无论是在古代还是在现代，都受到人们的欢迎。现代节日旅游的盛况比古代更胜一筹。如前些年春节旅游市场呈现以下特征：家庭旅游成为主要的出游方式；探亲、旅游交汇；自驾游、自助游异常火爆；出境旅游人数增多等。这一节日旅游情况表明，节日是对大众最有吸引力的旅游佳期，也是开展民俗旅游的最佳形式之一。

三、旅游赋予传统节日新的活力

我国传统节日很多，常见的传统节日民俗旅游有以下几种：

（1）逛集市庙会。传统节日的集市庙会上，各种民间艺人表演游戏杂耍，小商小

贩出售小吃、民间玩具、工艺品等，吸引游人驻足观览。这种逛街的游乐方式自古以来就存在。今天，春节逛集市庙会依然是重要的旅游方式。

（2）参加或观看文化游乐活动。文化游乐活动是传统节日民俗的内容之一，也是节日民俗旅游游乐的重要项目。文化游乐活动的种类有赛马、射箭、唱歌、耍龙舞狮等。节日期间，人们或亲身参加这些活动，或以旁观者身份看他人表演，两者都是节日旅游游乐的方式。

（3）参加祓禊、踏青、登高等活动。祓禊、踏青和登高是野外进行的活动，这些活动具有亲近大自然的性质。少数民族节日也有此类活动，如藏族的沐浴节去河里洗澡、林卡节去郊外野餐等。

传统节日是深嵌于民众生活的时间之流和空间场域之中的。传统节日是民众生活方式的一部分，这是传统节日最原始、也是最本真的存在意义。但是，不可否认的是，产生和维系传统节日发展的土壤已经发生了巨大的变化，很多节日面临消亡。一些地方尝试把传统节日与旅游相结合，让传统节日中富有特色的民俗活动成为旅游观光的内容，使传统的节日焕发活力。如浙江金华的斗牛节，借助旅游恢复传统的斗牛活动，使斗牛习俗焕发光彩。

旅游对于现代社会仍流行的传统节日也有相当的促进作用。如山东潍坊利用清明节放风筝的习俗，形成独具特色的“潍坊国际风筝节”，在提高了潍坊在国际上的知名度的同时，也在很大程度上宣传了中国的传统文化。近几年全国各省市推出的节庆旅游项目层出不穷，如天津的“中国海河龙舟节”、山西的“中国清明文化节”、福建的“中国·湄洲妈祖文化旅游节”等都提升了传统文化的知名度，以旅游为契机促进了传统节日民俗的发展。

四、旅游促进了新的节日庆典的产生与发展

20 世纪 80 年代以来，新兴节日在各地大量涌现。新兴节日的设置目的多为发展旅游，反过来，旅游又在很大程度上促进了新兴节日的产生和发展。许多新兴节日就是在国家有关部门发起的旅游活动中形成并发展起来的，如“中国旅游日”，即是自 2011 年由国家层面设立的。将每年的 5 月 19 日定为“中国旅游日”，旨在强化旅游宣传，鼓励人民广泛参与旅游活动，推动旅游业的发展，此后每年都举行相关的主题日活动。如 2019 年我国的旅游主题“爱旅游，爱生活”；2020 年因新冠疫情影响，全国旅游业按下暂停键，没有组织全国性的主题庆祝活动；2021 年中国旅游日主题口号为“绿色发展，美好生活”；2022 年中国旅游日活动主题为“感悟中华文化　享受美好旅程”。这一系列旅游主题的设置，使“旅游日”成为全国旅游发展成果的“宣传日”，全民分享旅游幸福的“惠民日”，各地独具特色的旅游日庆祝活动，成为以当地民俗

旅游资源为特色打造的旅游节日庆典，新兴节庆旅游为亮点的民俗旅游异军突起。

在当今全球化背景下，做好民俗节庆旅游可以吸引更多的海外游客，逐渐将民俗节庆旅游变成具有国际知名度的节日盛事，弘扬中国传统文化。

旅游对于新兴节日及新的节日民俗的产生发展更是作用巨大。新兴节日的设置大多与各地发展旅游、商贸的目的有关，其中有许多是直接以旅游节来冠名的。正是迥异的地域风貌、悠久的历史传统、丰富多彩的节庆民俗以及政府的大力推动，造就了中国色彩纷呈的节日旅游民俗文化，为中国民俗旅游业提供了得天独厚的发展条件，形成了中国民俗旅游丰富多彩的发展特点。

一、简答题

1. 什么是“节”？为什么要过节？
2. 节日民俗的形成受哪些因素的影响？
3. 可从哪些角度对节日民俗进行分类？请分类并附若干节日名称。

二、选择题

1. 岁时节日民俗的分类有（　　）。

A. 宗教性节日民俗　　B. 生产性节日民俗
C. 年节民俗　　D. 文娱性节日民俗

2. 在我国，传统的节日有（　　）。

A. “三八”节　　B. 植树节
C. 端午节　　D. 中秋节

三、思考题

1. 元宵节张灯结彩是传统习俗，请结合你身边元宵节的民俗分析其演变以及特色。
2. 试分析月饼的演变及特色。
3. 试以某一节日为例，结合专业知识，谈谈如何进行节日民俗旅游开发。

第七章

行旅民俗旅游文化

“行旅”一般是指历时较久、行程较远的出行活动。旅游业是近代发展起来的新兴产业，旅行活动却是古已有之，历史悠久。研究中国古代行旅现象，对深入了解中国古代文化，提高中华民族的认同感和自豪感，增强中华民族的吸引力和凝聚力，具有重要意义。本章首先阐述了古代行旅的主要类型如帝王巡游、文人漫游和商务旅游等，然后详细介绍了古人出游前要做哪些准备工作和行旅过程中怎么解决食住行的问题，最后谈谈古人行旅归来亲友们的接风洗尘。通过对本章内容的学习，学生可对古代的行旅民俗旅游文化有一定的了解。

第一节　古代行旅概述

中国古代行旅活动，最早可以追溯到原始社会，到了奴隶社会，最有名的旅行家是周穆王，《穆天子传》详细记叙了他的旅游过程。进入封建社会后，随着社会的进步，旅游人数逐渐增多，行旅活动日益丰富。

一、帝王巡游

帝王巡游是中国古代旅游的重要现象，是指帝王到其统治地区巡视与游览，他们旅游的条件是最好的、最高级的，或为巡视各地、或为封禅拜祭，是以巩固政权为目的的旅行活动。帝王在巡视或封禅的同时也游山玩水、瞻仰名人遗迹等。

帝王旅行历史悠久，传说中的黄帝和尧、舜、禹在巡视各地或治水时都游览过名山大川。周代有三位天子喜欢旅游，其中周昭王和周宣公甚至死于游山玩水途中。而周穆王的旅游是周代帝王巡游的代表，在我国古代旅游史上占有重要地位，至今流传的《穆天子传》是我国最早的游记。秦汉时，皇帝的巡游以秦始皇与汉武帝的巡游最有代表性。秦始皇在位 11 年，先后有过 5 次巡游，周游全国，可以说是政治性的旅游，最后死在巡游途中（河北沙丘平台）。汉武帝曾到泰山封禅，还立了一块无字碑，意思是自己的功劳比任何帝王都高，以至于无法用语言文字来形容。此外，隋炀帝下扬州、清乾隆下江南等都是尽人皆知的帝王巡游的典型事例。

二、外交文化旅游

中国古代封建官吏常受帝王派遣，为完成某项任务而出使各地，其中以张骞出使西域和郑和七下西洋最为有名。

公元前 139 年和公元前 119 年，西汉张骞一行百余人奉汉武帝之命两次出使西域。他们从长安出发，穿过甘肃的河西走廊，经流沙、越葱岭，到达亚洲的西部尽头，然后跨过大海，进入罗马帝国境内，这条路线就是誉满世界的“丝绸之路”。张骞两次出使西域，既开拓了政治外交的道路，又开辟了民族间商业往来的道路，促进了中国与中亚经济、文化的交流。

明朝郑和从永乐三年（1405 年）至宣德五年（1430 年）率领庞大舰队七下西洋，完成了封建社会时期航海史上的一次最大创举。船队从江苏太仓县刘家港出发，经过占城（越南南部）、爪哇（印度尼西亚），穿越马六甲海峡到达锡兰（斯里兰卡）、孟加拉国、印度南部、非洲东部沿海及赤道以北的一些国家。现在泰国还有三宝庙、三宝塔以及郑和所建的礼拜寺；斯里兰卡科伦博物馆还藏有他所立的石碑；印度的古里和柯枝有三宝纪念碑。在东南亚地区广泛流传着郑和的许多故事。

三、文人漫游

中国古代社会的文人雅士常把“读万卷书”与“行万里路”相提并论，几乎都有过旅行游览的历史，其中比较著名的有李白和苏东坡等。

李白，唐代著名诗人，他堪称旅行家，他“一生好入名山游”，20 岁时游历了巴

蜀的名山胜水。在巴蜀境内，他游览过剑门关、白帝城、南龛摩崖造像、峨眉山、万年寺等名胜古迹。李白 25 岁离蜀，开始在各地长期漫游，从仗剑出荆门到 42 岁被唐玄宗召至翰林院为止，李白连续漫游 17 年之久。天宝三载（744 年），他离开长安，开始第二次为期 10 年的漫游，足迹遍及山东、山西、河南、河北、湖南、江苏、浙江、安徽等地。在这次漫游中，他曾三次与大诗人杜甫相会，并与之结成好友。两次漫游开阔了李白的视野，培养了李白的豪放性格和热爱祖国大好河山的情怀，为他的创作提供了源泉。

宦游四方的苏东坡为官 45 年，曾在 16 个州县任地方官，足迹所至，几乎踏遍了半个宋室江山。

四、科学考察旅行

古代许多著名的科学家在撰写有关著作时，都十分注重实地调查，从而积累了丰富的相关资料，同时足迹也遍及祖国的大好山河。这类科学考察旅行的主要代表人物有司马迁和徐霞客等。

司马迁，西汉的史学大师。他为继承父亲编史的遗志，从 20 岁开始离开长安到全国漫游。他先到南方，从湖北到湖南，来到了汨罗江畔，凭吊屈原；接着登临九嶷山，欣赏了满山的斑竹，探访了舜的埋葬地。他到庐山考察了大禹疏通九江的遗迹与传说，又长途跋涉到了浙江会稽山，游览大禹陵和禹王庙。然后又到北方，先到韩信的家乡淮阴了解韩信的生平事迹，为《淮阴侯列传》积累了宝贵资料，又到曲阜采访儒家发源地，瞻仰了孔子陵墓和庙堂，详细考察了孔子业绩，接着到了魏国信陵君旧址……最后回到了长安。他在外旅行达 10 年之久，行程万里。在旅途中大量收集历史资料、人物逸闻及各地经济状况、风土人情，为撰写《史记》打下了坚实基础。

徐霞客，我国明末杰出的地理学家、旅行家。他穷毕生精力漫游考察祖国的大好河山。他一边游历，一边勤于记录地理、水文、地质、动植物及民俗等，游历的范围遍及今浙江、江西、湖南、广西、贵州、陕西、山东、河南、安徽等 26 省和北京、天津、上海 3 市。在旅途中，他跋山涉水，周详观察，写成了地理巨著《徐霞客游记》。

五、商务旅游

中国历史上的商务旅游活动开展得很早，往返各地做买卖的活动为“商旅”，做买卖所经之路为“商路”。《尚书》中所载的“肇牵车牛，运服贾用”就属于商末周初商人的商务旅游活动。战国时期，商务旅游进入了发展阶段。如巨商吕不韦就曾长途跋涉，到赵国邯郸从事经商活动。西汉初年，统治者实行休养生息政策，商业和商务旅行都得到了长足的发展。《史记》载：“汉兴，海内为一，开关梁，弛山泽之禁，是以富商大贾周流天下，交易之物莫不通，得其所欲。”这里所记录的就是当时商业发展、商务旅游发达的盛况。

从总体上看，在几千年的封建社会里，统治者大多“重农抑商”，所以除了吕不韦和清朝末年知名商人胡雪岩之外，很难在中国几千年的封建历史中看到其他大商人的身影。明初政令规定，“若有不务耕种，专事末作者，是为游民，则逮捕之”，甚至规定商贾之家不得穿绸纱。此外，古代社会交通不便，山林草泽密布，社会服务业不发达，饥饿、疾病和死亡时常威胁着在外行商的游子，这也使得中国古代商务旅游存在诸多困难。

六、节会旅游

在中国各族人民生活习俗和节会喜庆活动中，春节庙会、元宵灯市、清明踏青、端午竞舟、中秋赏月、重阳登高等是较为流行的游览方式。

春节庙会内容丰富多彩，主要有舞狮子、耍龙灯、踩高跷、逛花市等。元宵灯市上张灯结彩，吃元宵，猜灯谜，表演戏曲和杂耍技艺，这是西汉之后世代沿袭的民间习俗。清明踏青之风盛行于宋代，北宋著名画家张择端的《清明上河图》极其生动地描绘出开封城外以汴河为中心的清明时节的热闹情景。端午竞舟是古代吴越民族举行图腾祭拜的节日。中秋赏月盛于宋代，宋词对之多有描绘，苏东坡《水调歌头》词云：“明月几时有？把酒问青天。不知天上宫阙，今夕是何年？”历代诗人骚客以重阳为题，留下了许多名篇佳句，唐代诗人王维《九月九日忆山东兄弟》云：“独在异乡为异客，每逢佳节倍思亲。遥知兄弟登高处，遍插茱萸少一人。”

第二节　旅行前的准备与饯别

一、旅行前占卜择日的习俗

古人出行多择吉日，这个传统由来已久。《周易·讼卦》中记载：“有孚窒惕，中吉，终凶。利见大人，不利涉大川。”这就是出门远行前的占问。商代甲骨文中也多见择日占问吉凶的记载。凡帝王出巡、出郊游猎、军事争战、日常事务等都要进行卜问，以预测吉凶。这种择吉占问之法在后世持续发展，形成了中国古代独具特色的择吉文化。

古人选择出门旅行的日期，最好的便是黄道吉日。所谓黄道，即古人想象中的太阳绕地球运行的轨道。我们今天知道，实际上地球是绕着太阳转的，但古人囿于他们的科学知识，把眼睛所看到的太阳东升西落的过程看作太阳绕着地球转的证据，从而认为地球是宇宙的中心。古人还把相应的星区命名为青龙、明堂、金匮、天德、玉堂、司命六大星宿（六辰），认为他们是黄道吉神。在这六辰值班的日子，诸事皆宜，称“黄道日”。如果是灾丧之星所处的位置，就是凶神值班的日子，这一天就是不吉日，若遇到天象异常，如日食、月食、日中黑子、陨石坠落等，古人认为这些都是不吉利的日子。

1975 年 12 月，考古工作者在湖北省云梦县睡虎地发掘的秦代墓葬中出土了秦墓竹简文书十余种，其中的《日书》就是为人们确定时日吉凶，以便择吉避凶、见机行事的数术书。如“央光日，利以登高、饮食、邋（猎）四方野外。居有食，行有得”就是出行择吉的记载，反映了当时秦代社会上择吉风气的盛行。

在古代，百姓出行大多要选择吉日，如河南虞城一带就有谚语曰：“要出走，三六九；要回家，二五八。”他们认为，二、三、五、六、八、九、十是吉利数字；二意味着容易，三意味着活着，五意味着五行谐调，六代表财富，八意味着致富，九意味着长寿，十意味着美满。四、七则是不吉利的数字，四与死音同，意味着死，七象征着不顺利。

旧时汉族民间有红煞日不能出门行旅的习俗。如在南方部分地区，凡出门经商、办事或出门行旅都有忌讳：正月、四月、七月、九月忌鸡场天（酉日）出行；二月、五月、八月、十一月忌狗场天（戌日）出行；三月、六月、九月、十二月忌猪场天（亥日）出行。他们认为这些天犯了“红煞”，不宜出行，否则会招来灾祸。旧时台湾一些地区忌赤狗日外出旅行，他们认为正月初四为赤狗日，这天不宜出行，否则一世赤贫。

我国中原地区，相传每月中有一凶日，它们分别是以正月十三日后每增加一月，日期减去二日，如正月十三、二月十一、三月初九、四月初七……冬月二十三、腊月二十一。

二、旅行前拜祭路神的习俗

出门之前祭拜路神的习俗，大约始于西周，古人认为旅途中的安全皆由路神掌管，出门必得祭路神。祭路神，古代称为祖道。《左传·昭公七年》中记载：“公将往，梦襄公祖。”说的是楚国建成章华之台，希望和诸侯一起举行落成典礼。鲁昭公准备前往，梦见襄公为他举行祭祀祖神仪式，大臣梓慎劝阻说，以前襄公出行楚国，梦见周公主持祭祀祖神，现在襄公在祭祀祖神，君王还是不去为好。可见汉代时祖道

之俗，甚为普遍。

那么，路神是谁呢？古书上对此有两种不同的记载。据东汉应劭《风俗通义·祀典》中的记载，路神是共工之子，名叫脩。他好远游，舟车所至，足迹所达，靡不穷览，故尊以为祖神；祖者，徂（往）也。而汉代崔寔所写的《四民月令》中说，祖神是黄帝之子嫘祖，因远游而死于途中，被尊为路神。祭祀祖神的目的就是求神灵保佑旅途的平安。

如何对路神进行祭拜，即如何进行祖道仪式呢？《后汉书·吴延史卢赵列传第五十四传》中记载，吴祐举孝廉，将要出发，郡中人为其送别，“为祖道，祐越坛共小史雍丘黄真欢语移时，与结友而别。”有学者指出：“祖道之礼，封土为軷坛也。五经要义曰：‘祖道者，行祭为道路祈也。’《周礼》中记载：‘大驭掌驭玉路以祀，及犯軷。’注云：‘犯軷者，封土象山于路侧，以菩刍棘柏为神主祭之，以车轹軷而去。喻无险难。’”这也就是说，祖道就是一种专门为送别而设的礼仪，其办法是筑一个象征小山的土堆，然后以荆棘、柏枝为神主祭祀之，以求化险为夷，一路坦途。

后世虽然省却了筑坛祭祀的烦琐礼仪，但祖道之礼却长期保存下来。如《晋书·袁宏传》记载，扬州刺史谢安非常赏识袁宏的聪明和辩才。有一次，袁宏以吏部郎出任东阳郡的长官，谢安为其祖道于冶亭，时贤群集送别袁宏。谢安想要试探袁宏的捷辩之才，就拉着袁宏的手，让随从取一把扇子赠给袁宏，并说：“聊以赠行。”袁宏应声对答说：“辄当奉扬仁风，慰彼黎庶。”再如《宋书·沈怀文传》记载，沈怀文在刘裕统治时期担任尚书殿中郎，他少好玄理，善为文章。有一次，名闻天下的隐士雷次宗自建康返回庐山，宰相何尚之为其设祖道送别。当时“文义之士毕集，为连句诗，怀文所作尤美，辞高一座。”后以公事例免，同辈皆失官，怀文独以文名留官。可见，古代文人雅士的祖道，不仅是感情的交流，有时还能够迸发出思想的火花，展现宾主之间的才华和雅意，成为特别的文化现象。

三、送别习俗

古代人们出行虽大多乘车马，仗舟楫，但由于山河阻隔，道路崎岖，且风餐露宿，危机四伏，亲人今日分别，何时再见难期，故迎来送往之礼，自古就受到人们的重视。特别是“凡祖离送别，必在有情”，依依不舍送别亲友，是真挚深厚感情的体现，因而更成为重视感情和人际关系的中国传统礼俗文化中的一项重要内容。

古时人们的送别常在城外亭下、河边。《洛阳伽蓝记》记载：“（洛阳）崇义里东有七里桥，以石为之，中朝时，杜预之荆州，出顿之所也。七里桥东一里，郭门开三道，时人号为三门。离别者多云‘相送三门外’。京师士子，送去迎归，常在此处。”又《永嘉记》曰：“乐城县三京亭，此亭是祖送行人之所。”李白的《菩萨蛮》：“何处

是归程？长亭更短亭。”柳永的《雨霖铃》：“寒蝉凄切，对长亭晚。”李叔同的《送别》：“长亭外，古道边，芳草碧连天。”还有《西厢记》中的“长亭送别”（见图7－1）。显然，长亭已成为人们心中的送别之所。这些送别的地方，因为大多被诗歌所采用，逐渐成了送别地的专用名词了。

图7－1　南西厢·送别

图片来源：王子今．中国古代行旅生活．北京：商务印书馆，1996.

送别之时，亭下可以宴饮，河边常见杨柳，因此产生了很有特色的送别文化。周宣王时，诸侯申伯来京朝拜，周宣王为优待他的母舅，不仅增加了他的封地，还在他回国时，在郿地饯饮欢送。可见当时王、大夫、卿间已有摆酒送行的习俗。

宴饮饯别不仅可以表达亲友之间的良好祝愿，增进相互之间的友谊，还能为旅行者壮胆，增强其克服路途困难的信心。《宋书》卷四十七《刘敬宣传》记载，南朝宋人刘敬宣和他的父亲刘牢之奉命率师讨伐桓玄之前，皇帝也为之饯行，“（父）牢之南讨桓玄，（司马）元显为征讨大都督，日夜昏酣，牢之骤诣门，不得相见。帝出饯行，方遇公坐而已。”

在唐代，随着社会财富的增加和酿酒业的发展，社会上饮酒之风愈演愈烈，“风俗奢靡，宴处群饮……公私相效，渐以成俗。”唐诗中更是有大量饮酒饯别的生动场景。王维的《送元二使安西》：“劝君更尽一杯酒，西出阳关无故人。”李白的《金陵

酒肆留别》："风吹柳花满店香，吴姬压酒劝客尝。"司空曙的《云阳馆与韩绅宿别》："孤灯寒照雨，深竹暗浮烟。更有明朝恨，离杯惜共传。"白居易在其《酒功赞》中更是说："麦麴（qū）之英，米泉之精，作合为酒。"酒可以"变寒为温""转忧为乐""百虑齐息，万缘皆空"。

折柳赠别是中国古代的又一行旅风俗，在诗文、戏曲和小说等文学作品中均有反映。《三辅黄图·桥》记载："灞桥，在长安东，跨水作桥。汉人送客至此桥，折柳赠别。"这是有关折柳赠别的最早文字记载，因此一般认为此俗形成于秦汉时。

关于这个习俗的由来，相传是取自《诗经》中的《采薇》。《诗经》载，周文王以天子之命，命将帅送别之际，歌《采薇》以遣之。歌云："昔我往矣，杨柳依依。今我来思，雨雪霏霏。""柳"与"留"谐音，借此表达依依不舍之情。此外，俗语说："有心栽花花不开，无心插柳柳成荫。"柳树生命力很强，柳条插土就活，插到哪里，活到哪里，年年插柳，处处成荫。折柳送别，希望远行的人，能够在他乡顽强地生活下去。同时，折柳赠别是对旅人行途安全的祝吉。古人视柳树为可以辟邪驱鬼的"鬼怖木"，北魏贾思勰《齐民要术》载："正月旦，取柳枝著户上，百鬼不入家。"行人带上它，可使鬼魅望而生畏，远远躲开，确保旅途平安。

古代诗歌中关于折柳送别的诗句不胜枚举：北人的《折杨柳歌辞》："遥看孟津河，杨柳郁婆娑。我是虏家儿，不解汉儿歌。"无名氏所做的《送别诗》："杨柳青青著地垂，杨花漫漫搅天飞。柳条折尽花飞尽，借问行人归不归?"张九龄的《折杨柳》："纤纤折杨柳，持此寄情人。一枝何足贵，怜是故园春。"王之涣的《送别》："杨柳东风树，青青夹御河。近来攀折苦，应为别离多。"这些都说明了折柳送别在古代是风行的习俗。

第三节　旅行途中的食住行

饮食、住宿和交通是行旅生活中必然面临的问题。只有满足这些基本需求，才能保障行旅的圆满完成。

一、行途中的饮食和住宿

如果是官员，可以食宿于驿馆。据《周礼》记载，在古代，"凡国野之道，十里有庐，庐有饮食；三十里有宿，宿有路室，路室有委；五十里有市，市有候馆，候馆有积。"意思是说，在先秦，城市之间相距十里，便设庐舍，三十里之间设路室，五

十里之间设候馆，以供往来官员休息与食宿之用。此后汉、唐和宋等时期，都有驿馆机构，专门承担往来官员的食宿，类似于今日各地的招待所。

当然，驿馆也有一套相应的管理方法，如它是凭“驿券”（证明）而住宿的，不同等级的官员，食宿待遇也就不同，官品高，招待享受档次也高。再如据《唐律疏议》载：“私行人，职事五品以上、散官二品以上、爵国公以上，欲投驿止宿者，听之。边远及无村店之处，九品以上、勋官五品以上及爵，遇屯驿止宿，亦听。”不符合食宿条件的官员，如混入驿馆食宿，会受到惩罚。此外，官员住驿馆是有时间限制的。宋代规定，官员宿食驿馆的时间一般不超过一个月，如违反此规定，要受到处罚。每半年，由路（相当于省级）转运使、提点刑狱司到各地州县检查一次。如有特殊情况，如途中生病，可增加天数，以百日为限，但须上报登记及批准。

民间旅舍，先秦时已出现，主要供旅行者住宿，不提供餐饮。唐宋时期民间客舍迅速发展。据北宋《太平广记》载，唐代长安有位名叫窦义的，“造店二十间，当其要害，日收利数千，甚获其要。店今存焉，号窦家店”。

在北宋汴京，民间客店很多，往往集中于汴河两岸。因为生意兴旺，客舍往往要兼营堆放货物，为旅客提供方便。据《玉壶清话》卷三记载，汴京的十三间楼生意十分兴盛，每年收入以“数万缗计”。

南宋杭州的客舍更加繁盛，主要集中于水陆码头与商业闹市地段。三桥址（今杭州中山中路一带）是高级旅舍集中之地，客舍宽敞，设备优良，大多是豪富之家下榻之所。旅客在此既可小住几日，也可长住一年半载。如遇三年一次的科举考试，应考的有数万学子，还带有奴仆，旅舍也无法容纳，于是杭城内外的寺观也成了临时旅舍。

因为最初旅舍不提供食物，一般情况下，行旅之人会自带轻便不易变质的干粮，这种干粮也常用于行军途中充饥。《吕氏春秋》记载，秦穆公兴师“行数千里”，袭击郑国，郑国商人弦高中途迎遇这支远征军，于是假借郑国国君之命犒劳秦军将士，说道：“惟恐士卒罢弊与糗粮匮乏。”《后汉书·隗（委）嚣列传》说：隗嚣兵败，“病且饿，出城餐糗糒，恚愤而死”。李贤在注释中引述汉代人的说法，谈到了这类干粮的制作方式，说“糗”是由大豆和米熬制而成的，“糒”则是一种“干饭”。汉代学者郑玄说，这种干粮是把米麦熬熟，然后再捣成粉末状。北魏人贾思勰在《齐民要术·飧饭》中记载了“作粳米糗糒法”。一般情况下，自带干粮的旅客如果有条件歇息并且有充足的饮水，便能够基本得以休息身心，补充体力。正如范成大《四时田园杂兴》诗中所写到的：“黄尘行客汗如浆，少住侬家漱井香。借与门前磐石坐，柳阴亭午正风凉。”

汉魏以后有所变化，有些旅舍开始供应餐饮。但唐宋时期，旅店仍有客人自己打火烧饭的习俗，住进旅舍后，旅客自己动手做饭，即称为“打火”，或称“打伙”。如《水浒传》就讲到“打火”。第三十二回：“次日早起，打伙又行。两个吃罢饭，又走了四五十里。”第五十六回：“时迁偷甲得连夜潜回，天未亮时离开旅店，行到四十里外，方才去食店里打火做些饭吃。”

二、行途中的交通

《山海经·海外北经》记录了这样一则远古神话：“夸父与日逐走，入日。渴欲得饮，饮于河渭。河渭不足，北饮大泽。未至，道渴而死，弃其杖，化为邓林。”这位名叫“夸父”的神话英雄追逐太阳，终于追上了太阳，灼热干渴，于是饮于黄河和渭水，而河、渭不足饮，又欲北饮大泽，然而没有抵达目的地就渴死在途中，他所遗弃的手杖，化作了桃林。通过传说中夸父的事迹，我们可以推想传说时代早期行旅生活的实况。夸父执杖奋行于大野的形象，反映步行是当时陆路行旅的基本形式。

远古先民们经历了极其漫长的历史时期，才完成了行旅方式的第一次具有重大意义的进步，即畜力的开发和车辆的发明。

归功于由狩猎所带来的动物的驯养，特别是大牲畜如牛、马等，可供人骑用，它们成了真正的交通工具。战国时期，已经多有“带甲百余万，车千乘，骑万匹”的军事强国。骑兵的兴起，标志着交通事业的重大进步。因战争的刺激而实现的骑乘形式的普及，对于改善行旅条件也具有不容忽视的重要意义。见图 7－2 反映了古人骑乘旅行的情景。

汉代民间骑乘已经相当普及。据说“众庶街巷有马，阡陌之间成群”，甚至骑乘母马的人往往受到排斥而不允许参加社交聚会。由于生活环境与习惯的差异，各地区对牲畜的选择不同。汉族官商多以马为行游的工具，西藏用牦牛、驴和骡乘运，新疆、内蒙古多以骆驼代步。乘坐车辆行旅，是一种可以使旅人减少劳顿而且效率也比较高的行旅方式。《世本·作篇》所记：“奚仲作车。”《说文解字·车部》说道“车，舆轮之总名，夏后时奚仲所造。”《管子·形势篇》也说道“奚仲之巧”。《左传·定公元年》又说，奚仲在夏代任“车正”之官。不过很可能最初出现的车辆早于奚仲。“服牛乘马”的最早记录，则见于《周易·系辞下》。奚仲造车是山东省地方民间传说之一。4 000 多年前，生活于夏王朝初年的奚仲，发明了世界上第一辆用马牵引的木制车辆。商周时期，车的制作技术已经相当高超。最初的车是木轮车，俗称“大转辘车”。魏晋南北朝时期，北方草原的“铁勒”部落，曾因“车轮较大，辐数至多”，被称为“高车部”。现在在黑龙江省的达斡尔族聚居区，还可以见到这种高大的车，当地人称“草上飞”，它的车轮直径达四五尺，由于轮子大，便于承载，又可防颠，因

图 7-2 明天启刊本《琵琶记》插图

图片来源：王子今．中国古代行旅生活．北京：商务印书馆，1996.

此无论是高山荒野还是草泽沟壑地带都很适用。达斡尔族人赶着一排排的大轮车，带着他们的活动毡房，游走、放牧，或在中俄边境做长途运输，世世代代，习以为常。当然，这种车的动力多源于牛、马等牲畜挽拉。

传说大禹治水时，奔走四方，其行旅经历了多种形式："陆行乘车，水行乘船，山行乘檋。"檋，《史记·河渠书》写作"桥"，实际上是一种早期的轿子。我们今天所能看到的年代最早的"轿"的实物，出土于春秋晚期至战国早期的河南固始侯古堆一号墓。据从事发掘的考古工作者记述，出土器物中有"肩舆三乘""出于随葬坑东南、西北和西南角"。"舆身、舆顶以及舆杆、抬杠都很完整，造型大方，结构复杂"，舆底铺竹席，"顶盖和四周可能有帷幔设施"。"轿"最适用于山地行旅，尽管"道路险阻"，却稳便而平安。当然，这种便捷舒适却是要以抬轿人的劳苦艰辛作为代价的。乘轿更能满足统治阶级的心理需求，彰显地位，于是轿成为其必备的交通工具。

乘船的历史始于六七千年前的"独木成舟"，伴随水上旅行范围的扩大，需求不断扩大，独木舟发展为木板船和木帆船。木板船靠人力或水力行驶，构造简单，工具有桨、槽、篙等。木帆船是木板船的进化，也称平底木板船，借人力或风力航行，有帆、篷、桅和桨等工具。清末，船的种类繁多，并具有地域性与民族性的特点。如西部高原地形复杂，滩险水急，木船无法行驶，人们自古使用着一种特殊的牛羊皮筏。皮筏又叫浑脱，是用坚韧木料做支骨，外面蒙上由数张牛皮或羊皮缝制而成的皮子，大的坐十来人，小的坐三五人。牛羊皮在水中浸泡变软后，不怕礁石撞击。驶到江边，船夫把皮筏负于肩上，筏随人赶路。

第四节　旅行归来的接风洗尘

“洗尘”的字面意思是为长途旅行者洗去路途中的尘土，后人将其引申为旅行者设宴接风，出行前设宴席为其送行，到目的地或归来之后也有人为之接风洗尘，款待来客。

这种设宴款待来客的风俗由来已久。《论语·微子》中有这样的记载：“子路从而后，遇丈人，以杖荷蓧。子路问曰：‘子见夫子乎？’丈人曰：‘四体不勤，五谷不分，孰为夫子？’植其杖而芸。子路拱而立。止子路宿，杀鸡为黍而食之。见其二子焉。”丈人“杀鸡为黍”款待子路的记载，说明这种设宴款待来客的风俗早在春秋战国就已出现。

汉朝时，这种设宴款待来客的风俗也在民间广泛存在。东汉时期有两个情同手足的朋友范式和张劭。两人相约两年之后范式到张劭家拜访其家人，到了约定时间，范式应张劭两年之约来拜访张劭，得到张劭母亲设馔款待。这件事在《后汉书·范式传》中有记载：“范式字巨卿，山阳金乡人也，一名汜。少游太学，为诸生，与汝南张劭为友。劭字元伯。二人并告归乡里。式谓元伯曰：‘后二年当还，将过拜尊亲，见孺子焉。’乃共克期日。后期方至，元伯具以白母，请设馔以候之。母曰：‘二年之别，千里结言，尔何敢信之审邪？’对曰：‘巨卿信士，必不乖违。’母曰：‘若然，当为尔醖酒。’至其日，巨卿果到，升堂拜饮，尽欢而别。”

宋时苏轼曾写诗：“伫闻东府开宾阁，便乞西湖洗塞尘。”《大宋宣和遗事》中也有：“多年不相见，来几日，也不曾为洗尘。今日办了几杯淡酒，与洗泥则个。”元曲《竹坞听琴》中也有“便安排酒肴，与孩儿接风去来”的说法。小说《红楼梦》和《水浒传》中，对接风、洗尘的描写就更多了，在此不再赘述。

一、填空题

1. 中国古代封建官吏常受帝王派遣，为完成某项任务而出使各地。其中以张骞出使________和郑和七下________最为有名。

2. 中国古代社会的文人雅士常把“读万卷书”与“________”相提并论，几乎都有过旅行游览的历史。

3. 徐霞客，我国明末杰出的地理学家、旅行家。他穷毕生精力漫游考察祖国的江山，写成了地理巨著________。

4. 古人选择出门旅行的日期，最好的便是________。

5. 古人认为旅途中的安全皆由路神掌管，出门必得祭路神，祭路神古代称为________。

6. 王之涣《送别》诗：“杨柳东风树，青青夹御河。近来攀折苦，应为别离多。”说明了________送别是风行的习俗。

二、问答题

1. 古代常见的行旅类型有哪些？
2. 古人旅行前要做哪些准备工作？
3. 古人常见的送别和接风习俗是什么？
4. 谈谈古人是如何解决旅行中的食、住、行问题的。

第八章

交通民俗旅游文化

交通是社会交往的纽带。便捷的交通可以使人们快速地互通有无，增加接触与交流，传递知识和信息，促进社会的发展。我国在漫长的历史进程中，建立了相当完备的水陆交通体系，积累了丰富多彩的交通民俗，这些交通民俗，也是民俗旅游资源的重要组成部分。

第一节　交通民俗的产生与发展

一、交通民俗产生的背景

交通民俗产生于人类的交通生产与生活之中，并随着生产力的进步而发展变化。交通民俗是在一定背景下产生的，主要有自然环境、人类社会需求、发现与发明创造、文化交流与传播等。

（一）自然环境

自然环境是影响人类生活方式的重要因素。地形、物产和气候等环境要素，都对交通民俗有直接而深刻的影响。比如在降雨较少、河道不多的平原地区，适宜修筑宽

阔笔直的道路，形成陆上交通网，通行各种车辆；在河道纵横、水网密集的平原地区，就会遍布渡口和桥梁等交通设施，穿梭行驶各种舟船；在崇山峻岭、沟堑纵横的山区，修筑栈道、石阶路、盘山道、各类桥梁，步行或使用背篓、背架、滑竿等交通工具，就成了必然选择；在干旱多风的沙漠地区，戈壁连绵，黄沙漫漫，只有不怕风沙、忍饥耐渴的骆驼才是最理想的交通工具；在冬季严寒、冰雪覆盖的大、小兴安岭，人们广泛地建设冰道、雪道等设施，以雪橇、爬犁、冰床等为交通工具，以人、狗、马、驯鹿等为动力，进行交通运输。物产主要影响交通设施的建筑材料和交通工具的制造材料，如在多石的山区或丘陵地带，常见石板的路桥；竹筏使用于产竹的亚热带，桦皮船流行于桦木生长的寒温带，从而产生各具地方特色的交通民俗。

（二）人类社会需求

人类的社会需求是交通民俗产生和发展的背景，同时也是交通民俗不断向前发展的动力。不同时代人类的需求不同，导致了不同时代交通民俗的差异。人类需求层次的不同导致不同时代由低级向高级不断进化的交通民俗，独木舟时代有独木舟时代的民俗，远洋帆船时代有远洋帆船时代的民俗。历史在发展，社会也在进步，人类沟通与交流的需求日益迫切而复杂，交通民俗也就以越来越快的速度产生、传承、变异和发展。古往今来，人类的交通需求总是领先于当时的交通民俗，成为交通民俗发展的动力，促使新的交通民俗事象不断产生。如车辆的动力，从人力到牲畜，再到内燃机，动力越来越大，进步越来越快，但依然无法完全满足人类交通的需求。而无法满足的交通需求，将导致新的交通观念的产生，为交通民俗的发展描绘愿景。

（三）发现与发明创造

发现与发明是一切交通民俗产生的源泉。在交通民俗中，人们发现与发明的新事物，可以是有形的实物，如道路、车辆、牲畜、桥梁等，也可以是无形的新观念、新思想。发现是增添新的知识，发明则是知识的新运用。但是，发现与发明并非总是能导致交通民俗的产生或变迁。如果人们对某项发现或发明不加理睬，就不会引起交通民俗的产生或变迁。只有当社会接受了发现或发明，并且有规律地加以运用，才谈得上交通民俗的产生或变迁。如中国人养马的历史至少有 4 000 年以上，这已为山东章丘龙山文化遗址的发掘所证实。但马的单骑在战国以前还非常罕见，人们基本上都是坐在马拉的车上，这无法和单骑的速度相比。一直到了公元前 307 年，赵武灵王冲破重重阻力进行胡服骑射的改革，单骑才开始普及，成为历代相传的交通民俗。

（四）文化交流与传播

除了自己的发明创造之外，一个社会群体新的交通民俗的出现，也可能来源于另外一个社会群体，其主要途径就是文化交流与传播，这种文化交流与传播可以是直接的方式，也可以是间接的方式。直接的方式如赵武灵王胡服骑射的故事。赵国位于今河北、山西一带，其东北有东胡，西北有林胡和楼烦，都是游牧民族，经常以骑兵侵扰赵国，赵国的步兵和战车很难与之抗衡。这种直接的冲突和压力迫使赵武灵王向三胡学习，放弃车战，训练骑兵，使单骑风俗在赵国普及，然后又迅速传遍中原各国。间接的方式如我国的指南针对西欧海路交通的影响，大约在 12 世纪末到 13 世纪初，指南针经海路传入阿拉伯，然后由阿拉伯传入欧洲，使欧洲航海导航技术发生了飞跃。

二、交通民俗的发展

交通民俗产生于史前，并在之后不断发展的过程中给我们留下了丰富多彩的交通民俗文化遗产。人类最早的交通方式是徒步行走和奔跑，以此来进行采集与渔猎劳动及日常活动，这种最原始的交通方式持续了非常漫长的历史时期。随着生产力的发展和生活生产经验的不断总结，人们为改变现状以适应现实的需求，发明了更加先进的交通方式和运输工具。有的学者认为，被驯养的牛马等动物最先担负起了这一使命，随后才出现了车船等代步、运输工具。然而事实并非如此。文物民俗学展示的考古资料证明，舟才是人类发明最早的交通工具，是人类为到深水域捕鱼发明的。如浙江萧山跨湖桥遗址出土的距今 7 500～8 000 年的独木舟实物（见图 8－1）；河姆渡遗址出土的距今 7 000 年的柄部饰刻花纹的木桨和陶塑舟模型；辽宁丹东后洼遗址也出土了几件陶塑舟模型。据此判断，当时舟船已普遍使用，并且先于畜力和车等交通工具而出现。甲骨文研究的成果表明，殷商时期不仅使用舟，而且还发明了帆。

图 8－1　浙江萧山跨湖桥遗址出土的独木舟

图片来源：吴诗池，邱志强. 文物民俗学. 哈尔滨：黑龙江人民出版社，2003.

不过，畜力及车一类的陆地交通工具在新石器时代晚期也已经出现。据有关学者考证，车在经过了一个漫长的发展阶段后，殷商时已具雏形。相传，车的发明人是夏代的奚仲，也有人说是黄帝，民间还流传有黄帝驾战车、手持指南针指挥作战的故事。但那时的车究竟是个什么样子，现已无法考证。从现有出土文物看，商代的车已

经有了车厢、辕、衡和两个轮子。安阳小屯、后冈等地，都发现过商代马车痕迹，木车虽已腐朽，但印在土上的车的各个部位仍清晰可见。

春秋战国时期，各诸侯国都很重视开渠修路，发展交通运输。平原用车，水乡用船，山区用檋，交通运输有了很大发展。中原人骑马始于战国时期赵武灵王的胡服骑射，但当时人们所骑的马都是没有鞍镫的光背马。战国时的马车主要为贵族阶层所使用，民间多用牛车。从车的结构看，有单辕也有双辕。当时牛车因车厢较大，所以又叫“大车”，马车车厢较小，称“小车”。春秋战国时期，各国都有各自的道路标准，由于轨距差异，彼此交通十分困难。秦始皇统一六国后，在全国范围内修建了标准统一的驰道、河渠，并初步形成了全国性的水陆交通网络，同时还建立了全国统一的车舆制度。这便是所谓的“书同文，车同轨”。

汉代双辕车已普遍使用，这种车更为平稳，并可载货。此外，这时还出现了独轮车。四川成都扬子山汉墓画像石、渠县蒲家湾汉代石阙中，都有独轮车的形象，反映了东汉时期四川地区独轮车的广泛使用。同样是在汉代，为提高船速，已经出现了多桨船。在长沙一座西汉墓中，就曾发现过一种上面带有十六支长桨的木船模型。

隋唐时期，骑乘之风大盛，连贵族出门也多骑马而不是乘车，反映出北方游牧民族对中原文化的深刻影响。此外，骆驼和驴等在此时期也开始被广泛使用。唐代的造船业也相当发达，船体之大令人瞠目。李肇《唐国史补》中记载，大历至贞元年间（公元 766—805 年），“有俞大娘航船最大，居者养生、送死、嫁娶悉在其间。开巷为圃，操驾之工数百。南至江西，北至淮南，岁一往来”。唐代的造船技术也首屈一指。当许多国家的海船船体尚采用棕绳捆绑、脂油涂缝时，中国的海船早已采用了先进的榫卯结构和桐油拌灰抹缝技术。

隋唐及以后，中国传统车马、舟船业迎来了它的鼎盛时期。隋炀帝巡幸江都时，除龙舟外，还有漾彩、朱鸟、白虎、玄武等大船数千艘，所用纤夫多达 8 万余人。北宋时期，宋太宗令各州每年造运船三千多艘。明代郑和下西洋的壮举也是因为率领了一支世界航海史上规模空前的船队才有了那么巨大的影响。明代江船、海船都有了各自的造船基地，而且各具特色：如福船耐风御火；浙船擅长追逐；粤船体积庞大，既可排兵，又可布炮。但遗憾的是，自郑和下西洋以后，明朝实行了禁海锁国政策，使长期处于领先地位的中国造船业和航海业由此衰落下来。直至清末，西洋以蒸汽为动力的火车、轮船、汽车传入我国，民国时期又出现了飞机，中国交通民俗在被动的情况下走向近代。

第二节　陆路交通民俗

一、中国传统陆路交通设施

交通设施是指道路、桥梁以及与之相关的设施，如驿站、长亭、短亭等。下面我们分类了解一下。

（一）道路

道路是路的总称，因其大小、形式和用途，可以分为很多种类，形成了多种各具特色的民俗事象。

1. 秦驰道

中国几千年来的陆路交通干线，最著名且在历史上影响最大的首推秦始皇所修的驰道。秦始皇统一六国后，立即下令废除战国以来各地的堡垒和关塞，以都城咸阳为中心，向各地修筑驰道。史载秦始皇“为驰道于天下，东穷燕齐、南极吴楚，江湖之上，滨海之观毕至”。著名的驰道有 9 条，有出今高陵通上郡（陕北）的上郡道，过黄河通山西的临晋道，出函谷关通河南、河北、山东的东方道等。公元前 212 年，为了反击匈奴贵族的侵扰，秦始皇又下令修筑了一条从咸阳北上的“直道”，直道为秦朝修建的军事交通工程，从咸阳（起点为现咸阳淳化县）到九原郡（现包头附近），2006 年 5 月，秦直道遗址被国务院公布为第六批全国重点文物保护单位，具有一定的旅游开发价值。

2. 丝绸之路

西汉时，张骞两次出使西域，尤其是公元前 119 年，张骞奉汉武帝之命第二次出使西域时，带着上万头牛羊和大量丝绸，访问西域的许多国家，从此打通了中原地区通往西域各国的道路。这条道路从长安（今西安）出发，穿过河西走廊，通过玉门关和阳关，抵达新疆，沿绿洲和帕米尔高原通过中亚、西亚和北非，最终抵达非洲和欧洲。它也是一条东方与西方之间经济、政治、文化交流的主要通道。

张骞出使西域图（局部）

3. 栈道

栈道又名阁道，是沿悬崖峭壁修建的一种道路。其主要形式也有多种：

（1）在山崖上凿孔，支架木排柱来支撑的简支梁桥，上覆土石。

（2）在山崖上凿孔插入木梁，梁的另一端以柱支撑或仅为悬梁，上铺木板后再覆土石。

（3）在石壁上凿成台阶，形成攀缘上下的梯子崖。

（4）在陡岩上凿成半隧道或隧道。此外，还有以这些形式组合而成的栈道。栈道是我国陆路交通的一大奇迹，具有非常高的旅游开发价值。古栈道本身可以进行旅游开发，更重要的是旅游开发时，可以以古为鉴，有意识地使用栈道这种交通设施，增加旅游者的旅游乐趣。

4. 纤道

纤道是古代水上交通的陆路辅助设施，是为纤夫提供拉纤的通道。这种道路曾经普遍存在于各地的水上交通线。位于浙江萧山、绍兴、上虞的浙东运河古纤道，又名官塘、运道塘，始建于唐元和十年（815 年），明清、民国时期屡次修葺。这条古纤道全部用形状不一的石头砌筑而成，贴近水面，绵延百里，中心段约 7 千米，位于绍兴柯桥到钱清一带，是浙东平原特有的水乡文物，具有浓郁的民俗风情。它形体纤巧，造型别致，宛如长虹卧波，伸向水天，构成江南水乡的绚丽风光。

5. 盘山道和石阶路

盘山道和石阶路是民间创造出的适合山地地形起伏较大的道路。盘山道的形式有石阶式，也有平面式。狭窄的盘山道只能通行人或牲畜，宽阔的盘山道可以通行各式车辆。石阶路在山地交通中使用得比盘山道更广泛，也是现代山地旅游区中最主要的旅游步道形式。

6. 冰雪道

冰雪道是冬季严寒的地区利用天然河道或冰雪人工修建的道路。冰雪道可以通行滑板类交通工具，如雪橇、爬犁、冰床，也适合行人使用冰鞋或滑雪板，是现代运动类旅游项目中经常使用的道路形式。

（二）桥梁

桥梁是道路的组成部分，是为了使道路跨越江河、湖泊、海峡、山谷或人工建筑物所修建的建筑物。根据文献记载，中国人在 4 000 多年前的夏代就已经开始建造并定期维护桥梁。桥最初被称为梁，到了秦代，才出现桥的名称，所以许慎在《说文解字》中解释：“桥，水梁也。”传统的桥梁，按照建筑材料可以分为木桥、石桥、砖桥、铁桥、竹桥和藤桥等；按其结构，可以分为梁桥、拱桥、浮桥、索桥和吊桥等。

1. 石桥

石桥主要有三种形式，即蹬步、梁桥、拱桥和风雨桥。

（1）蹬步，又称踏石，是最简单的一种石桥，多设在水浅的河流溪涧上。蹬步的建造方法非常简单，只要把石块按一定距离有规律地安放稳固，连接河流两岸，就可以供人过渡。

（2）梁桥，是我国石桥采用较多的形式，现存的很多石桥都属于这种结构。石梁桥以福建省滨海地区最为集中，很多石桥历经沧桑，依然雄姿犹在，让人叹为观止。如泉州洛阳江上的万安桥，又名洛阳桥，建成于北宋嘉祐四年（1059 年），现存桥长 834 米，当年有“天下第一桥”之称，历代屡经修缮，至今未废。它和北京的卢沟桥、广东的湘子桥（又名广济桥）、河北的赵州桥并称为“中国四大古桥”。

（3）拱桥，是石桥的主要形式，早在东汉时期，我国就已开始建造石拱桥。现存最古老的石拱桥是河北的赵州桥，又名安济桥，俗称大石桥，建于隋代，由工匠李春主持建造。该桥造型优美，结构科学，迄今仍巍然屹立，有很高的旅游观赏价值。此外，苏州的枫桥、北京的卢沟桥、颐和园的十七孔桥和玉带桥、天安门前的金水桥、杭州的断桥、扬州瘦西湖的五亭桥等，都是非常著名的石拱桥。石拱桥是我国古代建筑科学上的重大创造，是中国人民智慧的结晶，是重要的交通民俗事象之一。

（4）风雨桥，又称廊桥，民间也叫回龙桥、花桥、龙桥、福桥等。风雨桥是石桥的变异形式，有拱桥也有梁桥，桥身和桥墩多为石结构，桥上建有木结构亭廊。比较著名的如桂林七星岩公园入口处的花桥，就是典型的风雨桥。广西三江侗族自治县林溪乡的程阳桥（当地称永济桥），也是风雨桥的著名代表。

2. 木桥

木桥的历史比石桥还要悠久，早在西周时代，中国人已经在渭水上建造梁桥和浮桥。而遍及民间的独木桥的历史，则比梁桥和浮桥更为久远。中国历史上曾有许多著名的木桥，但由于木材的特点和历代的兵祸与天灾，几乎没有一座木桥能够保留下来。

3. 索桥

索桥是以竹篾、藤条或铁索等作材料架在河涧之上，以便通行的设施，主要流行于西南和西北地区。最简单的索桥是溜索，它是以竹、藤或铁索，架设于河涧较窄的地方，运送两岸的人或物。人们过溜索时，把系在吊环上的索绳下端缚在腰间，用双手力挽主索，向前滑动。这种溜索，现在西南各地仍有很多，但索绳大部分已被更加安全可靠的钢索取代。在溜索的基础上，经不断改进，出现了双索桥、多索桥、多索网状桥、多索多孔桥等索桥。如四川灌县的珠浦桥就是多索多孔竹索桥，是秦代李冰父子建都江堰时主持建造的，被称为中华乃至世界第一索桥。铁索桥的建造也有悠久

的历史。四川泸定大渡河上的铁索桥，因毛泽东的《长征》诗而天下闻名。其建于清康熙四十四年（1705年），桥全长103.67米，宽3米。桥面使用9根铁索，上铺木板，桥侧左右各用2根铁索作扶栏。铁索粗如碗口，每根重达1 000千克，长103米。东西桥台均有桥亭，站在桥亭上，远望大雪山和二郎山高插云天，俯视大渡河流急浪怒，奇险万状，极具旅游价值。此外，索桥中，有很多是以藤为材料建造的，如独龙江上的藤篾桥、西藏洛渝地区的藤网桥等，都是当地民间的重要交通设施。

（三）关塞

关塞是战争的产物，中国历史上留下了很多著名的关塞。通常情况下，设于国境之内，城防完备的称为关，设于边界险要处的军事据点称为塞，现在统称为关塞。关塞在战争时期主要用于凭险御敌，和平时期主要用于管理交通，征稽商税。所以，关塞既是军事设施，也是交通设施。

西周时代，就在王畿四周设置了12座关，开中国关塞之先河。春秋战国时期，战争频繁，各国纷纷设置关塞，其形式、规模和数量大为发展，奠定了以后历代王朝设关塞以守疆土的基础。关塞大多设在交通要道的险山峻岭之中、大江大河之滨，如长城沿线的山海关、居庸关、嘉峪关等；丝绸之路上的玉门关、阳关；黄河之滨的虎牢关、孟津关、潼关、金锁关等；岭南门户的梅关、韶关；抗日战争中蜚声中外的平型关、昆仑关等。众多的险关要塞是中国交通民俗文化最为独特的组成部分。很多留存至今的著名关塞已经成为旅游胜地，还有些关塞极具旅游开发价值，有待于进一步规划开发。

（四）驿站、长亭、短亭、大车店

驿站产生于唐代，是在交通要道上为行人，特别是使者、官员提供饮食、休息及其他行旅服务的地方。隋唐时期，中国的陆路交通已非常发达，沿途每隔30里就设有一个驿站，以便过往官员或邮差休息。驿站附近往往还建有供一般旅客休息的客店。据记载，盛唐时，全国共有驿站1 639个，由此推测，唐代公路有近5万里。

在唐代之前，这种道路交通服务场所叫“亭馆”。《周礼·大行人》中就有规定，天子境内沿途要设有专为诸侯前来朝觐使用的馆舍，并备有充足的粮食、马料，保证供应。秦汉之际，这种道路上的馆舍统称为“亭”。亭者，停也，意即供行人停下来休息的地方。汉代平均十里一亭，并设有亭长负责管理。上至皇帝，下至平民，只要路过，都由亭长负责接待。由于亭长是从地方行政组织转化而来，因此除负责接待来往路人外，还要负责地方治安、诉讼等事情。汉高祖刘邦未起事前就是这样一位见过世面的亭长。后代又有长亭、短亭之分，据说五里一短亭，十里一长亭。柳永的《雨霖铃》中写道“寒蝉凄切，对长亭晚，骤雨初歇”，其中所讲的“长亭”，便是这种供来往行人歇脚的地方。

近代负责交通运输服务的设施主要是大车店。店分几等，既有简陋的鸡毛店，也有酒饭齐全的骡马大店。不管店大店小，都有表示等级的店幌，人们一看就知道是什么等级的大车店。

二、中国传统陆路交通工具

（一）车辆

传说中，一种说法是黄帝是车的发明者，故名轩辕氏。另一种说法是夏代奚仲造车。中国在进入奴隶社会的商周时期，车的制作技术已相当高超。最初的车是木轮车，俗称“大轱辘车”。魏晋南北朝时期，北方草原的“铁勒”（敕勒）部落，曾因“车轮较大，辐数至多”，被称为“高车部”。这种高大的木车，至今还可在蒙古族牧区见到，也就是“勒勒车”。车是我国陆路交通中使用历史较长、范围较广的交通工具，关于车的民俗一直传承到今天。车按车轮数量，可以分为独轮车、两轮车、三轮车、四轮车等；按动力，可以分为人力车和畜力车；按车轮质地和结构，可以分为有辐车、无辐车、木轮车、铁轮车、胶轮车等；按车辕数量，可以分为单辕车和双辕车等。

1. 独轮车

独轮车，又称小车、羊角车、鸡公车等，各地叫法不一。独轮车适用范围广，山地、平原均可使用，全国各地均有分布。最原始的车轮是用整片圆木制作的，后来出现铁轮，外包铁皮，现在多用胶轮。车轮可以装在车的最前面，也可以装在车的中间，前后左右设置货架。太行山区有种独轮车，在长途运输时，车上装有帆，可以减轻人的劳动强度，很有特色。

2. 两轮车

两轮车是最常用的车，大多数畜力车采用两轮结构。人力车、自行车也是重要的两轮车类交通工具。还有一种人力两轮车，民间称板车、手推车、浪子车等，主要用于短途货运。畜力车常用的牲畜为牛、马、驴、骡，现代车型多为双辕两轮，可用一匹牲畜，也可用多匹牲畜。如蒙古族常用的勒勒车；陕西等地的硬辕车、平头车；旧时北京、上海等地的马拉轿车（见图 8－2）等。现代旅游区中，也有使用畜力两轮车的，如

图 8－2　马拉轿车

图片来源：宋兆麟，高可，张建新．中国民族民俗文物辞典．太原：山西人民出版社，2004.

山东曲阜从孔庙到孔林，就用马或驴拉车载客，鞭声清脆，铃声悠扬，游客坐在车上悠闲自在地观赏风景，别有一番情致。

3. 三轮车

三轮车属于人力车，分载人和载货两种。载人三轮车通常是车把与一轮相连，位于前面，车厢和另外两轮相连，位于后面，车厢设软座，上有顶棚遮阳挡雨。载货三轮车有和载人三轮车相同结构的，也有两轮和车厢在前、车把和一轮在后的，后者在东北民间被戏称为"倒骑驴"。

4. 四轮车

四轮车是畜力车，稳定性好，但对路况要求较高，既可载人，又可载货，如新疆乌鲁木齐、吐鲁番等城市的四轮马车主要用于载人，当地称为"畜力小巴士"；华北、东北等地有载物四轮马车或牛车，称为太平车或胶轮大车，载货量大，但不常用。

（二）轿子

轿子也称"肩舆"，是中国古代许多地区流行的一种交通工具。据说它是由"辇"演变而来的。"辇"是一种装有木轮的手推车，始于夏朝末年，当时无论是官员还是百姓都可以使用。到了魏晋时代，由于辇有不少缺点，如速度慢、颠簸厉害等，人们干脆把辇的轮子拆掉，改用人抬，这种辇称"步辇"，即后来的轿子。唐宋以后，轿子在社会上已普遍使用。轿子自产生以来，由于时代、地区、形制和用途的不同，曾有过许多名称，如香轿、暖轿、花轿等。

香轿是香客上山进香拜佛时乘坐的轻便小轿，过去流行于中国大部分地区。各地香轿的形制不一样，多数类似高背靠椅，轿前可以放香盘，轿的上面没有顶盖，只在头顶撑开一柄遮阳伞，由轿夫抬杠，拾级上下。

暖轿也叫作帷轿，是一种四周垂帷的轿子。明代妇女及官员都乘这种轿子。在明代万历年间（1573—1620 年），曾规定武将不能坐帷轿。清代对王公贵族乘轿的规格也有一些规定，如亲王可用轿夫八人，贝子（清代贵族的世袭封爵）乘四人抬的暖轿等。

花轿（见图 8 - 3）是在名目繁多的轿子中最有民俗特点的一种。它是一种专供婚嫁人家抬新娘用的轿子。由于其装饰华丽、色彩鲜艳，因此又称彩轿。花轿呈长方形，前面是轿门，轿门上挂有绣花轿帘，左、右、后三面都开有花窗，轿顶及四周用红绸扎花。一般由四名轿夫抬着。迎亲时，花轿都要由新郎

图 8 - 3　迎亲花轿

图片来源：宋兆麟，高可，张建新. 中国民族民俗文物辞典. 太原：山西人民出版社，2004.

或新郎的一个好朋友跟随，以保证沿途万无一失。

（三）动物类交通工具

商周时期，用于行路、狩猎和作战的车辆一般都是用马来牵引的，因此先秦文献经常“车”“马”连用。动物除了用于牵引车辆外，还可以单独作为交通工具使用。民间常用的动物主要有马、牛、驴、骡、骆驼、牦牛、狗、羊、驯鹿等，一般称为牲畜。多数牲畜既可以骑乘，也可以载物。最常见的单骑是马、驴、骡，尤其是骑马较为普遍。用马驮运货物，组成马帮，曾流行于云、贵、川地区。马帮的头领，称为马哥头，管理着马帮的全部事务。“沙漠之舟”是人们对骆驼的誉称，是内蒙古、新疆、甘肃等地蒙古族及其他民族在戈壁沙漠中的重要交通运输工具。牦牛是藏族人在雪域高原上常用的交通工具，可以骑乘，也可以载物。驮羊藏语称“鲁开巴”，主要用于驮运食盐，每只羊可载5～10千克的食盐，有时用几百只羊组成壮观的驮队，跋涉在高原的碧草蓝天之间，极具民族风情。

（四）其他交通工具

其他交通工具包括直接附着于人体的交通工具和冰雪类交通工具。直接附着于人体的交通工具，是适用于以人载物的交通运输方式，主要有扁担、背篓、背架、绳索、布或皮袋、滑竿等。其中滑竿流行于重庆和峨眉山区，全部用滑溜的竹竿绑扎而成。滑竿用两根结实牢固的长竹竿做支架，前后两端各绑一截短竹，作为肩架用，中间把一排竹片用绳子串起来编成软床，前面再吊一根踏脚的竹竿，后面用竹片做一个背枕。软床可以自由摆动，无论是上山还是下山，乘坐者都很舒服。

使用于冰雪路上的交通工具有狗或马拉的雪橇，是赫哲族人常用的冬季交通工具，流行于东北三江平原地区。爬犁一般可用狗、马、驴、骡等牵拉，在冰雪上滑行，载人载物都可以，也是一种流行于东北少数民族地区的交通工具。冰床曾流行于明清时代的北京，现在已经十分罕见。此外，冰鞋和滑雪板也是常用的冰雪类交通工具。

三、陆路交通信仰与民俗

古代陆路交通的不便和艰难，使人们对出行产生畏惧，俗语“出门事事难”就是对这一民俗心理的鲜明写照。由此在民间就产生了一种对控制陆路交通超自然力量的崇拜，那就是对道神和马神等神灵的崇拜。

对道神的信仰，主要目的是祈求神灵保佑旅行平安，表达对行人的美好祝愿及对亲人平安归来的惊喜等。道神又称行神，是主管道路旅行的神灵，传说道神是黄帝的元妃嫘祖，这在《山海经》中有记载。相传黄帝游天下，元妃嫘祖死于道，帝祭之以为俎神，俎神即路神，也就是行神。还有一个说法，认为行神不是黄帝之妻而是黄帝

之子。《汉书》中记载：昔黄帝之子累祖，好远游而死于道，故后人以为行神也。《风俗通义·祀典》中记载："共工之子曰修，好远游，舟车所至，足迹所达，靡不穷览，故祀以为祖神。"祖，徂也，往行的意思。古时候人们出门旅行前对道神的祭祀称祖道，先秦时代已有这种风俗。《诗经·大雅·韩奕》中有："韩侯出祖，出宿于屠。显父饯之，清酒百壶。"饯是家人朋友设宴给旅行者送行，祖饯往往连在一起，先祭神，后娱人。

与陆路交通有关的另一位神灵是马神。旧时赶大车的人多祭马神。李洪春在《京剧长谈》中谈到各行业的神时说："轮子行（车行）祭马王。"在现代交通工具出现之前，骡马大车是非常流行的交通工具，车夫的数量也非常多。每年农历六月二十三日这天是祭马王爷的日子，车夫们也借着祭马王爷的名分，向行人乞钱。在北京，祭马王爷的祭品一般是一头全羊。马王爷的神像一般供在马厩，有时也出现在驿站。它的主要功能是保证骡马等食草动物的平安。古代战争多用马，马也成为军人祭祀的对象。如《清稗类钞·丧祭类》中"旗人四祭之神"条云："关羽、马神诸祀，满、蒙汉军、旗人一律举行。其祭品，牛、羊、豕杂牲皆有之。"马王爷的神像多为红面多须，狰狞可怖，四臂或六臂，手执刀枪剑戟，身穿铠甲。马王爷的最大特点是三只眼，其中一只竖在额头，俗语所谓"马王爷三只眼"即源于此。

第三节　水路交通民俗

江河湖海本来是隔断人类交通的天堑，但是，当人类受到自然现象的启发，使用技术和工具征服它们用来航运的时候，江河湖海就被赋予了路的意义，成了陆路以外的重要交通通道。人类逐渐认识到，水路交通的运输量和速度是传统的陆路交通无法比拟的，从而不断地整治江河，开辟航线、挖掘运河、建造舟船，使水路交通的范围日益扩大，交通体系越来越完备，并形成了丰富多彩的水路交通民俗。

一、水道及水路交通设施

（一）水道

水道又可称为航道或航线，按其形成过程，可以分为天然水道和人工水道，按照其所处地理位置，又可以分为内河水道和海上水道。在水道中，航运安全而又使用频繁的水道，被称为"黄金水道"。

1. 天然水道

天然水道是指自然形成、可以航运的江河湖海通道。江河湖海能否航运，取决于地质、气候和水文条件。江南水乡地势平坦，江河密布，水量丰沛，形成了纵横交错的天然水道，水路交通活跃发达。西南地区，很多地方山高峰险，河流落差极大，水流湍急，航运艰难，往往成为交通的障碍。东北地区，大江大河不少，但封冻期长，水路交通只能是陆路交通的补充。中国的海岸线绵长，但是，在现代以机器为动力的船舶出现以前，人类能够航运的海域并不多。

2. 人工水道

人工水道是指人工开凿的、可以航运的河渠，通常被称为“运河”。如春秋战国时代的邗沟、鸿沟，秦代的灵渠，隋朝开凿的大运河，元代的京杭大运河，等等，都是非常典型的人工水道。其中，灵渠对岭南地区的开发、大运河对江南与中原及西北地区的沟通起到了举足轻重的历史性作用，是有丰富文化内涵的水路交通民俗事象和不可多得的交通民俗旅游资源。在人工水道中，还有另外一种类型，就是水库。古代水库可以分为四类：灌溉水库、航运水库、军事水库和防洪治河水库，多数水库都有航运功能。

（二）水路交通设施

水路交通的作用能够得以有效地发挥，还需要一系列与航运关系密切的辅助设施，比如渡口、港口、船闸等，这些设施的完善使得水路交通形成了一个完整的体系。

1. 渡口

渡口一般设在没有桥梁的江河湖泊以及海峡两岸上，使用船只摆渡行人、车辆和物资。历史上曾有很多著名的渡口，如黄河的孟津渡、风陵渡，长江的瓜洲渡，钱塘江的西兴渡，金沙江的绞车渡，秦淮河的桃叶渡，杭州的西泠渡，等等。还有遍布各地的乡村渡口。渡口这种交通设施至今还在公路与水路交叉点上发挥作用，没有被废弃。现代渡口一般使用机动船，比传统渡口使用小木船或木帆船要安全、方便、快捷。

2. 港口

港口是具有一定面积的水域和陆域，供船舶出入和停泊、货物和旅客集散的场所。港口按其所在位置，可以分为内河港、海岸港和河口港；按其用途，可以分为商港、军港、渔港、工业港和避风港。现在进行旅游开发较多、民俗风情浓郁的港口，主要是军港、渔港和避风港，已经开发的基本上是海港，至于河港，尤其是五大淡水湖的港口，还未受到旅游业应有的关注。加快开发河港旅游资源，应该是更新旅游商品的方向和思路。

3. 船闸

船闸是用以保证船舶顺利通过航道上水位落差较大区域的厢形水利工程建筑物，大多建在河流或运河上。船闸又名陡门、斗门或闸门。中国是建造船闸最早的国家，公元前 214 年，秦始皇命史禄凿灵渠，设置陡门，用以调整陡门前后的水位差，以便船只能够顺利通过有落差的航道。这种陡门构成单门船闸，简称单闸或半船闸。用两座陡门控制河道水位的设施，最早是在南朝宋景平年间（423—424 年）建造在今扬州扬子桥一带。船闸最多的河道是京杭大运河，而且修建得相当集中，主要分布在通惠河河段和临清至夏镇的会通河河段。如果京杭大运河的旅游开发逐渐展开，船闸是必不可少的旅游项目。

4. 航标

航标是用来帮助船舶定位、引导航向、指示障碍的人工标志。传统水路交通中的航标主要是各种目视航标，包括建在陆地或岛屿上的塔、灯塔和水中的灯船。中国古代，遍布各地山巅临水的古塔有航标的作用。灯塔起源于古埃及的信号烽火，最著名的灯塔是亚历山大港外法罗斯岛灯塔，它日夜燃烧木材，为船只导航。中国最早见于文献记载的灯塔建于明永乐十年（1412 年），位于上海宝山区临海的人工土山上，高 90 多米，昼则举烟，夜则明火，为海上船舶导航。1760 年，沿海渔民集资在澎湖列岛渔翁岛西南端建成了一座灯塔。灯塔用石块砌成，高 9 米，上置油灯，灯罩用蚌壳制成，约 10 海里范围内可见。最早的灯船是于清代咸丰五年（1855 年）设置在长江口的铜沙灯船。使用最久的灯船可能是天津大沽口灯船，设于清光绪六年（1880 年），1978 年被灯塔取代，使用了近百年。此外，尚有各种标志航道的浮标，主要设置在内河水道上。现在存留较多、特色突出的是各类灯塔，海上旅游中，可以把它们纳入旅游线路，增加旅游商品的内容。

二、水路交通工具

千百年来，舟船一直是重要的水路交通运输工具。传说黄帝曾命大臣共鼓制作舟楫，以利交通。舟船的历史非常悠久，最原始的舟船就是独木舟。从考古证据来看，我国使用独木舟起码有 7 000 年的历史。到了汉代，舟船已经很成熟了，有舵、有橹、有锚，除水密舱外，中国舟船以后就是在此基础上不断改进。海上航行的船称为舶，方头方尾、平底、甲板宽阔的单体船称为舫。三国末期，人们已经可以造大船，做连舫，称为舟舰。唐代发明了水密舱，北宋普及了水密舱技术，使中国的造船技术登上了传统造船技术的顶峰。作为水上交通工具的船只，由于输出动力原理的不同，传统船只又可分为划桨型、摇橹型、撑篙型、帆动型和轮动型等数种。

（一）划桨船

划桨船以划桨作为原动力推动船只前行，是早期船只的共同特征。早期的独木舟、舢板，大多都是以桨作为船只原动力的。到了汉代之后，又出现了多桨船只，使船速得到有效提升。当然，这种船也存在明显的弱点，即人们在划桨时，有相当部分的能量都在摇桨的过程中消耗掉了。

（二）摇橹船

以摇橹为动力的船只的产生明显晚于划桨船。它的产生，很可能受到了鱼尾摆动的启发。其突出特点便是可以使橹在水中连续不断地做功。通过船跟水接触的前后部分会产生压力差的原理，形成推力，推动船只前进。

（三）帆船

帆船是以风为动力，利用风帆的反作用力推动船只前进的船。帆船早在殷商时期就已经出现了。当时帆船的帆是固定的，只适用于来自船尾的顺风，而在侧风、逆风的情况下都不能使用。随着可以随风向的改变而调整的活动帆的出现，帆船的适应能力大大提高了，并出现了双桅船、三桅船、四桅船等，每根桅杆上往往还要挂上数张帆幕。中国自隋朝以来航海业的飞速发展，与风帆船的改进密不可分的。帆船的产生，标志着人类社会对风能这一取之不尽、用之不竭的新型能源的最为有效的利用。

（四）车船

以轮动方式推动船只前进的船称为车船。车船的轮桨设置在车船两侧，利用动力装置带动轮桨转动击水而使车船前进。早在南北朝（420—589 年）时，已有车船的记载。唐代李皋对车船的发展起了承前启后的作用。据《旧唐书·李皋传》记载，当时李皋设计了一种战船，它装有两个轮桨，每侧一个，士兵用脚蹬踏，带动轮桨转动，战舰就会像帆船一样飞速前行。至宋朝时，车船得到了进一步普及，岳飞与杨幺的水战工具，就是这种神速的车船。岳杨之战后，车船得到了进一步发展，相继出现了四轮、六轮、八轮、二十轮、三十二轮的车船，这些大型车船上部为多层建筑，高达十余丈，可载兵千余人。这种战舰虽然速度较快，但由于它的动力来源只局限于人力，因此无法远距离航行。

（五）撑篙船

以撑篙为动力的船只多为行驶在浅水中的小船，它是利用反作用力的原理创造出来的。由于它动能较小，又受水深限制，因此应用范围十分有限。

（六）筏

筏的问世可能比独木舟还要早，是人类最早的水路交通工具。筏有很多不同的名称，如桴、槎、排等。筏的种类，大致有竹筏、木筏和皮筏三种。竹筏也称竹排，多用于长江以南的多竹地区。现在溪涧漂流旅游中，大多使用竹筏，如浙江天目溪、楠

溪江、永安溪、江西龙虎山等地，基本上以竹筏为漂流工具。木筏的使用地域更广，但很多情况下都是因为找不到船只，为生产和生活临时制作的，用过以后很快拆散。在传统的林业生产中，夏季经常使用木筏沿江河溪涧运送原木，称为放排。皮筏多是用羊皮或牛皮制作的，主要流行在西北和西南地区。这种渡河工具现在已经基本上不用了。

（七）桦皮船、兽皮船、鱼皮船、牛皮船

流行于东北地区鄂温克、鄂伦春和赫哲人中的桦皮船，在木结构舟船中别具特色。桦皮船的骨架用松木或树条做成，再用松树皮包制，接头处用红松根当线缝制。除桦皮船外，还有兽皮船、鱼皮船，其制作方法和结构与桦皮船极为相似，也是当地的重要交通工具。藏族人在雅鲁藏布江上使用牛皮制作的牛皮船，也是一种比较独特的舟船。这种船非常适合在水流湍急、礁石密布的雅鲁藏布江上航行。

三、水路交通信仰民俗

与水上交通有关的神灵依水域的不同而有所区别，如湘有湘君、洛有洛神。但从信仰的广泛性来说，航海人信奉的航海保护神天妃娘娘影响最广。其影响所及，除中国沿海各地外，还影响了东南亚诸国。

与路神一样，海神天妃娘娘也是位人格神，姓林，世居福建莆田湄洲屿，生于北宋建隆元年（960 年），死于雍熙四年（987 年），终身未嫁。她死后化为海神。据说出海的渔民无论身在何处，只要身临险境，天妃娘娘就会出现在他们身边。天妃娘娘影响深远与官方的重视是分不开的。天妃娘娘最早受到官方的关注始于北宋宣和四年（1122 年），当时给事中路允迪出使朝鲜，途遇大风，八艘大船相继沉没，只有路允迪所乘船只得到天妃娘娘的护佑，平安归来。归国后，路允迪奏请朝廷赏赐“顺济”庙额。南宋绍兴二十六年（1156 年）封天妃娘娘为“灵惠夫人”，绍熙三年（1192 年）又加封为“灵惠妃”，从此，天妃娘娘的名号便很快传扬开来，成为官方厘定的航海保护神。据《福建通志》记载，天妃娘娘的受封在宋代为 14 次，元代为 6 次，明代为 4 次，清代为 8 次。这多达 30 余次的受封，反映出封建统治政权对航海业的高度重视。

第四节　中国交通民俗与旅游

交通民俗在现代旅游业中有着重要的地位，这可以从两方面加以定位：一方面，交通民俗可以和旅游交通相结合，以传统的交通方式为现代旅游者提供特殊的交通服

务；另一方面，交通民俗文化可以作为旅游资源进行开发利用，开发出对旅游者有特殊吸引力的旅游产品。

一、交通民俗旅游文化与旅游交通的结合

旅游交通是一种为旅游者提供直接或间接交通运输服务的一项旅游产业，其基本功能是向旅游者提供从居住地到旅游目的地的空间位移，是旅游活动不可缺少的物质条件之一。在游客的需求日益多元化、旅游业发展面临转型升级的背景下，在旅游交通建设中，可在不影响交通服务质量的前提下，尽可能多地采用传统的民俗形式，力争使交通本身就成为旅游景观，使旅行和游览密切地结合在一起，以提高旅游者的旅行兴趣，丰富他们的旅游享受。交通民俗旅游文化与旅游交通的结合，可以从以下几个方面入手。

（一）在区域之间的远距离交通中的结合

在“进得来”和“出得去”两个环节上建设交通设施时，可以使用具体的交通民俗形式，使交通民俗和旅游交通密切地结合。如与水陆交通都有关系的桥梁，可以使用石梁桥、石拱桥、铁索桥或钢索桥。公路的路线，如有可能，应尽量与传统的驿站或商路的路线接近或重合，使游客有机会领略交通发展的历史。例如如果游客知道自己经过的路线是金牛道、丝绸之路、五尺道、周道等道路的故址，那么他们在旅行的过程中就会得到一种特殊的、甚至是终生难忘的文化体验。比较大型的车站，可以适当按古代驿站的样式进行建设。

（二）在旅游区内短距离交通中的结合

在“散得开”环节上建设交通设施或选择交通工具时，可以大量采用民俗交通形式，使民俗交通既能弥补现代交通的不足，又可以成为旅游景观，满足游客多方面的旅游需要。在陆路交通方面，盘山路、石阶路、石板路、栈道、石桥、木桥、吊桥、索桥和风雨桥等形式，均可在道路体系中使用，各式车辆，乃至轿子也可以各显神通。在冬季严寒的东北、西北及华北部分地区，各式冰雪道和冰雪类交通工具，可以为旅游者提供交通方便。此外，动物类交通工具，如马、驴、骡、骆驼等比较常见的牲畜，进行骑乘训练后，也可租借给游客。现在多数旅游区把这些牲畜仅作为拍照的道具，还没有充分利用它们的潜力，只要安全措施得力，这些牲畜的交通功能就可以得到充分体现。在水路交通方面，渡口、运河和船舶等设施，各类船筏等工具，都可以加以利用，使水道较多的旅游区有更多、更丰富多样的水路交通工具。各类船筏的使用，在旅游区中比较多，如绍兴有乌篷船专项旅游；杭州、桂林等地有游船画舫；兰州有黄河羊皮筏；拉萨有拉萨河牛皮船旅游等。但最有特色的大中型远洋帆船，还有古老的车船，迄今为止还无人问津。实际上，在各大湖泊，如太湖、洞庭湖、鄱阳

湖、青海湖，乃至类似于湖泊的旅游当中，都可以使用古代的远洋帆船，可加装现代动力和通信系统，以备不虞，保证游客能安全地体验扬帆远航的乐趣。

（三）在旅游交通服务中融入传统交通民俗文化的精华

在旅游交通服务中，旅游工作者应尽量吸收民俗传统的精华，融合现代服务规范，做好旅游交通的接待服务工作，让游客乘兴而来，满意而归。比如为宾客接风洗尘，表达热诚欢迎的心意，是我们几千年的传统，也应是交通服务的第一个环节。当然，宴会的形式要避免烦琐、浪费，但一杯酒、一杯茶或一杯饮料，加上热情友好的欢迎辞，也可以达到相同的效果，营造出良好的气氛。游客经过长途跋涉，到达了中转站或目的地，交通站点的服务要使他们有宾至如归的感觉。尽量用耐心细致的工作，消除游客在陌生环境中的惶恐和焦虑，为他们的游览、住宿和餐饮提供安全可靠的服务，并为有特殊要求的旅游者提供特别服务。俗话说："千里搭凉棚，没有不散的宴席。"游客旅行的目的是游览，交通服务的最后环节是送别。传统上表达依依惜别心情的方式是折柳送别，旅游从业者不妨借用。送别客人时，送上新折的柳枝，说些祝福的话语，可以让游客带着内心文化体验的惊喜与你告别。

二、交通民俗旅游文化资源的分类和特点

（一）交通民俗旅游文化资源的分类

交通民俗旅游文化是旅游资源，对此人们早已达成共识。从交通民俗旅游资源开发利用的现状来看，可以分为现实的旅游资源和潜在的旅游资源。已经被人们认识、经过开发、可供游客享用的交通民俗旅游资源是现实的旅游资源。现实的旅游资源是旅游从业者劳动的产物，是旅游商品的重要组成部分。未被人们认识、有待开发、现在无法供游客享用的交通民俗旅游资源是潜在的旅游资源。潜在的旅游资源将不断地被认识、被开发，进而被纳入现实的旅游资源行列。

（二）交通民俗旅游文化资源的特点

为了科学合理地开发交通民俗文化旅游资源，就必须对它的特点有比较深入的了解。在充分认识交通民俗旅游资源特点的基础上进行规划和开发，才有更大的成功可能性。交通民俗旅游文化资源的特点，主要有以下几个方面。

1. 实用性和审美性有机结合

交通民俗旅游文化资源既能满足游客的交通需要，又能使他们产生浓厚的兴趣，具有很高的欣赏价值。很多交通设施和交通工具本身是使用的对象，也是审美的对象，游客可以在使用中获得审美体验；同时，在享受美感中使用，解决实际的交通问题。如精美的桥梁、华贵的画舫、惊险的栈道和古朴的车辆等，就体现了交通民俗旅游文化资源的实用性和审美性的完美结合。

2. 自然存在的属性

交通民俗旅游文化资源是在人类交通生产和生活中形成的，为满足交通生产和生活的需要而存在，随着社会的发展和历史的演变，逐渐增加了为旅游服务的功能。对于旅游来说，交通民俗旅游文化资源早已形成，而自然存在的客观事物专门为旅游而创造的交通民俗几乎没有。旅游业和游客能够做的，是怎样认识它们、开发它们、欣赏它们，从而生产旅游商品，满足旅游需要。

3. 丰富的文化内涵

交通民俗旅游文化资源是中国人几千年智慧的结晶，凝聚着中国人的哲学思想、科学思想、工程技术成就及宗教信仰等，有阳春白雪的高雅，也有下里巴人的质朴。传统的两大文化系统——雅文化和俗文化，在交通民俗旅游文化资源中水乳交融，和谐并存。在民俗旅游文化资源中，也许只有建筑民俗的文化内涵可以和交通民俗相媲美，而人们常常认为，一部中华建筑史实际上就是一部中华文化史，那么，一部中华交通史何尝不是另一种版本的中华文化史。中外游客可以通过交通民俗旅游，非常直观地了解中华文化史，尤其是中国传统科技的发展脉络。文化动机一直是重要的旅游动机，开发好具有丰富文化内涵的交通民俗旅游资源，无疑会引起游客的兴趣，激发他们的旅游热情，从而占有更大的市场份额。

三、交通民俗旅游文化资源的开发

交通民俗旅游文化资源是重要的旅游吸引物，但要使它转化为旅游商品，进入旅游市场，就必须进行科学合理的旅游开发。

（一）交通民俗旅游文化资源开发中应注意的问题

交通民俗旅游文化资源开发要有严肃的科学性，不合理的开发将造成资源的浪费甚至破坏，其损失可能是无法挽回的。进行交通民俗旅游文化资源开发时，从交通民俗旅游文化资源的内容和特点出发，除遵守民俗旅游文化资源开发的一般原则外，还必须注意做好以下两方面的工作：

第一，处理好实用性和审美性的关系，不能破坏交通民俗旅游文化资源实用性和审美性有机结合的特点。

第二，做好交通民俗旅游文化资源的保护和再生工作，即对那些有历史文化遗产属性、不可再生的资源，要进行保护性开发，以免造成破坏。这里的再生是指按交通民俗本来的内容和形式，进行复制和生产，作为旅游资源加以开发利用。进行再生工作时，必须防止不合时宜、不切实际的“假古董”出现。

上述两方面的工作，要做好是非常困难的，对旅游从业者的历史文化修养、专业素质和敬业精神都提出了较高的要求。

（二）交通民俗旅游文化资源的开发

交通民俗旅游文化资源的开发，从资源特点和旅游业实践来看，主要有两种模式：第一，以交通民俗旅游文化资源为主体吸引物；第二，以其他旅游文化资源为主体吸引物，交通民俗旅游文化资源为附属吸引物。在这两种模式的框架内，具体的开发方法主要有以下几种。

1. 交通民俗文化博物馆法

建立专门的交通民俗文化博物馆，或在其他博物馆中收藏和展出交通物品，展示中国的交通民俗及其历史发展脉络。

2. 旅游目的地法

旅游目的地法有以交通民俗旅游文化资源为主体建设旅游目的地和在其他旅游目的地中建设交通民俗旅游项目两种方法。如京杭大运河、长江三峡、丝绸之路、长城关塞和天妃宫等旅游项目，就是以交通民俗旅游文化资源为主体，建成旅游线路或旅游风景区。而有意识地集中采用传统的交通设施和交通工具，推出交通民俗旅游项目，或专门开展交通民俗旅游景点，就属于在其他旅游目的地中建设交通民俗旅游项目的方法。

3. 单项旅游法

单项旅游法，即开展以交通民俗的一种或几种事象为目的的旅游活动。如程阳桥、赵州桥、卢沟桥等旅游项目；各类江河溪涧漂流、黄河羊皮筏、拉萨河牛皮船、乌苏里桦皮船等旅游项目。单项旅游主要通过交通设施和交通工具的观赏、考察或使用的方式来进行，尤其是使用交通设施和交通工具，参与性极强，是最受游客欢迎的一种旅游方式。此外，天妃信仰等交通信仰类旅游，也可以纳入单项旅游的范围，但要注意引导旅游者从民俗的角度观赏、考察或参与这类活动，尽量降低其迷信色彩，达到移风易俗的目的。

4. 竞技旅游法

交通民俗竞技旅游是以交通工具的竞技性使用为主要形式的旅游活动。目前，开展得比较多的项目是龙舟竞渡和赛马。其中龙舟竞渡可以观赏，也可以参与；赛马以观赏为主。此外，滑冰、滑雪也是比较有潜力的竞技旅游项目。自行车传入我国已有百年历史，而且体育比赛中也有自行车项目，不妨将自行车比赛列入竞技旅游，但要增加其民俗色彩。

5. 开发旅游工艺品的方法

在交通民俗中，很多民俗的内容和形式适合开发旅游工艺品，如桥梁、车辆、舟船、动物等，都可以用各种材料制成工艺品，出售给游客。对游客来说，这些工艺品既有纪念性，又有艺术性，而且有丰富的历史文化内涵，如果题材得当、制作精良，市场前景应该是很好的。唐三彩和各种船模受到游客的欢迎就是最好的例证。

综上所述，交通民俗旅游文化资源开发的模式和方法是多样的，在实际工作中，可以使用一种方法，也可以组合使用多种方法，可以采用单一模式，也可以使用组合模式，但要根据实际情况灵活运用。

一、填空题

1. 西汉时，________两次出使西域，尤其是公元前 119 年，________奉汉武帝之命第二次出使西域时，带着上万头牛羊和大量丝绸，访问西域的许多国家，从此打通了中原地区通往西域各国的道路，这就是举世闻名的________。这条道路从长安（今西安）出发，穿过________，通过玉门关和阳关，抵达________，沿绿洲和帕米尔高原通过中亚、西亚和北非，最终抵达________。它也是一条东方与西方之间经济、政治、文化进行交流的主要通道。

2. 与水上交通有关的神灵依水域的不同有所区别，如湘有____________、洛有________。但从信仰的广泛性来说，航海人信奉的航海保护神________影响最广。

二、问答题

1. 交通民俗是在什么样的背景下产生的？中国不同时代交通民俗的突出表现有哪些？

2. 在陆路交通民俗中，民间长期流传着对道神和马神等神灵的崇拜，请简要阐述道神和马神信仰的起源。

3. 中国传统水路交通设施主要有哪些？请举例说明。

4. 中国交通民俗旅游文化资源的类型有哪些？有什么特点？

第九章

游艺民俗旅游文化

游艺民俗文化在中国起源很早，游艺民俗产生于人类的社会生产和生活实践。但是，任何一种民俗文化现象的产生都是复杂的，本章介绍了游艺民俗的宗教起源、巫术起源、劳动和兵事等多个源头，还介绍了游艺民俗的娱乐性、竞技性、大众性等多种特征。在此基础上，分门别类地详细介绍了中国传统游艺民俗的类型，并分析了游艺民俗的旅游文化属性和价值，提出了游艺民俗文化的旅游开发思路。

游艺民俗广泛存在于社会生活的方方面面，其所包括的讲、唱、演、嬉、赛等活动，莫不是人们喜闻乐见的，是游客最感兴趣的民俗文化内容，并且因其较强的娱乐性和参与性而成为旅游地开展旅游宣传的重要资源。千姿百态的游艺民俗大多是我们祖先创造并传承下来的，也有的是现代社会中人们对传统游艺民俗的发展和创新。它们的共同特点是能强身健体，活跃人民生活，促进各地区、各民族的文化交流。因此，游艺民俗就成为民俗旅游文化中不能忽视的内容。

第一节　游艺民俗概述

一、游艺民俗的含义

“游艺”一词，古文献中最早见于《论语·述而》中的“游于艺”。孔子所讲的“游艺”是礼、乐、射、御、书、数六艺之一。后世文人对“艺”的理解，是艺术上的修养与锻炼，这显然与今天游艺的概念有所不同，今天所讲的“游艺”泛指各种民间娱乐活动。

有关游艺民俗的概念，学术界的观点存在很大分歧。乌丙安认为，凡是民间传统的文化娱乐活动，不论是口头语言表演的，还是动作表演的，或用综合艺术手段表演的，都是游艺民俗，游戏、竞技也不例外。张紫晨认为，游艺民俗为文艺游艺民俗的一大类，又可称为民间技艺民俗，包括竞技、游艺、游戏、体育和工艺等方面的内容，它往往充分表现在民间游艺和各种会、市的表演上。陶立璠指出，民间游艺民俗包括的项目很多，民间音乐、民间舞蹈、民间美术、民间竞技和民间游戏是此类民俗事象中比较突出的。由此可见，学者们对游艺民俗概念的界定范畴宽窄不一，但总的来说，大家都肯定了“游艺”这种民俗的存在以及核心内容。

人类的社会生活是丰富多彩的，游玩、娱乐活动自然占有很大的比重，从口头的“讲”“唱”，到民间游乐的“表演”；从少年儿童的“游戏”，到男女成人的“竞技”，都有丰富多样的活动和自身的传承渊源。用游艺来统称民间口头文艺活动、民间游戏、民间竞技等活动，极富概括性，也比较可行。

因此，游艺民俗的定义可以这样表述：它是民间文艺活动、民间游戏、竞技等文化娱乐活动的模式化与传承行为的总称。它包括口头文学、民间音乐和舞蹈、民间游戏与竞技，以及民间的工艺美术等内容。一般来说，游艺民俗有较强的娱乐性和群众性。由于这类民俗涉及人们生活的各个方面，因而它不仅可以反映广大劳动人民的生产、生活、理想和愿望，也可以表达人的道德情操与审美意识，而且对社会生活产生了直接的、具有实用价值的多功能作用。

二、游艺民俗的起源

游艺民俗产生于人类生产和生活的实践，而人类社会的生产和生活内容是丰富多彩的，因此，游艺民俗的产生也不仅有一个源头，主要可从以下几个方面来认识游艺民俗的起源。

（一）起源于宗教

德国哲学家黑格尔认为，从客体或对象方面来看，艺术的起源与宗教的联系最密切。原始人由于对自然界缺乏知识，认为一切存在物和自然现象中都具有一种神秘的属性，即“万物有灵”。在此基础上产生了原始宗教和崇拜，并进行各种各样的祭祀活动。随着社会的发展，原始人在对神灵进行崇拜的同时，因崇拜或畏惧而产生歌颂或讨好神灵的行为，在人们进行原始祭祀和崇拜的活动中，加入各种各样娱神的活动内容。这种内容一部分继续被保留在祭祀的活动中，一部分则失去其原始的内涵，向着纯粹的歌舞娱乐方向发展，成为伴生于民俗活动的娱乐文化。正如鲁迅在《中国小说的历史变迁》中表述的：“原始氏族对于神明，渐因畏惧而生敬仰，于是歌颂其威灵，赞叹其功烈。”

“社火”起源于古老的土地崇拜。“社”指土地神，在祭祀土地神的“社日”举行的歌舞娱乐活动，俗称“闹社火”。社火活动中最富有民族特色、最令人振奋的是舞龙，它源于民众的龙崇拜心理，常常与“求雨”相联系，这是因为以农业为主的中华民族，旱涝灾害时常威胁着人们的生存，雨水的丰歉与农业的丰收关系极为密切。舞龙的目的虽是在取悦神灵，但是这种活动已包含了音乐、舞蹈等因素。山西南部的“中黄高台”，即“高台社火”，相传最早用于祭神祈祷，祭神时，人们集中在神庙里，装扮成各种神，在音乐的伴奏下表演。后来又走出神庙，串街表演。因观众太多，十分拥挤，看不清楚，就被逼出了“中黄高台”，即把各种神的扮演者请到木板上，抬起来表演，使之由祭神、娱神的活动，逐渐演变为以娱人为主的社火游艺。

（二）起源于巫术

巫术属于原始宗教的范畴，但是巫术又不等同于原始宗教，二者的区别在于：宗教是通过祈祷祭祀，祈求自然与外界事物的恩赐；巫术则是操纵虚构的“超自然力量”，企图驾驭自然与社会，实现施行者的非人力所能实现的意图。巫术是在科学尚不普及的时代，人们认识物质世界与精神世界的实用手段，不少娱乐项目与之相关。我国江南水乡的端午节赛龙舟，最早源于“竞渡禳灾”的信仰。许多地区最早都把五月五日视为“恶日”，这一天要进行驱邪避瘟的活动，借以达到除邪恶、求平安的目的。到了汉末魏晋，端午节又与爱国诗人屈原的事迹相联系，于是便成为具有纪念意义的娱乐活动。放风筝本是一种禳灾的巫术行为，某人得了病，把病状涂到风筝上，引线放到天空，再剪断拉线让风筝飞走，人们认为这样做疾病就会脱离病人，随风筝飘飞而去，后来演变成了今天的游戏项目。上刀山、爬刀梯的竞技，最初旨在增强人类自身的信念，鼓起战胜鬼魅邪恶的勇气。随着岁月的流逝，巫术的成分减弱，娱乐性增强，最终演变为惊险的杂技表演。

（三）起源于劳动

劳动泛指人类征服自然、战胜自然的各种生产实践。游艺民俗起源于劳动，这是一个被广泛接受的命题。事实上，劳动创造了人类的一切，所有的文化都是劳动的结果。在狩猎时代，人类由于长期与各种动物打交道，对其习性、特点有了较深的了解。出发之前，人们会模拟猎获野兽的场景，预祝狩猎成功。归家之后，载歌载舞，庆祝收获。后世节日社火中的模拟禽兽表演，大都脱胎于这种原始的艺术形式。后世的许多游戏娱乐项目，如投掷、射箭、骑马等都是狩猎生产的再现。我国的秧歌舞、采茶舞以及佤族的“舂臼”、台湾高山族的“杵舞”，都是人们对自己熟悉的农耕生产劳动的模拟，是渗透着主体审美体验的、富有象征性的娱乐活动。发现于世界各地的原始人的岩画，很多就是对劳动场景的表达。这种祭祀或祈祷活动，后来发展成为各种歌舞或竞技娱乐民俗。

（四）起源于兵事

游艺民俗中许多竞技性娱乐内容与军队的军事训练有关。摔跤，汉代称为角抵，传说与黄帝战蚩尤有关。北宋时就有的“相扑”，是当时军事训练的重要项目。击鞠是指骑马持杖击球，互相攻守，以攻球入门为胜的竞技，自汉代列入兵家，用于练兵，一直延续到宋代。这种团体性活动，除了可以锻炼身体之外，还可以培养团队的合作精神及严守规则的纪律观念，是一项颇具意义的体能活动。围棋和象棋等娱乐民俗，传说是尧或舜的发明，实际上也是对兵事的一种模拟，因此，围棋之类常被列入兵家之术。拔河，原名拖钩，相传为鲁班所创制。据说春秋战国时，楚国要攻打吴国，鲁班正游于楚，遂为其发明了训练士兵的“拖钩”游戏。荆楚多江湖沼泽，鲁班教士兵习水战，乘舟操练于水上，学习拖钩拉缆，终于在战争中取胜。到了南北朝，拖钩才由水师操练项目转变为民间寒食节的游戏项目，流传到唐代始称为“拔河”。

（五）综合起源说

上述游艺民俗文化的各种起源观点都有一定的事实依据和相对的可信性，但游艺民俗文化的起源绝不会是单一的，因为，许多游艺民俗文化内容，除了形成的历史非常久远之外，它还有一个复杂的演变过程，当中必定综合了多种因素，包括原始宗教和民间信仰、生产劳动、战争等不同形式。因此，我们决不能囿于一家之言，认定游艺民俗文化只起源于一种原因，而必须对具体的游艺民俗文化做具体研究，才能得出一个科学的和可信的源起结论。另外还有一点必须强调，那就是任何游艺民俗文化，都是在一定的物质基础上产生和发展起来的，是社会物质文明发展到一定阶段的产物。没有丰富的物质保障，游艺民俗文化不仅不可能产生，而且根本不会获得发展。

三、游艺民俗的特征

（一）娱乐性

娱乐性是游艺民俗文化最重要的特征。我们并不否认游艺民俗文化在产生之初拥有祭祀、祈祷等实际的功用或隐含某种深刻的文化意义。但随着社会的发展、文化的流变和旧的传统的逐渐异化，原始的民俗文化功用在逐渐淡化，但它的娱乐形式则得到了完整的保留。如端午节的赛龙舟，最初是为了纪念屈原，也有说是为了纪念曹娥，发展到后来，仅仅成了龙舟竞渡比赛，成了一种竞技娱乐，最终成为中华民族具有代表性的竞技娱乐民俗。

（二）竞技性

如果说娱乐性是游艺民俗文化的灵魂，那么，竞技性就是游艺民俗文化的根本所在。这里说的竞技性，主要是就游戏娱乐活动中所包含的竞技心理，即争胜心理而言的。一般来说，游戏娱乐活动多含有程度不一的竞技心理。无论是智力游戏、体能游戏还是技艺、技巧的比试，多以斗奇争胜为快事。游戏中的竞技性质，能使参加者在互相较量、竞赛中获得心理的愉悦，甚至能起到磨炼意志、开启心智的作用。历史上有这样一个例子：北魏时期，有一位侍中名游肇，他认为世上诸种棋法都以征杀攻取为胜，这有悖于儒家的道德伦理，因此发明了一种以“温良恭俭让”为宗旨的“儒棋”，步步退让，以让为胜。这种以伦理教化取代娱乐竞技的棋法，违背了游戏的基本性质，因此它问世不久，即被人厌弃。所以，从一定意义上来说，游戏失去竞技性，也就失去了其根本。

（三）大众性

对于存在某种游艺民俗文化的地区和民族而言，游艺民俗是一种民众的娱乐活动形式，它是一种全民大众的娱乐。这种娱乐即使不强求每个人都直接参与，也是适宜于每个人的。因此，它的存在具有普遍性和大众性，这可以从三个方面去认识：第一，它是一种人人都会或者可能会的游艺民俗。第二，它是一种获得普遍认同的娱乐方式。第三，它是一种有人直接参与、有人从观赏中获得愉悦的娱乐方式，比如元宵节的点灯，每个人既可以参与制造和点挂灯笼，也可以观赏灯会并从中获得愉悦，两者都是民间大众普遍认同的行为方式。

（四）地域性

游艺民俗是在一定的自然和人文环境中孕育产生的。它的形态往往取决于人们的生产和生活方式，受地域条件的制约，因此呈现出地域性的特征。中国幅员辽阔，南方与北方由于水土条件的差异、生产方式的不同、饮食结构的区别，作为调节社会生活的游艺民俗也各有特色，所谓“南方好傀儡，北方好秋千”。北方天高地阔、气候寒冷，人们的生产和生活条件相对艰苦，在与大自然的严酷斗争中培养了勇武精神。因此，赛力竞技游戏发达，如摔跤、驰逐、拖冰床等。南方山环水绕，气候温和，农业精耕细作，物质条件优于北方边地，人的性格柔和、灵巧，富于想象，长于智力游戏和技巧游戏，如猜谜、对联、斗茶、弈棋等。当然这种区分是概略性的，南北游艺民俗交叉共生的也为数不少。除南北两地的地域差异外，还存在山地与水乡、高原与平野的区别，游戏娱乐因地制宜，如山乡的竹林竞技、水畔的水嬉、高原的骑射、平野的登高等，这些都是游艺民俗地域特征的表现。

（五）民族性

民族性与地域性既有联系，又有区别。一定的民族居住在一定的地区，他们在特定的地域条件下形成自己的生活习惯，带有地域色彩。但民族文化心理一经形成，即有强烈的传承性，即使脱离了特定的地域空间，仍会继续保持本民族的文化。因此，地域性不能替代民族性。中国是多民族的国家，中国游艺民俗有着鲜明的民族性特征。

北方少数民族以游牧为主。生产的粗放、生活的漂移不定，养成了他们粗犷豪放的性格。因此游艺活动以勇武著称。如被称为“马背上的民族”蒙古族将摔跤、赛马、射箭称为“男儿三艺”，练好“三艺”才是真正的蒙古汉子。中原及广大汉族地区以农业生产为主，有固定的生活空间，采用村落聚居形式。因此，汉族地区多平地或庭院游戏。游戏形式平和、多样，如放风筝、抽陀螺、打瓦、拍子儿等。南方山地的少数民族游戏娱乐也各有特色，因受场地限制，他们的游戏一般小巧灵活。如土家族的“打贡鸡”，畲族的“打尺寸”，苗族的手打毽子等。

同一类性质的游戏，在不同的民族地区也表现出不同的民族色彩。如同为象棋，在蒙古地区流行的是与汉族地区不同的蒙古象模。该棋盘无河界，棋子满局行走，卒子同车一样来回迅疾，颇有蒙古游牧民族驰逐纵横的气势。

第二节　游艺民俗的类别和内容

一、按游艺活动开展的时间不同划分的游艺民俗

游艺民俗按游艺活动开展时间的不同可划分为节日娱乐民俗和日常娱乐民俗。

（一）节日娱乐民俗

节日娱乐民俗是与节日相伴而生，并具有固定的时间或季节的一种游艺民俗形式。一般情况下，它是整个节日活动的一个有机组成部分。如元宵节，在魏晋南北朝

时主要是一个祭祀的节日，祭祀门户，祭祀蚕神，节日中有伤风化或不雅的内容被删除，而另外一些内容则被传承下来并得到发展。如借礼佛以燃灯的内容不仅被保留，后来还发展形成了以点灯等娱乐为主的元宵灯节活动，并在唐代时达到了令人痴迷的程度。人们制造了许多不同一般的灯饰，像灯楼、灯树、灯塔、灯山、灯球、灯牌坊等，因而形成了所谓的“灯市”，时间也从原来的一夜增加到三夜，后来在北宋乾德五年（967 年）增加到五夜，到明代永乐七年（1409 年）增加到十夜。时至今日，这种元宵灯节在各个地方仍然以不同的形式存在着。就浙江的情形来说，温州要举行盛大的灯会游行；宁波有著名的台阁；金华有板凳龙；嘉兴有迎灯；海盐则有滚灯；台州的黄岩有桔灯；玉环有渔灯；等等。点灯游行活动的形式丰富多彩。

不管点什么灯、做工如何精致，点灯的娱乐习俗都仅仅是元宵节俗中的一个内容，与元宵节相伴而生的还有很多其他的习俗。如吃元宵或年糕、饺子等以示家人团圆，另外还有猜灯谜、走百病、击太平鼓、舞龙、踩高跷、滚狮子、扭秧歌等不同的游艺活动内容。端午节的赛龙舟游艺活动也是如此，端午节民俗文化除赛龙舟外，还有诸如门饰菖蒲艾叶、臂系五彩丝缕、人挂赤灵符等禳灾避邪习俗或信仰，以及吃粽子、饮雄黄酒、斗百草和戴香包等民俗。

节日娱乐民俗的内容非常广泛，而且随着现代物质文化的发展繁荣，显得更加充实和多样。二月二龙抬头，人们要舞龙灯，三月三上巳节，人们要踏青野炊，七夕要乞巧，重阳要登高等，都是整个节日民俗文化的一个个有机组成部分。需要注意的是，节日习俗除了原生的祭祀、驱邪和团圆等内涵之外，现在已越来越向着娱乐的方向发展，这是旅游文化应深入研究的问题。

（二）日常娱乐民俗

日常娱乐民俗是在日常生活中盛行的一些游艺民俗形式。日常娱乐由于在我们的生活中长期传承，从而成了我们民族的一种文化象征。如围棋、象棋、投壶、蹴鞠、弹棋、樗蒲、麻将、斗鸡鸭鹅和斗草等。围棋是日常生活中一种比较高雅的娱乐形式。围棋在经过秦汉到了魏晋南北朝时，已成为当时最为普遍、也最为盛行的娱乐活动之一，不仅出现了一大批围棋高手，而且还出现了如今围棋九段制形式的围棋晋级制度和“棋圣”的称号，并被认为与人品、战争、谋略等具有内在的联系。阮籍听闻母亲去世的消息却仍坚持与人下完围棋，这表现出了他的放达；谢安在苻坚大兵压境时仍镇定自若地下围棋，则表现出了他的大将风度。

日常娱乐民俗因其在日常生活中盛行，所以，它常常成为斗智斗勇、培养或开发人们智力的一种游艺形式，如人们在围棋中学到的不仅是围棋的技艺，更重要的是通过围棋，人们从中体悟人生或治国安邦之道，以及行军布阵、把握机遇的奥秘，甚至借此忘却烦恼、找到快乐等。不过，日常生活中的娱乐形式也常被人们所利用，成为人们竞技赌胜负的工具，如围棋、象棋、麻将等经常被用于赌输赢。

日常生活中还有一些传统的智力娱乐游戏，它对于开发青少年的智力、增加他们的知识非常有益，比如绕口令、猜谜语等。还有一类是增加青少年体能的游艺活动，如捉迷藏、跳房子、老鹰抓小鸡、滚铁环、抓石子等，都具有代表性。这些内容对旅游经营者开发相关民俗休闲类旅游产品有一定的启发。

二、按照活动内容的特性划分的游艺民俗

游艺民俗按照活动内容的特性可划分为歌舞活动类、竞技类、民间杂耍和民间游戏、民间工艺等。

（一）歌舞活动类

音乐、舞蹈如同民间歌谣一样，产生得很早。《吕氏春秋·古乐篇》《尚书·尧典》记载的“三人操牛尾，投足以歌八阕”“击石拊石，百兽率舞”等，都是借助音乐和舞蹈表现某种情绪的游艺活动。直至今天，这种古老的民俗传统仍在流传。歌舞也有两类：第一类，和生产活动有关的歌舞。如我国鄂伦春族的黑熊舞，拉祜族的斗鸡舞，阿昌族的猴舞，独龙族的猴捉虱舞、喜鹊舞、孔雀舞、割小麦舞、打包谷舞、薅秧舞、割谷舞等都属于生产类歌舞的范畴，这些活动主要是配合农业耕作、狩猎等活动进行表演的。第二类，和宗教信仰有关的歌舞。如江西和贵州等地的傩舞，广西花山的水神舞等都属于宗教仪式性舞蹈的范畴，带有巫术和娱神性质。

歌与舞往往综合表演。这种形式在全国各地十分流行，然而内容、风格各异。如湖北的扑蝴蝶、八虾闹鲢，陕西的牛斗虎，江浙的大头和尚戏柳翠等。歌舞活动类游艺民俗在不同的民族中有不同的特色和丰富的内容。如汉族的扭秧歌是其最具有代表性的一种民间舞蹈活动，多在春节期间举行，主要流行于我国北方地区。舞者扮成各种人物，手持扇子、手帕或彩绸等翩翩起舞。在表演形式上，开始和结束为大场，中间穿插小场。大场为变换队形的大型集体舞，小场是两三人表演的带有简单情节的舞蹈或歌舞小戏。再如流传于晋北的踢鼓秧歌（表演时男角动作以踢为主，伴奏以鼓为主，故称踢鼓秧歌），它的主要特点是表演具有戏曲的特征，动作具有浓厚的武术色彩。表演形式分为小场子、大场子、过街场子三种。小场子的表演人数为1～5人，一般是女角（称“拉花”）围绕男角（称“踢鼓”）表演，大多有较简单的故事情节，基本动作男角有“戴宗三亮式”“腾空旋风”等，女角有“拔陷泥”“猛失惊”“跌籽儿”等。大场子的表演人数一般为16～60人，主要队形有不同的变化，有“满天星”“八卦阵”“单双圆场”等近70种。若在夜间，则执彩灯表演，可组成各种美丽的图案。过街场子的活动人数比较多，表演不分昼夜，多在街巷一类的场地进行表演。此外，还有流传各地的龙舞、花灯等。

少数民族地区的歌舞类民俗游艺活动也非常多，如瑶族的舞春牛、彝族的跑花山、苗族的踩山坪、侗族的抢花炮、景颇族的象脚鼓舞、佤族的圆圈舞、高山族的甩发舞、土家族的花花灯等，都是我国游艺民俗文化中的奇葩。

（二）竞技类

竞技类游艺民俗的事象很多，如赛马、射箭、斗牛、摔跤、斗鸡、赛龙舟和踢球等，表现为力量和技巧的角逐。这类游艺民俗的形成与劳动生产、战争、祭祀和节日有关。竞技类游艺民俗是一种以体力、技艺和技巧为竞赛内容的娱乐活动，它在我国各民族中都有不同程度的存在，是人类争强好胜的体现。竞技类游艺民俗以比出胜负为最终目的，对抗性强，因此有些竞技类游艺民俗的形式非常精彩，成为大众最喜欢的娱乐活动。从其不同的表现形式来看，竞技类游艺民俗还可分为力量型、技巧型和智力型等几种具体类型。

1. 力量型

力量型竞技游艺民俗以力量对抗为主，可分为以个体力量对抗为主的竞技和以集体力量对抗为主的竞技两种类型：第一种，如摔跤、投掷、举石锁、举石担、爬竿等，它们讲究体现个人的体能和技巧，因此，除非具有实力，否则根本没有取胜的可能。第二种，如拔河、赛龙舟、摇快船等，它们讲究的是集体的协调和配合，突出的是集体智慧和整体力量。在少数民族地区，此类游艺民俗活动中具有代表性的有蒙古族的摔跤、藏族的格吞（拔河）、柯尔克孜族的耶尔奥达利希（马上拉力）、土家族的斗角、京族的顶棍、哈尼族的拔腰、黎族的拉海龟，等等。甘肃南部保安、东乡、撒拉等族的羊皮筏赛；湖南、广西等地瑶族的独木滑水；东北朝鲜族的顶瓮竞走；贵州苗族的爬坡竿；福建沿海畲族的赛海马；新疆塔塔尔族的赛跳跑；内蒙古西部阿拉善蒙古族的赛骆驼；青藏高原上藏族的赛牦牛等也是其中的代表。

2. 技巧型

技巧型竞技游艺民俗是一种以技巧、技能为比赛内容的游艺民俗形式，它可分为单一型和综合型两种。单一型的技巧游艺民俗活动讲究的是个人技艺的发挥，如跳绳、跳橡皮筋、踢毽子和荡秋千等活动。综合型的技巧游艺民俗活动是在同一活动中，同时需要进行数种技艺的综合表演，或需要通过几种技艺的训练才能进行的一种竞技娱乐民俗活动。如蒙古族的赛马就是一种需要有多种技艺的综合型的竞技娱乐民俗，当中有骑马越障、马上角力、走马赛、颠马赛和花样赛等不同的内容，若不是训练有素的骑手，很难胜任赛马竞技。骑射也是集骑术和射术于一身的综合型竞技游艺民俗活动。马球也同样是一种综合型的竞技游艺民俗活动，讲究的是骑马、击球术等技艺的配合，它同时还是一种需要集体配合的竞技娱乐民俗活动。

此类游艺民俗活动形式多样，内容丰富多彩。如朝鲜族的跳板，傣族、汉族、满族的跳高，哈萨克族的叼羊，蒙古族的套马，高山族的竿球，仡佬族的打竹球，回族的打水球，傣族、白族的打磨球，汉族、壮族的打陀螺，汉族的打弹弓，黎族的穿藤圈，保安、东乡等族的打石头，赫哲族的叉草球，等等。

竞技类游艺民俗的有些项目因其具有竞技性和观赏性两方面的特点，深受各自民族的喜爱，当进行这些项目时，常常成为盛大聚会。

3. 智力型

智力型竞技游艺民俗是一种以比赛技艺为主的游艺民俗活动，棋类是这种游艺民俗的典型代表。民间有田间地头随时可以开展技艺交流的方块石子棋，有五子儿、摆方、狼吃羊等，高档的棋类游戏则有围棋、象棋等，这里不再赘述。此外，还有区域性或民族性的棋类，如蒙古族的蒙郭勒夏特尔（蒙古象棋）和鲍格因吉勒格（鹿棋），藏族的藏棋，朝鲜族的朝鲜棋，鄂伦春族的玩班古等。

各种竞技游艺民俗由于在竞技之外还有丰富的娱乐性，因而深受民众的喜爱，成为老百姓日常生活和节日活动中非常受欢迎的传统娱乐活动。

（三）民间杂耍

民间杂耍游艺民俗古代称为“百戏”，民间则称它为“把戏”，秦汉时即已产生并一直在城乡流传。民间杂耍游艺民俗是一种集技巧性、灵敏性和表演性于一体的游戏活动，这种游艺民俗形式完全以技巧取胜，内容丰富、庞杂，主要包括杂技、戏法、皮影、木偶戏和猴戏类动物表演等。

杂技是一种训练有素的技巧性杂耍，有些动作难度非常大，因此，杂技演员往往从很小的时候就开始进行规范的训练。在很早的时候，杂技就已经成为一种由专业或半专业杂技演员去完成的专门的技艺。杂技的娱乐主要体现在杂技演员通过高超技艺，包括一些惊险的动作和意想不到的效果，来取悦观众，其主要特征是观赏性强。人们通过杂技来愉悦身心或获得感官刺激，并彻底地放松身心，从而达到娱乐的目的。戏法也称魔术，是从古罗马传入的一种技艺，它用各种隐蔽或巧妙的手法，制造或变幻出奇妙的效果，让人觉得不可思议，因此，戏法的效果同样重在观赏性而并不要求人们的参与，人们可以从魔术师的高超技艺中获得一种艺术的享受和身心的愉悦。

（四）民间游戏

民间游戏是流传于广大人民日常生活之中的娱乐嬉戏活动，它是游艺民俗中最为常见、最具趣味性的娱乐活动，少年儿童与成人都能进行。许多游戏经过长期的发展而逐步完善，并形成了固定的形式和规则。

民间传统游戏民俗的种类很多，一般又可分为玩耍型、智力型和赌博型三种。前者如捉迷藏，以毛巾或手帕一类的织物将一人双眼蒙住，令其在一定范围内捉摸他

人，被抓到者与其交换角色，继续捉摸，江浙一带俗称“躲野猫”。在各地常见的还有打陀螺、击花鼓、老鹰抓小鸡、卖糖粥、躲妈虎子、造房子（也称跳房）、轧墙壁、摸瞎鱼、转瓢、猫捉鼠、升留级、烧野火、猎狗熊、跳毯子、弹球、抓石子、堆雪人和跑风车，等等。玩耍型游戏除少数为个人游戏外，大多为自发性的集体追逐、竞赛性的游戏，这类游戏多是儿童玩乐的，可以在室内进行，也可以在庭院进行。智力型游戏中，传统的有猜谜语、猜枚、积木、下棋和射覆等。赌博型游戏是缘于人们的赌输赢的心理而产生的一种游戏种类。这种游戏战国时有“六博”，以后又有了骨牌、掷骰子和叶子戏等赌博形式。

（五）民间工艺

民间工艺包括民间绘画、剪纸、雕刻、雕塑等民间美术和各种民间工艺品的制作与传承，形式十分多样。

在民间美术中，最引人注目的是年画和剪纸。年画在我国民间，特别是在农村，有着深厚的群众基础。年画起源于对神的偶像崇拜，表现了人们对生活的热爱，对善与恶、美与丑的认识和褒贬。年画的内容有以神像为主的，如门神、灶神、财神；有体现喜庆的，如《金玉满堂》《榴开百子》；有反映农民生活的，如《男十忙》《女十忙》等。民间剪纸比年画还要普及，特别是农村妇女，对剪纸艺术尤其喜爱。一般女孩子到了六七岁就开始学习剪纸技术了。剪纸不注重自然形态的模拟，而强调夸张、写意和装饰性，让人在似与不似之间展开丰富的联想，以得到美感。

第三节 游艺民俗与旅游

游艺民俗因其突出的娱乐性、广泛的群众性以及独具特色的民族性和地域性，使其在旅游开发中具有极大的潜力，并且已得到很好的发展，它的旅游价值非同一般。游艺民俗旅游文化的开发，能够丰富旅游产品的内容，增加旅游产品的特色，能够使游客获得独特的文化体验，使民俗旅游更加多姿多彩。

一、游艺民俗的旅游文化属性

游艺民俗本身就是一种形态的文化，并且是一种具有娱乐性、大众性、参与性、民族性和地域性的文化形态。游客一般都希望在旅游活动中，在游览观光或休闲的过程中获得一种精神上的愉悦体验，而只有具有文化属性的现象能够满足游客这方面的需求。显然，游艺民俗是具有这种旅游文化属性的，这表现在以下几个方面。

（一）娱乐性

游艺民俗大都以流行在民间的、群众性十分广泛的文化娱乐活动为内容，以人们喜闻乐见或自发参与表演的形式为标志，如民间游戏、民间竞技、民间歌舞和民间工艺等。从民间游艺的特征来说，主要的一点便是具有较强的娱乐性，娱乐性是贯穿于民俗事象之中的特质。也正是因为这一点，才使游艺民俗事象流传下来，经久不衰。我国有 56 个民族，其中大多数民族都能歌善舞，无论是生产劳动、生活喜庆，还是谈情说爱，都能作歌跳舞。歌舞活动成了这些民族民俗生活的重要组成部分。民间歌舞质朴、欢快，散发着泥土的芳香，能以淳朴的地方特色和活泼向上、健康娱乐的生活气息扣动每一个游客的心弦，激发他们的旅游愿望。

（二）参与性

绝大多数游艺民俗，其活动内容不但有极强的观赏性，而且还有较强的参与性。游客可以亲身领略民俗活动的魅力，如一些游戏、杂耍、竞技，都可以让游客直接参与其中。扭秧歌是汉族人民的代表性民间舞蹈，有东北秧歌、河北秧歌和胶州秧歌等种类，人们多在农闲或新年时化妆表演。表演时，秧歌队员左手舞绸，右手舞扇，踩着锣鼓点走场；歌手则伴随着唢呐、锣鼓声，演唱民歌。这时，游客就可直接参与活动，共同分享秧歌舞的快乐。较强的参与性是广大中外游客喜欢中国民俗旅游的主要原因。

（三）趣味性和观赏性

游艺民俗，尤其是其中的竞技民俗，具有极强的趣味性和观赏性。竞技民俗不但对于本民族人民来说有强身健体的实用价值，而且对国内外旅游者来讲也具有很高的观赏价值。贵州侗族的抢花炮、苗族的龙舟竞渡和上刀梯、仡佬族的打篾鸡蛋等，都十分热烈而刺激。盛行于北方一些游牧民族（哈萨克、塔吉克、维吾尔、柯尔克孜族等）的传统叼羊活动，也很紧张刺激。它是将一只宰好的全羊放于规定地点，叼羊者骑马待命，等枪响后，即飞驰争夺，抢到羊后送至主持人所安排的地点，获胜者将烹煮羊肉，宴请宾客。在贵州东北的苗族人的节日中，大多有“上刀梯”活动，这是一项融合体育、舞蹈、杂技于一体的表演项目。活动时于场地上栽一棵高约 2 丈的大木杆，杆左右横插 36 把刀，刀口向上，形成“刀梯”，“刀梯”上的刀个个刀刃锋利，可以断发，表演者赤脚登上刀梯，一步一步向上走，并表演“金猴观望”“姜太公钓鱼”“白鹤亮翅”等招式，攀缘至顶后，须脚无伤口。这些活动都能极大地刺激游客的观赏欲望。

二、游艺民俗的旅游价值

游艺民俗的旅游价值就在于它能够丰富旅游产品的文化内涵，提高游客的旅游兴趣，使游客获得一种难忘的旅游文化体验。

中国传统的游艺民俗，大多具有悠久的历史，传承复杂多变，在地区和民族活动的表现上差异明显。地域性与民族性、丰富性与多样性均是游艺民俗文化内涵的外在表现。比如，中国是以农业立国的国家，农耕文化是中华文化的根本，古代农业灌溉技术和水利事业不够发达，农业发展基本靠天然降水。与此相关，中国人有崇尚龙文化的民俗，视龙为能兴云布雨的神物。舞龙源于汉代，多在节日进行，一方面表示对龙的崇拜，另一方面也烘托节日的欢乐气氛。舞龙伴随着舞狮，狮在中国人眼中能辟邪镇妖。观看舞龙舞狮表演，能丰富旅游者的文化知识，增加游客的旅游情趣。但是，在不同的地方，民间舞龙舞狮的风俗也有很大的不同，这种差异性就为各地开发相关的游艺旅游民俗文化产品提供了可能。例如，云南为了更好地开发游艺民俗资源，还成立了专门的旅游歌舞团，表演当地的民俗歌舞，丰富了游客的旅游生活，得到了游客的广泛好评。

三、游艺民俗文化资源的旅游开发

随着我国旅游业的发展，传统的旅游内容和景点已不能完全满足日益增长的旅游需求。这就要求旅游从业人员大力开发新的旅游资源，以适应旅游发展的需要。游艺民俗文化旅游的开展正是这种要求的体现。

游艺民俗的内容极为丰富，形式千姿百态。凡民间故事、笑话、戏曲、民谚、谜语、歌舞、游戏、竞技和杂技等，都属于民间游艺的范畴，都具有浓厚的地方民族特色。如广州岁暮行花街的风俗，是在农历腊月二十七至年三十晚上举行，花市的规模盛大，男女老幼会倾城出动观赏“行花街”。又如元宵节灯会，一般在农历正月十三日那天晚上就上灯，有的地方从正月十三日起龙灯和狮灯活动同时展开，也有很多地方的灯节是从正月十四日开始的。十五日为灯节的正日，称“正灯”，即所谓的望日上元，通街张灯。湖北黄陂各村都有灯会，牙牌上书有“风调雨顺”“国泰民安”“五风十雨”“万紫千红”等词句，随后有高跷、锣鼓表演等。浙江部分地区也有这种灯会。贵阳的长龙灯，龙眼比碗还大，须长三尺，吐出龙舌，龙前有人擎着宝珠，上下舞动，叫“龙抢宝”；龙灯经过时燃放“泥台花”，叫“接龙”。

上述的游艺民俗活动具有鲜明的娱乐性质，对游客而言，不但有强烈的观赏吸引力，而且也会让人产生参与的欲望，尤其是随着我国改革开放事业的进一步推进，市场经济的日益发展，即使重大民俗节日，比如春节，人们也感到节日气氛越来越淡。一个重要的原因就是随着经济基础的变化，许多优秀的传统游艺民俗由于跟不上时代的发展而逐渐失传。比如近年来每年农历正月十三，河南宝丰县就会举行“马街书会”，全国数千名曲艺艺人负鼓携琴汇聚于此，在火神庙旁举行祭拜师祖和收徒拜师仪式。他们以天作幕、以地为台、以曲会友，亮书、卖书。河南坠子、京韵大鼓、山东快书和三弦等 40 多种曲艺曲种和上千部传统及现代曲目在这里集中展现，每年都会吸引大量游客前来体验传统游艺民俗文化的魅力。2006 年，马街书会被列入首批国家级非物质文化遗产名录。但是，马街书会也面临着严峻的挑战，最大的问题就是后继无人。2014 年，马街书会上最年轻的艺人也已经六十多岁，他们称因为收入低、没有发展前途，自己的孩子都已不再学书，从而使手艺面临失传的危险，但很多游客对此又有浓厚的兴趣。

上述问题说明，我们需要通过旅游业的发展搭建一个平台，挖掘游艺民俗文化旅游资源，在促进旅游业发展的同时，传承和创新优秀的游艺民俗文化。搭建平台的主要形式有两种：第一，在旅游观赏项目中增设游艺民俗节目，如三峡民族风情漂流线，除漂流、观赏古龙溪两岸的自然风光外，为增加旅游趣味，专门设立了土家巴山舞、山歌对唱、民乐吹打等节目，取得了较好的效果。第二，举办专门的游艺民俗旅游节，集中展示游艺民俗的风采。关于这方面，近年来各地都做了不少工作，有了一定的成效。如素有“灯彩之乡”称号的浙江海宁硖石，在每年举办灯节。灯节期间，入夜一片灯海，迎灯队伍多至上千人。从附近的上海、杭州等地赶来观灯旅游的人多达 10 余万。可见，传统的民俗活动化为新颖的旅游项目，会使人产生特别的旅游兴趣。可以确定的是，在今后相当长的一段时期里，游艺民俗旅游将始终是人们关注的旅游选择和热点话题之一。

1. 什么是游艺民俗？游艺民俗的起源是怎样的？游艺民俗的特征主要有哪些？

2. 按照开展时间的不同，游艺民俗可以分为哪两大类？举例说明每种游艺民俗的主要内容和特点。

3. 民间传统游艺民俗的种类相当多，按照不同的标准可以分为哪些类型？试举例说明。

4. 游艺民俗的旅游文化属性有哪些？结合其旅游价值谈谈你对游艺民俗文化资源旅游开发的思路。

第十章

居住民俗旅游文化

居住是人类生存活动的基本行为之一。受地理、历史、民族、宗教等因素的影响，各地的居住习惯各具特色。江南水乡式的江苏民居，四合院式的北京民居，竹楼式的云南民居……各地民居建筑丰富多样，风格各异，是我国劳动人民在适应与改造大自然的漫长岁月中勤劳与智慧的结晶。本章介绍了居住民俗的基本内容和特色，对民居的发展及类型进行了阐述，最后探讨了居住民俗的旅游价值和常见开发模式。

第一节　居住民俗概述

我国历史悠久，地域辽阔，自然环境多种多样，社会经济环境亦不尽相同。在漫长的历史发展过程中，各地逐步形成了不同的民居建筑形式和多样的居住民俗。居住民俗是物质民俗的一个重要事象，体现了多重因素的影响和人与自然的和谐。

一、居住民俗的内容

居住民俗，是指一个国家、民族或地域的广大民众在居住活动中所创造、享用和传承的属于本群体的独特的民俗习惯模式，包括选址、建房、入住和生活方式这四方面，一旦固定成一定的规则和惯例，随着时代沿袭，便形成一定的居住民俗。

（一）选址习俗

在农业定居时代，居住点的选择意义是非常重大的。因为对于从事农业生产的人们来说，居住点一旦确定，很可能终生不移，而选址时的优劣将会决定主家以后的兴衰安危，所以自古以来，人们便依靠“风水术”形成了一系列的选址规则。选址的目的就是要找到住宅在自然中和在周围建筑中的位置，这两个问题解决的原理都是要取得和谐。

（二）建房习俗

可以说，除了结婚，建房是一般民众最大的喜事，自然受到格外的重视。建房需要巨大的投入，并被认为关乎家道的兴衰。正因为新建房的重要意义，于是在建房过程中有许多讲究和规矩。按照民间建房的礼仪，一般可分为开工、上梁、立门、落成等步骤。

各地建房对开工都十分重视，要选择一个“黄道吉日”破土动工。吉日选好后，便可以下锹破土了，但由于各地文化上的差异，因此在开工仪式上是有所区别的。晋北人这一天要在主房方向悬挂红布，摆供燃烛，焚香敬纸，主人则以锹象征性地翻土三次。

在土木结构的建筑中，梁架是最核心的环节，是民居建筑的关键。民间认为，上梁顺利与否关系到房屋的结构是否牢固，更关系到一家人今后的生活是否兴旺发达。上梁日要择吉辰，鸣鞭炮。在四川农村，工匠还要手提一只滴着血的大公鸡，边走边唱吉祥语。当日主人要办上梁酒，宴请泥水匠、木匠、帮工及亲朋好友，主人要穿洁净衣服给师傅斟酒。

立门对住宅来说，具有许多象征意义。建房到立门时，也有一定的礼仪。河西走廊地区的汉族在立大门时，于门楼下挂筷子一双、古书一卷、内装五谷的红布袋一个，寓意招财进宝和文运兴旺。

住宅落成后，各地都有设酒招待工匠和乡亲、帮工的传统习俗。有些地方除设酒宴外，还有另外一些礼节。青海地区的汉族、藏族、土家族人要选择光洁的白石四块，置于房顶四角，称为“置白石”。

（三）入住习俗

新房落成以后的入迁，意味着进入了一个新的居所，对于这种乔迁之喜，也同样有一系列的民俗，主要包括择日入住、迁火种、祖宗神位的入屋以及进屋时的庆祝等。

入住同开工、上梁一样，也需要选一个“黄道吉日”，择日入住。乔迁日有很重

要的入住礼仪，首先，要突出火的重要地位，如广西汉族人迁居时，先将一盆旺火搬进屋，然后才搬其他财物；其次，要突出对神像和祖宗神位的恭敬，如江浙一带在搬家时，主人手捧祖宗牌位，进入新居后安放停当，然后再去应付其他事务。入住民俗中最普遍的是办“进屋酒”，即主人设宴款待来祝贺的亲友。陕西渭南一带称为“烘庄子”；中原和东北地区则称为“燎锅底”，各地形式和名称有所区别，但实际上是一回事。

（四）生活方式习俗

民居的内部构造和布置体现了家族伦理，外部体现了等级制度。宗法制度在民居建筑中最直接的体现，就是对民居的平面尺度、构架、装饰和色彩等方面的等级规定，这种等级制度在中国宗法社会的民居建筑中不但始终存在，而且在不断强化。

以家庭为伦理单位的聚族而居，规范大宗小宗、上下尊卑的人伦关系。如北方的四合院是宗法社会居住习俗的主要空间形式，自古便被中国人视为规范伦理关系、合于礼制需要的居住类型。四合院一般是坐北朝南，大门开在东南角，中轴线上的房屋为正房，长辈居住，东西为厢房，小辈居住，当然，富裕家庭还可增加进深。男仆不得进后院，女眷不得入前院，尊卑有礼、男女有别的家庭伦理在这一居住形式中得到了最充分的体现。

二、居住民俗的特色

各式民居中蕴含着深厚的文化内涵，表现出多种多样的形式和异彩纷呈的特点，显示了多种因素之间复杂的相互作用和影响，这主要体现在以下几个方面。

（一）居住民俗有明显的地域特色

民居是一种为人们生活所迫切需要的人工产物，因此，它也是人类最基本的一种文化。由于各地自然环境和物资的差异性，民居的材质和样式也是多种多样的，不管是黄土高原上洞穴式的窑洞，还是南方山区的吊脚楼，都是适应生态气候效应的建筑杰作。一般来说，各地的民居都是以天然材料修建的，天然材料的运用构成地方性民居的主要特征。按材料分类，大致可分为石头结构民居建筑、竹木结构民居建筑和土质结构民居建筑等。

（二）居住民俗展示了人与人之间的关系

从原始时代开始，人类的群体关系就非常密切，表现为具有不同地域性特点的院落、格局、聚落和村庄。人是居住行为的主体，因而也是居住民俗的主体。人和环境、人与人的关系，都会通过居住民俗反映出来。如我国庭院式民居的围墙，是对人与人之间关系的一种隔绝，多少表现了居民对社会环境的一种态度，这种态度在西藏的碉房、塞北的堡子等民居中发展到了极致。

（三）居住民俗有深厚的文化内涵

民居建筑是凝固的民俗文化，反映出来的文化类型丰富多样，主要体现在风水文化和封建伦理文化等方面。

我国劳动人民在长期的人与自然的斗争中，不断总结居住环境的经验，建立起了一系列的人与自然和谐相处的生态伦理关系，形成了具有独特内涵的“风水学”，其核心思想是天人合一的生态伦理观。风水理论在民居建筑领域广泛运用，使民居建筑与民族文化紧密联系在一起，深入民俗生活的各个方面。同时，中国是一个具有漫长封建社会历史的国家，在民居建筑上遵循封建伦理秩序，反映封建家族文化，三纲五常、三从四德的伦理价值观，在居住民俗中时有体现。

（四）注重建筑外形、内部特征与气候环境的协调

我国地域辽阔，气候条件差异较大，这对建筑外形与内部特征有明显影响。例如，我国北方干旱少雨，冬季气温低、多西北风，夏季气温不太高、降雨季节不长，建筑上为适应这种情况，主要考虑保温防寒，所以墙不论是夯土还是土坯，都比较厚实，房子不高，内部严实，不漏风。窗户开在南墙，大而明亮，便于见到阳光。房顶多为石板、草、瓦和抹泥，坡度平缓，有的甚至是平顶，这与降雨少有关。房屋内部的床多为土炕，充分利用做饭的余热来提高室内与炕的温度。南方住房的墙体用砖，墙体薄，房顶用草或瓦，房屋顶部坡度大，房体较高。这些都与通风、防热和减轻雨水对房顶的冲击有关。房屋内部的床多为木床和竹床。窗户不仅南墙有，北墙也有，而且南墙窗户与北方相比不太大，墙体多用石灰涂成白色，这与反射阳光、加强通风并减少南面热空气进入室内以保持室内凉爽有关。房屋的廊檐较宽，有利于遮阳、防雨，增加凉爽的活动空间。为了减少主房的热量，厨房多与主体建筑分离。如形成四合院，则四周的墙与房较高，面积小、紧凑，中间为天井，使其达到阴凉的效应。

总之，居住民俗是一个复杂的物质文化现象，因社会、文化、经济及地理环境因素的交互作用而各有差异。居住民俗充分反映了当地居民的文化习俗，并融汇于地方性的自然生态环境之中，表现出地域的民族、文化、传统和社会习俗等诸多要素，具有重要的旅游价值。

第二节　民居的发展与变化

民居总是一定历史时代的社会存在物，伴随着人类社会生产力的发展而不断进化。梁思成说：“建筑之规模、形体、工程，艺术之嬗递演变，乃其民族特殊文化兴

衰潮汐之映影。”中国民居发展史经历了原始社会民居、奴隶社会民居、封建社会民居和近现代民居等几个阶段，创造了具有中国特色的民居文化。

一、原始社会的民居

在原始社会初期，我国境内人类活动伊始，人们并没有建筑的概念，他们对于生存空间的要求，也只是能够遮风避雨，抵御猛兽侵袭。他们或者栖身在天然的洞穴中，或者与鸟兽混居在一起。《周易·系辞》就有“上古穴居而野处”的记载，考古发掘也佐证了原始社会初期的穴居状态，在北京、辽宁、贵州、广东、湖北、江西、江苏、浙江等地，都发现了原始人居住的岩洞。在地势低洼、气候潮湿而多虫蛇的地方，人们会选择巢居，如《韩非子·五蠹》中记载：“上古之世，人民少而禽兽众，人民不胜禽兽虫蛇，有圣人作，构木为巢，以避群害。”因此可以推测，巢居是人们采用过的另一种原始居住方式。

随着生产力的缓慢提高及氏族文化的逐渐形成与发展，人们的居住状态也从巢居和穴居发展到了新的阶段，出现了干栏式与木骨泥墙的房屋。在南方较潮湿地区，“巢居”演进为初期的干栏式建筑，已发现的最早遗迹为 7 000 年前的余姚河姆渡遗址，其中发现了许多木构件遗物，有柱、梁、枋、板等，许多构件上都带有榫卯，有的构件还有多处榫卯。在北方，从穴居到木架和草泥建造出的简单的半穴居，发展为地上的木骨泥墙房屋，实例以西安半坡村和陕西临潼姜寨最具代表性。姜寨有五座“大房子”，每座“大房子”周围环绕着若干小房子，其布局反映了母系氏族社会聚落的特色。但是在环境适宜的地区，穴居依然是当地氏族部落主要的居住方式，只不过以人工洞穴取代了天然洞穴，且形式日渐多样，如在黄河流域，由于土质均匀，含有石灰质，便于挖掘洞穴，因此原始社会晚期，竖穴上覆盖草顶的穴居非常普遍；在山西、甘肃、宁夏等地，广泛出现了在黄土沟壁上开挖横穴而成的窑洞式住宅。

总之，在原始社会，特别是新石器时代，我们的先民已经走出丛林，创造出多种居住形式。在建筑结构上，窑洞、木梁架和干栏式基本上确立了以后几千年中国传统建筑的土木结构形式，具体技术如夯土技术、木骨泥墙和烧烤地面等，都为后世长期沿袭，这一切都为民居的发展奠定了基础。

二、奴隶社会的民居

夏代遗址发掘较少，仅有偃师二里头夏代宫殿遗址、河南登封告成镇王城岗遗址和河南新密新寨遗址等，但我们已经可以从中看到夯筑技术、房基高台化和草泥抹墙等现象。

商代遗址相对较多，比较著名的有郑州商城遗址、湖北黄陂盘龙城商城遗址、河南偃师二里头遗址和殷墟等，其中 1983 年在河南偃师二里头遗址以东五六千米处的尸沟乡发现的早商城址，宫城中已发掘的宫殿遗址上下叠压三层，都是庭院式建筑，其中主殿长达 90 米，是迄今为止所发现的最宏大的早商单体建筑遗址。

西周最有代表性的建筑遗址当属陕西岐山凤雏村的早周遗址。它是一座相当严整的四合院式建筑，院落布置和现代四合院近似，影壁、大门、前厅、后室依次列于中轴线上，内部建筑相互之间有廊道连接，对外则相对封闭，房屋主体用包有木柱的夯土或垛泥墙为承重墙，内柱沿面阔方向成列，进深方向则不成列，说明当时是以檩架为主梁架。房屋还有很好的排水设施，特别是使用了瓦来解决屋顶防水的问题，这意味着从陶器发展而来的制瓦技术使房屋脱离了“茅茨土阶”的简陋阶段。

但是到了明朝以后，直到工业化以前，砖瓦材料都没有成为大多数民居的主要材料，古代民居仍然是以土木为主，砖瓦石材一般作为保障建筑物的基础材料来使用，并不是民居建筑的主体部分。

三、封建社会的民居

秦汉时期，天下一统，正处于封建社会的上升期，社会生产力的发展促使建筑取得了显著进步。这一时期，我国古代建筑的很多主要特征都已形成。建筑由屋顶、屋身和台基三部分组成，与后代建筑非常相似；木构架结构技术已日渐完善，其主要结构方法抬梁式和穿斗式已发展成熟；从画像砖和明器中可见，斗栱的组合和结构形式已很清晰。秦汉民居多为一堂二室，较大院落习惯于建筑木楼，以登高望远，保障宅院安全。

魏晋南北朝 300 多年的朝政更迭，是中国历史上充满了民族斗争和民族融合的时代。这一时期，社会生产的发展比较缓慢，在建筑上也不像秦汉时有那么多创造和革新，只是在原有基础上继续发展。在建筑材料方面，砖瓦的产量和质量有所提高，金属材料被用作装饰；在技术方面，木结构技术显著提高。宗室权贵、名门望族竞相建筑府第庄园，极尽奢华。一些乡间大族多聚族而居，人口可达数千上万，比屋而居。住宅有一进、二进、三进或多进的大宅院。

隋朝统一中国后，短命而亡，唐朝取而代之。隋唐是我国封建社会的鼎盛时期，在木架结构、砖石建筑和建筑装饰等方面都有巨大发展。

唐时，木建筑解决了大面积、大体量的技术问题，并已定型化，当时木构架如斗栱等构件形式及用料都已规范化。砖石建筑有了进一步发展，建筑艺术日趋成熟。但是，普通民居建筑总是处于建筑领域的劣势地位。这一时期的民居多以木、竹为栋椽，以茅草铺盖屋顶，以泥土砌成台阶，较之贵族建筑的富丽堂皇，民居更加灵活多样。

国力对民居建筑文化风格会产生相应的影响，盛唐时期强大的国力反映在建筑风格上，民居显得雄浑粗放、严整开朗，色调简洁明快，屋顶舒展平缓，门窗朴实无华，给人庄重、大方的印象。

两宋在军事上相对衰弱，但手工业与商业发达，为建筑的持续发展奠定了良好的基础。建筑构件和工料估算在唐代的基础上进一步标准化、规范化，将木构架建筑的用“材”尺寸分等，按房屋大小、主次来量屋用“材”，“材”一经选定，木构架部件的尺寸也相应得出。从建筑外观和装饰来讲，宋朝民居的规模一般比唐朝小，但比唐时更为秀丽、绚烂而富于变化，风格渐趋柔和。

元朝时，统治者建立了一个疆域广大的军事帝国，实现了国家的统一。蒙古贵族搜罗了不同地域的各种工匠，加上对外交流扩大，使得建筑风格呈现出一种多样化融合趋势。木架建筑方面，仍是继承宋的传统，但在规模与质量上都逊于两宋。

明朝建立后，随着社会经济的恢复，建筑也迅速发展起来。结构方面，经过元代的简化，到明代形成了新的、定型的木构架，斗栱的结构作用减少，梁柱构架的整体性加强。但是明代是一个建筑等级森严的朝代，除皇家建筑外，官宦和平民的住宅只能使用悬山顶和硬山顶，并限制斗栱和色彩的使用。

清代康熙至乾隆时期是经济最辉煌的时期，由于采取了一系列重大有效的振兴经济的措施，农业、手工业和商业等方面的封建经济取得巨大成就，也使得建筑的发展有了物质保障。由于清代的官私建筑大规模发展，木材积蓄又日渐稀少，砖瓦的供应量明显增加，因此一般质量较好的民居大多用砖材作围护材料，以砖石承重或砖木混合结构形式的建筑较明代增多，其他材料如石材、竹材和白灰等，也被进一步开发利用，装饰材料更加扩大，各类硬木、铜件、金箔、纸张、纱绸、油漆和琉璃等都被用来美化建筑物。

四、近现代民居

近现代建筑革新在曲折中进行，主要是对西方建筑技术的学习，在这一过程中形成了两大方向：其一，中西建筑融合；其二，维护原有传统民居基本建筑形式。随着鸦片战争的到来，在西方列强不断的军事、经济和文化的冲击下，效仿西方国家成为当时的普遍选择。民居建筑中多以西方建筑为时髦，西方人则直接将本国建筑风格引入租界及其势力范围，如山东青岛的德式建筑；哈尔滨的俄式建筑；上海、天津等大的口岸城市则是多国建筑风格的汇聚之地。西方国家各个时期的风格与流派，在中国建筑中杂陈并列，逐渐呈现出一种交汇与融合的趋势。但是，这种影响局限在经济、政治地位重要的城市及沿海侨乡地区，民居类型主要是富人的洋房，农村的村居基本上没有改变，如福建土楼、西藏碉房等民居仍保持其传统风格。

新中国成立以来，城市建筑又掀起一股学习苏联建筑风格的热潮，而广大的农村地区，仍以当地传统民居为主，在思想高度集中和物质匮乏的环境下，人们一般只注重民居的基本居住功能。改革开放以来，随着社会经济结构的变化，居住区建设规模迅速扩大，新兴市镇建设更注重群体艺术的价值，各种风格的建筑设计盛行，中国建筑步入健康发展的道路。

总之，民居建筑的发展不是孤立进行的，它随着社会的发展不断变迁，现代的中国建筑风格受到来自各国多种建筑风格的影响，在这个过程中，民居建筑也在不断地发展变化。

第三节　中国传统民居类型

我国幅员辽阔，民族众多，单单地域和民族这两个因素，就造成了许多种民居类型，丰富多样的中国传统民居是我国广大劳动人民改造和利用自然、适应环境的生动体现。

一、干栏式

干栏式建筑，是我国中南和西南少数民族如傣、景颇、佤、壮、布衣和侗族人民至今仍喜欢居住的民居。这种民居是用竹、木等建成，底层架空，用来饲养牲畜或存放东西，上层住人。这种建筑隔潮，并能防止虫、蛇和野兽侵扰。比较典型的干栏式建筑，是傣族的竹楼和侗族的木楼。

傣族竹楼流行于云南的西双版纳傣族自治州、德宏傣族景颇族自治州，是傣族的传统民居。傣族人住竹楼已有 1 400 多年的历史。传统竹楼全部用竹子和茅草筑成。以粗竹或木头为柱椿，分上下两层。下层专用于饲养牲畜家禽，堆放柴火和杂物。上层由竖柱支撑，与地面距离约 5 米，铺设竹板，极富弹性。楼室四周围有竹篱，有的竹篱编成各种花纹并涂上桐油。房顶呈四斜面形，用草排覆盖而成。一道竹篱将上层分成两半，内间是家人就寝的卧室，卧室是严禁外人入内的。外间较宽敞，设堂屋和火塘，既是接待客人的场所，又是生火煮饭、取暖的伙房。楼室门外有一道走廊，一侧搭着登楼木梯，另一侧搭着露天阳台，用来摆放装水的坛罐器皿等。

湖南、贵州和广西等地的侗族传统民居是干栏式木楼，全部为木质结构，多为外廊式两三层小楼房，也有四五层的大高楼。楼顶盖瓦或杉树皮，楼两端搭有偏厦，呈四面流水形。另有一种若干幢连在一起的大楼房，廊檐相接，可以互通，多为一族内

的若干户同住。依坡或傍河的寨子，多建吊脚楼。吊脚高达两三丈，一般楼上住人，楼下堆柴草、杂物和圈牲口。堂屋设神龛，两侧厢房作卧室及安置火塘，也有在堂屋设火塘的。侗族的另一特色建筑是著名的鼓楼。鼓楼一般为多层宝塔形，下层为方形中心大厅，最大的可容纳数百人。上面屋檐为六角形塔式或四边形殿式，飞阁重檐，层层而上，高达四五丈，为侗族人休息娱乐和集会议事的场所。侗乡寨寨皆有鼓楼，大的村寨，一个族姓就有一座鼓楼，有的多达三五座。

苗族住房以吊脚楼最具特色。吊脚楼一般建在坡斜地段，有两三层阶梯的坡地上。吊脚楼分两层或三层，最上层很矮，只存放粮食不住人，楼下堆放杂物或作牲口圈，其余多为平房，一般以竹编泥糊作壁，以草作顶。

黎族民居为“船形屋”。用竹木搭构成轮廓，状如船篷，盖以茅草，呈半圆筒形。屋内一般不分间隔，以藤条或竹片编成地板，分平房和双层两种，平房离地约半米，双层离地约两米，上层住人，下层养牲畜。按黎族人民的习惯，在“船形屋”门外插某种标志，表明屋内有特定的事情或活动。比如，门上插了荔枝树叶或龙眼树叶，说明这家生了男孩，插了菠萝蜜树叶，说明这家生了女孩，等等。

二、庭院式

庭院式住宅是中国传统住宅的最主要形式，其数量多、分布广，为汉族、满族、白族等族大部分人及其他少数民族中的一部分人使用。这种住宅以木构架房屋为主，在南北向的主轴线上建正厅或正房，正房前面左右对称建东西厢房。由这种一正两厢组成的院子，即通常所说的“四合院”“三合院”。长辈住正房，晚辈住厢房，妇女住内院，来客和男仆住外院，这种分配符合中国封建社会家庭生活中要区别尊卑、长幼、内外的礼法要求。这种形式的住宅遍布全国城镇乡村，但因各地区的自然条件和生活方式的不同而各具特点。

（一）四合院、三合院和东北大院

四合院（见图 10－1）是北京地区乃至华北地区的传统住宅，砖木结构，在抬梁式木构架的外围砌砖墙，屋顶以硬山式居多，次要房屋则用平顶或单庇顶。房屋和院落按南北纵轴线对称布置，大门多位于住宅东南角，门内建有影壁，外人看不到院内的活动。正房位于中轴线上，侧面为耳房及左右厢房，正房是长辈的起居室，厢房则供晚辈起居用。住宅四周由各座房屋的后墙所封闭，一般不对外开窗，院内则栽植或置放盆景。室内设有炕床取暖，内外地面铺方砖。除贵族府第外，不得使用琉璃瓦、朱红门墙和金色装饰；一般住宅以大面积灰青色墙面和屋顶为主，在大门、二门、走廊、影壁、墀（台阶上面的空地、台阶）头、屋脊等处略施色彩或加若干雕饰。

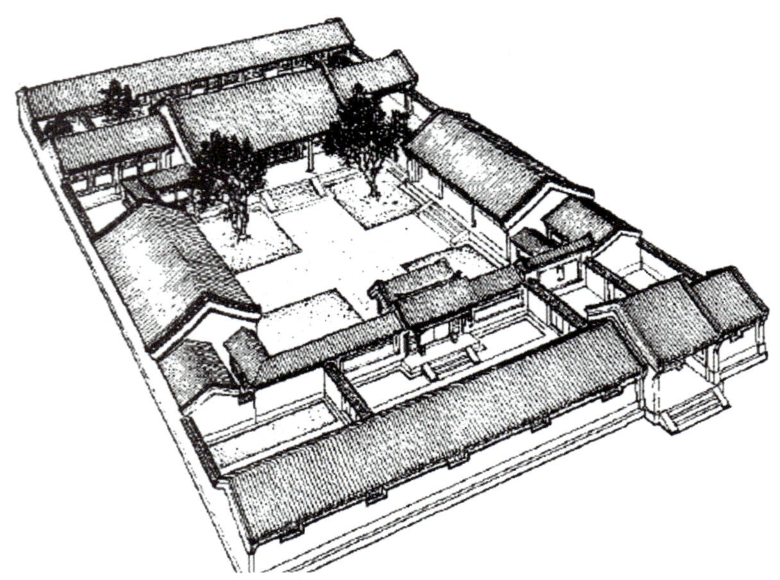

图 10-1 北京四合院

图片来源：马炳坚．北京四合院建筑．天津：天津大学出版社，1999.

清朝康熙、雍正之后，由于北京、天津城内地价日益昂贵，出现了大量三合院，三合院有正房三间，中间为堂屋，东西为厢房二三间。正房前方屋檐外伸，可用来吃饭、歇脚。厢房开间比正房小，两端有围墙相连，墙中间朝南开门。

在东北地区，纬度较高，四合院的庭院空间扩大以引纳阳光，演化为东北大院。

（二）天井院

江南地区的住宅，平面布局同北方的四合院大体一致，只是院子较小，称为天井院。天井民居以横长方形天井为核心，四面或左右后三面围以楼房，阳光射入较少。正房即堂屋前向天井，完全开敞，狭高的天井起着拔风的作用。各屋都向天井排水，外围耸起马头山墙，遇火灾可防火势蔓延。墙头高出屋顶，作阶梯状，砖墙抹灰，覆以青瓦墙檐，白墙黛瓦，明朗而素雅，是南方建筑的一大造型特色。

（三）“一颗印”、“三坊一照壁”和“四合五天井”

“一颗印”是汉族传统民居之一，流行于陕西、安徽、云南等地，尤其以云南最为盛行。“一颗印”也是围绕天井布置房屋，北面正房大都为三间，东西两侧为厢房，南面为厅房，也是大门所在的地方。“一颗印”的东、南、西、北房屋全部相连围合，既防风又避日晒。由于它的外观犹如印鉴，因此俗称“一颗印”。

云南大理白族自治州的白族和丽江纳西族自治县的纳西族，都是受汉族文化影响较大的民族，他们的传统民居由正房和两侧厢房加上南面的照壁围合而成，称为“三坊一照壁”。当地还有一种民居形式，称为“四合五天井”，是由正房、下房和左右厢

房组成的封闭式四合宅院，除中间一个大天井外，四角还有四个小天井。

（四）维吾尔族民居“阿以旺”

“阿以旺”是新疆维吾尔族的住宅形式，这种房屋连成一片，庭院在四周。带天窗的前室称“阿以旺”，又称“夏室”，有起居、会客等多种用途。后室称“冬室”，是卧室，通常不开窗。住宅的平面布局灵活，室内设多处壁龛，墙面大量使用石膏装饰。

三、洞穴式

窑洞是一种特殊的“建筑”，不是用“加法”而是以“减法”，即“减”去自然界的某些东西而形成的可用的空间，流行于中国西北、华北的黄土高原地区。深达一二百米、极难渗水、直立性很强的黄土为窑洞提供了很好的发展前提。同时，气候干燥少雨、冬季寒冷、木材较少等自然状况，也为窑洞创造了发展和延续的契机。窑洞有靠崖窑、地坑院和箍窑之分。

靠崖窑是在垂直的崖面上开挖的土窑，可以向纵深发展，深可达 20 米，也可以向两侧发展，形成并列的窑洞，靠崖窑还可以向上发展形成层叠的窑洞，在上的窑洞称为“天窑”，层与层之间架设木梯。在靠崖窑前面加地面建筑和围墙，形成庭院，是最普遍的窑居形式。

地坑院又称“天井窑”“地窑”，是在平坦的岗地上所凿的窑洞。在没有垂直崖面的地区，选取黄土高岗向下挖掘深坑，坑平面为方形、长方形、丁字形等多种。坑的大小和形状都根据地形和需要而定，挖下去的坑即形成低于岗地的庭院。在庭院四周的人工崖面上开挖崖面窑洞，和靠崖窑相似。地坑一般深 5 米，在坑的周围筑上矮墙作为标志。

箍窑不是真正的窑洞，它是以砖或土坯在平地仿窑洞形状箍砌的洞形房屋。箍窑可为单层，也可建成为楼。若上层也是箍窑，即称“窑上窑”；若上层是木结构房屋，则称“窑上房”。

四、穹庐式

“穹”是物体的形态中间高而四周下垂，“庐”即房屋。“穹庐”泛指一切游牧民族的毡棚式民居。这种民居，搭建、拆散和搬运都很方便，适合游牧民族，因而为我国许多少数民族沿用至今。现代还在使用的有蒙古族的蒙古包、裕固族的帐房和藏族的帐篷等。

（一）蒙古包

蒙古包是蒙古族的住屋。“包”就是蒙古语“家”“屋”的意思。蒙古包大小不定，小型的毡帐直径为 4～6 米，内部无支撑，大型的则需在内部立 2～4 根柱子支撑。周围的栅栏用红柳枝做成，呈斜方格，可以折叠。栅栏外用白羊毛毡包裹。圆形顶棚上开有直径约 80 厘米的天窗，上面覆一块可以移动的毛毡，白天打开采光和通风，晚上或雨雪天可以遮盖。蒙古包还有一扇高 80 厘米、宽 150 厘米左右的小门。为避免北风直吹，门一般都朝东或朝南开。包内摆设，一般是正面放长方矮桌，桌右边放大小衣箱，左边放柜橱、水桶、奶桶等用具。包的正中放炉灶，烟囱直通包顶。蒙古包分转移和固定两种，前者在牧区使用，后者在半农半牧区使用，外观相仿。

（二）裕固族帐房

裕固族牧民居住的帐房是用 6 根或 9 根木杆支撑，周围用褐毡搭盖而成，别具特色。这种帐房是用牦牛毛编织的毛毡做成的，一般长约 5 米、宽 3 米、高 2 米，四周用牛毛绳拉紧固定。与蒙古包不同，裕固族帐房的外表是圆锥形或者是方形的，帐房顶开天窗，昼开夜闭。帐房内左侧是用原木搭成的贴地板床，上面铺着厚厚的毛毡，是全家人安睡、聊天、用餐之处，也是会客厅。帐房内右侧是厨房，牧民烧的是干牛粪，这种燃料火力大，没有怪味，也没有呛人的浓烟。

（三）藏族帐篷

帐篷是青藏高原上藏族牧民的主要住房式样。用羊毛纺线，织成粗氆氇（藏族地区出产的一种羊毛织品，可做床毯、衣服等），缝成长方形帐篷，当中支撑木杆，外面用毛绳拉开钉在四周地上，周围用草饼或粪饼垒成墙垣，一方开门。白天将帐篷对开分撩两边，人可出入；晚上放下用带系紧。近门中央，支石埋锅为灶，帐顶露一条长缝，沿缝缀小钩，便于通气和启闭。

五、井干式

井干式住宅的建造，以圆木或矩形、六角形木料平行向上层层叠置，在转角处木料端部交叉咬合，形成房屋四壁，形如古代井上的木围栏，再在左右两侧壁上立矮柱承脊檩构成房屋。井干式结构需用大量木材，在绝对尺度和开设门窗上都受到很大限制。井干式住宅现存于东北林区、西南山区和新疆部分少数民族地区。

（一）纳西族的井干式住宅

纳西族是古代羌人的后代，现分布于云南丽江和川南部分地区。纳西族人在明清时已普遍建造井干式住宅，用圆木纵横相架，层面高至七八尺，覆之以板，石压其上。在正房中，有一个高出地面的灶台，称为“格古鲁”，中间为火塘，安上大型铁制三脚架，用来烧水、烤火和安锅做饭，会客、用餐和老人就寝均在这个灶台上。火塘两边铺木板，右是主位，左是客位，不能相混。旧时纳西族的房门低矮，进入须低头弯腰。

（二）普米族的井干式住宅

普米族的井干式住宅正房一般长 6.5 米、宽 3 米许，四角立有大柱，中央立一方柱，称“擎天柱”，被认为是神灵所在的地方。屋脊架“人”字形横梁，用木板或瓦盖顶，四周墙壁均用圆木垒砌而成。这种房子俗称“木楞房子”或“木垒子”，一般分上下两层，上层住人，下层关牲畜或堆放杂物。

居室的布局有一定格式：门朝东，靠门右方为火塘，用土石砌成，围以木板，称“上火塘”。两边搭宽约 70 厘米的木床，是接待客人的地方。在正对屋门的后墙下砌一与房屋等宽的大床，高约 70 厘米，上铺木板。在大床的中央再砌一火塘，其上架起三脚架，供取暖和烧水做饭之用，习惯上称“下火塘”。周围设铺位，左为男铺，右为女铺，供全家人起居之用。火塘是房屋的中心，是全家人活动的主要场所。平时可坐在旁边烤火、聊天、唱歌、睡觉，每逢亲友来访，好客的普米族人也必先将客人引至火塘边的上座。

六、堡垒式

住宅主要是供人们生活起居的建筑物，本身具备抗御自然灾害和提防野生动物侵入的功能，然而，在社会矛盾和民族矛盾比较尖锐的地方，住宅还必须有防御外敌和异族进犯的特殊功能，于是就产生了堡垒式住宅。

（一）客家土楼

南下的汉族以宗族为单位，结队迁徙，有一批深入到赣、闽、粤、桂的人，因为与当地土著的文化习俗相差太远，始终保持着自身的文化特征，故被称为“客家人”。客家人的这种历史背景，决定着他们势必在迁入的地域中建筑铜墙铁壁式的建筑以求自保。他们的居处是聚族而居的土楼。

土楼是模仿古代城堡建筑演变而来的，四面有厚实的围墙环绕，墙用土、石灰、沙、糯米等夯实，厚 1 米，可达 5 层高。由外向内，屋顶层层下跌，共三环，主体建筑居中心。四角建角楼，又称箭楼、炮楼。墙壁上下布满圆形、三角形、方形等瞭望孔和射击孔，用于监视围楼内外动态和便于用弓箭、土枪、土炮等武器抗击围攻者。土楼由门厅、天井、正堂、走廊、侧厅等组成，中心建筑是供有列祖列宗的正堂，也叫“祖堂”。这里是族人最重要的集体活动场所，各种祭祀、红白喜事均在此地进行。一般土楼有二三十间房，可住七八十人，规模较大的土楼有七八十间房，可住二百多人，甚至还有四五百间房，可住近千人的土楼。土楼内生产、生活、防卫设施齐全，是中国传统民居建筑的独特类型，为建筑学、人类学等学科的研究提供了宝贵的实物资料。

从外形看，土楼呈圆形、半圆形、方形、四角形、五角形、交椅形和畚箕形等，各具特色，其中以圆形最引人注目。圆形土楼抗风、防震、保温性好，冬暖夏凉。这种土楼一般由三环楼房组成，由内到外，环环相套。外圈高约 10 米，共 3～4 层，有一二百个房间。底层是厨房和餐房，二层是仓库，三、四层是居室。第二圈两层，均有 30～50 个房间。中间是祖堂，是婚丧喜庆的公用场所。土楼内有水井、浴室、磨坊等设施。福建永定高头乡的承启楼就是这种圆形土楼的代表。承启楼建于清康熙四十八年（1709 年）。全楼直径 73 米，走廊周长 229.3 米，外圈四层，每层设 72 个房间；第二圈两层，每层设 40 个房间；第三圈为单层，设 32 个房间。中心为祖堂，全楼共计 400 个房间，鼎盛时期住过 800 多人，像一个热闹的小城市。

（二）藏族碉房和羌族碉房

碉房是中国西南部的青藏高原以及内蒙古部分地区常见的民居建筑形式。当地并无专名，外地人因其用土或石砌筑，形似碉堡，故称碉房。碉房一般用石块砌成平顶，门窗上端用斗栱作檐。也有比较高大的楼房，底层关养牲畜，或作伙房、库室，楼上住人，楼顶平台可以晾晒粮食，有高到三至五层的，周围是房间，中间是天井，边沿有走廊。房屋旁边皆有转经筒，屋顶插经幡。室内一般都供有神龛、经书，也有木柜、矮桌等家具和火盆、炊具等器物。通常不用床铺和桌椅，睡卧和坐都在布或毛制的垫子上。

第四节　居住民俗与旅游

居住民俗是旅游活动中不可或缺的内容，与旅游活动联系紧密，具有相当重要的旅游价值。

一、居住民俗的旅游价值

“吃、住、行、游、购、娱”是旅游活动的六大要素。而“住”作为其中最基本的要素，在旅游活动中不可缺少，它不仅是重要的观光资源，同时作为游客行为的必然要素，时时渗入旅游活动，引导着游客去发掘地域独特的传统文化。

（一）民居本身就构成了一道景观，是重要的旅游吸引物

无论是在繁华的城市还是在偏僻的乡村，民居建筑都因地制宜，深深地扎根于民间，与周围的地质和气候等自然环境相协调，再加上历史上传承下来的浓郁文化底

蕴，形成了各式各样独具特色的民居景观类型，它们广泛地集中了民间的传统建筑经验，强烈地显示了各地的地方特色、文化特征。其中，千差万别、瑰丽多姿的民居建筑以及丰富多彩的居家装饰和陈设，是旅游资源中的一份宝贵财富。

随着人们收入的提高及旅游形式的变化，游客已不仅仅满足于住得舒适、方便，他们对住的环境和氛围也提出了更高的要求，尤其青睐那些充满文化意蕴、具有民族或地域特色的住处。到了北京，住住四合院，感受京腔京韵；去陕北，住进窑洞，体验黄土高坡的粗犷；走进草原，到蒙古包里坐坐，在欣赏其特色的同时，能更好地领略草原风情；在江南，在烟雨蒙蒙、如诗如画般的风景中，在亭台楼阁中，找回小桥流水人家的诗意。在现代旅游活动中，具有民族、地域特色的旅游住宿，对异地游客构成强烈的吸引力，这本身就是潜在的旅游资源。

（二）居住民俗背后所蕴含的深厚地域文化是一种重要的旅游资源

民居本身是文化物质载体，是一种无形的心理文化现象。民居作为一种文化的物质载体，或者说是以一种物质文化的形式展现在我们面前，不同程度地表现出一个聚居群落所特有的文化心理结构，包括伦理思想、审美追求、价值取向、民族性格和宗教信仰等方面的深层文化心理，决定达成某种住屋形式的方法、行为风俗和技术，最后才以各式各样的民居作为物的实体出现在人们面前。

通过观赏与亲身体验来认识民居背后的地域文化是游客的一种普遍需求。很多的居住民俗体现了很高的艺术性，如材料选择、色彩搭配、形体构成等；也有很多的居住民俗体现了很强的伦理性，如中国的四合院，谁住正房、谁住偏房，都有一定的讲究；在最具居住民俗典型意义的古徽州民居区，古街镇、古村落、古巷里比比皆是，给游客创造了一种体验旅游的良好氛围。

所谓体验旅游，主要是通过营造一种独特的旅游氛围，使游客身心得到对文化、生活和历史的体验。体验旅游强调游客的参与性与融入性，注重精神领域的追求与满足，是继观光旅游之后的一种更高形态的旅游方式。从广义上说，体验旅游是休闲旅游的一部分，是发生在一些高素质游客群体中的休闲旅游，是游客对生活和文化的追求与感悟的途径。体验旅游往往寓于观光旅游之中。例如，游人在观赏古徽州民居的同时，还能从中感悟到古徽州人的精神世界。当然，体验旅游具有更高的精神层次，对游客的自身素质、旅游产品的文化内涵要求更高。徽州文化具有深厚的文化底蕴、广博的文化体系、众多的文化流派、久远的文化历史和独特的地域文化色彩，其历史意味和文化审美韵味都很浓，它们既能大大丰富游客的人生阅历，增加游客的学识，同时又使游客远离了城市的喧嚣，置身于浓厚而古老的文化氛围和诗情画意的山水风光中，给游客以新奇、刺激、震撼、悠闲的生活体验。

二、居住民俗旅游资源开发模式

（一）百姓居室型

百姓居室型传统民居的最大特点是它仍是现代人现实的生活居室，它最主要的吸引力在于可参与性，即游客能走进民居，参与其中实实在在的生活，亲身体验区域性民俗风情和更深层次的历史文化品位。

少数民族民居，尽管数量众多，不同民族的民居都各具特色，但一般来说，游客前往少数民族地区旅游时，不会仅仅是为了欣赏这些传统民居，更主要的是为了了解与其独特的民居一样特有的少数民族习惯和民族风情等。如湘西土家族风情以及蒙古族、藏族等少数民族地区的旅游开发都是如此。民居在这些地区的旅游开发中必不可少，但其主要作为民俗旅游的载体存在。

（二）陈列室型

陈列室型民居原是人们生活用的居室，因其与名人或某些著名的历史事件有关而知名度大增，为保存这些珍贵的历史资料，改成陈列室供游人参观。山东烟台栖霞的牟氏庄园民俗旅游项目，使得游客能够亲身体验当地农村的风俗礼仪。

（三）主题公园型

主题公园型民居不是以单幢民居或某一地区的某一类民居为主，而是在特定区域范围内把各类古民居、各少数民族民居复制移位聚于一处而构成的公园，以突出民居文化这一主题。如内蒙古呼和浩特市修建的北方草原民俗村，将北方草原的民族史、民俗史、宗教史以人文景观的形式展现出来，把古代北方草原民族的生活居所、寺庙、文物古迹镶嵌排列，集旅游、文化、餐饮、娱乐为一体，向海内外游人展示北方草原及民族的发展史。游人在领略大草原风情、参与蒙古族人民生活的同时，还能了解当地的历史文化，将单纯的旅游活动提升到了一个更高的层次。

（四）民居旅馆型

此类型民居又可以细分为两类，一类是民居外观型旅馆，另一类是家庭旅馆。

民居外观型旅馆的建设一般是位于旅游区内，这类旅馆的建设主要是以保持和周围环境的协调为目的。它们可以作为游客在景区停留时的住宿点，让游客感觉到当地特有的地方特色。室内布置和装饰可以采用当地的特色，也可以完全现代化，总之，应给游客提供一个舒适方便的环境。如苏州的竹辉饭店，它坐落于古城苏州的东南，粉墙黛瓦，翠竹掩映，设计上糅合了古典园林的精致幽雅与现代酒店的舒适豪华，既汲取了苏州建筑文化的优秀传统，又糅合新技术、新材料、现代功能和传统精华于一体，创造了一个具有苏州地方风格、文化气息较浓、具有时代新意的苏州水乡庭院式宾馆。

家庭旅馆的开发是有选择性的，不是当地的每个家庭都能利用。在对可利用家庭进行选择时，一般要考虑以下几点：该家庭所在位置一般是旅游景区内游客的必经之地，而且食宿卫生条件能让游客接受；室内布置应有当地民居的一般特色；要尽量选择家庭成员素质比较高的家庭，能与游客进行交流，以便游客了解当地的生活习俗、风土人情、奇闻趣事等。

思考与练习

一、填空题

1. 居住民俗，就是指一个国家、民族或地域的广大民众在居住活动中所创造、享用和传承的，属于本群体的独特的民俗习惯模式，包括选址、________、入住、________这四方面，一旦固定成一定的规则和惯例，随着时代沿袭，便形成一定的居住民俗。

2. 在建房过程中有许多讲究和规矩，按照民间建房的礼仪，一般可分为开工、________、立门、落成等步骤。

3. 乔迁日有很重要的入住礼仪，一要突出________的重要地位，如广西汉族迁居时，先将一盆旺火搬进屋，然后才搬其他财物；二要突出对________和祖宗神位的恭敬。

4. 干栏式建筑，是我国中南和西南地区少数民族至今仍喜欢居住的民居。比较典型的干栏式建筑，是傣族的________和侗族的________。

5. ________是北京地区乃至华北地区的传统住宅，砖木结构，在抬梁式木构架的外围砌砖墙，屋顶以硬山式居多，次要房屋则用平顶或单庇顶。

6. 江南地区的住宅，平面布局同北方的四合院大体一致，只是院子较小，称为________。

二、问答题

1. 居住民俗的特色主要体现在哪些方面？
2. 中国传统民居的类型主要有哪些？
3. 居住民俗的旅游价值主要体现在哪些方面？
4. 居住民俗旅游资源常见的开发模式有哪些？

第十一章

家族与村落民俗旅游文化

在民俗学中，家族和村落民俗都属于社会组织民俗，产生并服务于民间，且具有某种稳定的传承性特征。家族属于血缘型社会组织，与其相关的概念有家族、宗族和亲族等；村落属于地缘型社会组织，相关概念有部落和村落等。我国传统社会是一个以乡村为主体的农业社会，乡村又以家族为基本单位。因此，在乡村旅游蓬勃发展的今天，家族和村落民俗就成为民俗旅游文化内容体系中需要重点学习的部分，我们主要从家族习俗和村落习俗两部分进行学习。

第一节　家族、宗族与亲族习俗

一、家族、宗族与亲族的基本概念

（一）家族、宗族和亲族

中国有着深厚的家族文化传统，家族（宗族）与亲族构成了中国社会庞大而复杂的人际关系网络。家族、宗族和亲族是一组关系密切而又互相区别的概念。家族的基础是血缘关系，家族是由具有相同血缘关系的同姓家庭组成的社会群体，那么，由同

一家族派生出来的各个分支家族就构成了宗族，所以家族和宗族的关系非常密切。与家族相对，亲族是由婚姻，即姻亲关系发展而来的家庭社会群体。中国封建社会的家族（或宗族）观念根深蒂固，其家族制度是一种以父系为轴心的父权家长制，集中体现为九族和五服。

（二）九族和五服

对九族范围的解释很多，人们常常从纵向垂直关系来推算九族的范围，即以本人为基点，分别向上、向下推衍四代，向上推为父亲、祖父、曾祖、高祖；向下推衍为儿子、孙子、曾孙、玄孙，再加上本人一共九代人，称为九族。

五服的概念与中国的孝文化有关，孝文化中有一项重要的内容就是对死者的祭祀。五服即根据亲属与死者的远近关系来确定的五种不同的服丧标准。关系越亲近，服丧期就越长，丧服也越重。丧服的等级差别反映了中国封建社会的宗法制度和宗族关系，体现了父系母系有别、亲疏有别、男女有别、嫡庶有别的宗法制原则。五服以内的亲属被视为同族中关系最近的亲属，即直系近亲，又称“本家”；出了五服，即五服以外则为旁系亲属，不算亲族，而属于同宗，也可以称为宗族。

二、中国的家族结构与基本类型

在人类历史上，家庭的形式、结构、性质和职能，以及与此相关的家族民俗文化，都是随着生产方式的变革而变革的。在世界各民族中，家庭形式多种多样。如果归纳起来，不外乎有三种类型，即核心家庭、主干家庭与联合家庭。中国的传统家族结构是以父系为基准的，在父系大家族中又包括若干由父系小家庭组成的个体家庭。中国的家庭（家族）类型可以分为以下三种。

（一）核心家庭

核心家庭是指夫妻双方或一方与未婚子女共同居住和生活的家庭。这种结构形式最为古老，也最常见。这种家庭的人数虽然不多，却已经具备了作为一个家庭所必须具备的所有功能，这就是通常所说的组织经济生活的功能、繁殖后代的功能和教育的功能。它不仅适应于生产力十分低下的狩猎采集经济时代，也同样适应于今天的社会，因此被认为是一种普遍存在的家庭类型。随着子女的长大成人和婚嫁，这个核心家庭的结构形态会发生变化。已婚的子女和父母继续共同生活在一起，这就不再是核心家庭了。但是在通常情况下，已婚的子女会和父母分家，分裂出一个新的核心家庭而独立存在。

（二）多偶婚家庭

多偶婚家庭是指三人或更多的男女结为夫妻关系，并与其子女共同居住和生活的家庭，这是由一夫多妻制或一妻多夫制的婚姻模式所造成的家庭结构形式。在我国历史上，主要表现为官僚地主阶级的多妻多妾制使得两个或两个以上的核心家庭联合而成多偶婚家庭。这些妻妾一般都会同住在一起，但有各自的院落，相对分割，俗称为“房”。这种家庭如今已不复存在。

（三）联合家庭

联合家庭是指夫妻双方或一方与一个或多个已婚子女共同居住和生活的家庭。中国传统观念崇尚“多子多福”，追求“人丁兴旺”，所以三代同堂的家庭在过去十分普遍，而四世同堂、五世同堂的大家族则更是被人们引以为荣。这样的家庭就是联合家庭。

新中国成立以后，特别是 20 世纪 70 年代以来，由于计划生育政策的大力实施，中国的家庭结构发生了很大变化。数代同堂的大家庭越来越少，而由年轻父母和子女组成的核心家庭越来越多。

三、中国家族民俗旅游文化的内容

由于中国家族文化传统根深蒂固，因此中国的家族和亲族民俗的内容十分丰富，主要可从以下几个方面来认识。

（一）亲属称谓民俗

1. 称谓的作用和分类

在以血缘关系为纽带的家庭或家族内部，各成员之间的称谓含有三层意义：其一，为了区别辈分；其二，为了确定上辈、同辈、晚辈之间的相互关系；其三，向社会呈现本家族的内部结构，便于外界了解和进行社交活动。

民族学一般将亲属称谓分为两种类型。第一，类别式称谓，其基本特征是：在众多的亲属中，不论直系旁系、远近亲疏，只要辈分相同，都用同一种称谓来表示。如贵州省舟溪地区的苗族，对同辈男子一律称“伯”（兄弟），对同辈女子一律称“阿”（姊妹）；对与父母同辈的男子都称“拔”（父）、女子都称“门”（母）。拉祜族、傣族等少数民族也保留着类似的称谓习俗。第二，叙述式称谓，其特点是：以“我”为基点，家族或亲族中的每个人都有相对应的专门称呼，汉族的亲属称谓即属于这一种，有“六亲”的说法。

2. 称谓民俗的内容

汉语中常见的亲属称谓，比较精细的是叙述式称谓，对跟自己有血缘关系或姻亲关系的人，有所谓“六亲”的称谓。但六亲具体涵盖哪些人，汉文典籍如《新书·六术》《汉书·礼乐志》《汉书·贾谊传》《左传·昭公二十五年》《老子》《史记·管晏列传》诸书说法不一，但主要可以从直系、旁系和姻亲关系的不同来认识。

直系亲属，有父亲、母亲、祖父、祖母、曾祖父、曾祖母、儿子、女儿、孙子、

孙女、重孙、重孙女等称谓。

旁系亲属的称谓可以分为四个层次：第一层旁系，包括本人兄弟姊妹及其以下三代的称谓，有兄、弟、姐、妹。他们的配偶称嫂、弟妹、姐夫、妹夫；他们的子孙称侄子、侄女、侄孙、侄孙女等。第二层旁系，包括本人父亲的兄弟姊妹及其以下三代的称谓，有伯父、叔父；他们的配偶称伯母、婶子；他们的子女称堂兄、堂弟、堂姊(姐)、堂妹；他们的孙子、孙女称堂侄、堂侄女等。第三层旁系，包括本人祖父的兄弟姊妹及其以下三代的称谓，有从祖父、从祖母；他们的子女称叔叔，配偶称婶子。他们的孙子、孙女称远房兄、弟、姊、妹。第四层旁系，包括本人曾祖父的兄弟姊妹及其以下三代的称谓，有再从曾祖父、再从曾祖母；他们的子女、孙女关系与第一旁系更远，所以一般用泛称。

在姻亲关系中，与本人比较亲近的称谓，上行系列有岳父、岳母、舅父、舅母、外祖父、外祖母等；与自己同辈的有姑表兄弟姊妹和姨表兄弟姊妹；下行系列有外甥、外甥女等，其他大都用泛称。

（二）家产继承和分家习俗

家产，又称家财、家私、家业，是一个家族所拥有的财物或产业。在中国传统的父系大家族中，有关家产分配的习俗主要表现在“分家”上。以汉族为代表的传统家产继承主要有如下四种类型。

1. 长子继承或以长子为主要继承人

从西周建立宗法制开始，历代帝王世系的继承主要采取这种类型。这种类型强调长子是家族血脉的主要继承人，由他负责祭祀祖先，因此他也就有了支配财产的优先权。在民间，即使有的家庭实行兄弟间平均分配家产的方式，也会预先留出一份家产用作祭祀祖先，并由长子负责保管。实际上，长子仍然是主要继承人。

2. 季子（幼子）继承或以季子为主要继承人

历史上有些民族曾经有过季子继承的习俗，但往往是在有条件的情况下出现的，比如长子残疾失能，或季子（幼子）对家族贡献卓越等。但是在汉族民间，近现代流行的这种幼子继承习俗则主要出于赡养老人的考虑。一般是因为长子、次子等人总要比幼子早结婚，因而父母将一部分家产先分给他们，使他们较早获得经济独立，先行分居。最后，留下较多一部分家产，和幼子共同生活，直到由幼子养老送终，余下家产则自然而然地由幼子继承。

3. 家产由兄弟平均分开继承，老人也参与家产的分配

这种分家方式各民族、各地区也有差异。有的地方，老人平均分得一份家产，有的地方则老人分两份，几个儿子各得一份。通常情况下，女儿因已出嫁而不能继承家产。如果女儿年幼未嫁，则要为她预留一份嫁妆。老人所分得的家产，有时候也会和

其中一个儿子合并，并由这个儿子来负责赡养老人。在选择时，较多的往往是选择与幼子合并。

4. 由女儿继承家产

这种家产继承类型往往存在于“从妻居”的家族之中，也有的家庭是因为没有生儿子而采取的家产继承方式。在重男轻女的封建男权社会，没有生育儿子的家庭，有的地方称为“绝户”，这样的家庭为了延续“香火”，首选的办法是从兄弟或堂兄弟等亲属晚辈中领养一个儿子为“养子”，称为“过继”，由“过继”的“养子”为老人养老送终，其家产自然由养子继承。但如果这样的家庭生育有女儿，则常常会招赘一个女婿，把入赘的女婿当作儿子。在新中国成立前，女婿需要改为妻姓，家产名义上就是由女儿继承了。

（三）家风、家教、家法和家规、家训

古代社会教育不发达，对后代子孙的教育培养主要靠家庭教育来进行，因此，家风、家教、家法、家规和家训等就成为古代家庭与家族生活及民俗文化的重要内容。

1. 家风

家风又称门风，是指家族内部的传统习惯和生活作风，也指家族世代相传的道德准则和处世方法。家风是在家长或家族主要成员的影响下潜移默化、自然而然地形成的，对家族成员，特别是对后代子女影响很大。中国古代家庭尤其是大家族多重视家风的建立与维护，为的是家族的兴旺发达。秦汉以来，汉族士大夫之家对门风的看重主要表现为宣扬忠、孝、节、义等思想，告诫子弟要光宗耀祖，力求家族子弟的行为“事显家庭、声著同族”。陆游就曾在《书感》一诗中写道：“烟蓑雪笠家风在，送老湖边一钓矶。”尽管家风在对后代的教育和熏陶方面具有很大的积极性，但它也不是万能的，古往今来，家风严谨的侯门之家、家风淳朴的寻常百姓之家也会出现道德沦丧的不肖子孙，这就说明家风是受社会环境制约的。我们今天应当在继承优秀的传统民俗文化的基础上，根据新时代的要求，借助旅游活动对民俗文化的传播作用，建立平等、互助、友爱的社会主义新家风，以促进精神文明建设。

2. 家教

家教是指家庭中父母对子女、长辈对晚辈的教育。中国人从古至今一直都十分重视家教，并把品德情操教育放在首位。封建家族的品德教育深受儒家思想的影响，并强调父权在家教中的作用，正所谓“养不教，父之过”。

古代家教的核心在于教育子女怎样做人，主要是通过向他们灌输忠、孝、仁、义、礼、智、信这一整套伦理道德来规范其言行。这又体现在许多生活细节当中，如《礼记·内则》中详细规定：孩子能吃饭时，就要教他使用右手，会说话时要教他怎样应答。到了 6 岁，教孩子识数和四方之名。7 岁时，男孩女孩坐不同席，不能在一

起吃饭。8岁时，教他们懂得谦让。9岁时，教他们懂得朔望和用天干地支来记日子。从10岁开始，男女分开教育，男孩外出去读书，学习礼仪；女孩则养在深闺，学习妇道，等等。同时，人们也非常重视家庭环境和母亲在家教中的重要作用，比如西汉刘向在《烈女传》中记载的“孟母三迁”和“孟母断织”的典故使人们普遍认为，孟子之所以成为大学者，和他母亲从小就对他的家教影响是分不开的。直到今天，这些典故对人们仍然有很大的启发。

3. 家法和家规

家法和家规是为保证家教的实行、维护家族结构而制定的法规和条例，目的是维护家长的权力和家族的权益，及时调解家族成员之间的关系。成员中如果有违犯家法、败坏家风的事，要受到惩罚和制裁。在封建家长制统治下，家法、家规具有很大的权威性，有时甚至把“国法”与“家规”相提并论，所谓“国有国法，家有家规”。家法和家规涉及的范围相当广泛，如居住、服饰、饮食、婚姻、丧葬、道德礼仪、财产继承、对外交往等都有家规相约束。

4. 家训

为了使良好的家教和家风世代传承，历史上很多教子有方的名人留下了不少“家训”的文本，为我们研究传统家族民俗文化保留了珍贵资料。如西汉刘向的《诫子歆书》、三国时诸葛亮的《诫子书》、北齐颜之推的《颜氏家训》、北宋司马光的《居家杂仪》、南宋陆游的《放翁家训》、清朝曾国藩的《曾文正公家训》等，都是其中的重要代表。

其中朱用纯的《治家格言》，又名《朱子家训》《朱柏庐治家格言》，是明末清初江苏昆山人朱用纯（号柏庐）用来教育自家子女的教科书，全文仅500多字，但亲切具体，读来朗朗上口，后来成为各地私塾启蒙教育的重要读本之一，在全国范围内都曾产生过影响。比如“黎明即起，洒扫庭除，要内外整洁；既昏便息，关锁门户，必亲自检点”“一粥一饭，当思来之不易；半丝半缕，恒念物力维艰”“祖宗虽远，祭祀不可不诚；子孙虽愚，经书不可不读”“勿贪意外之财，勿饮过量之酒”“施惠无念，受恩莫忘”，等等。许多耳熟能详的训诫，在今天看来，也仍然有许多可取之处。

（四）家世和家谱

1. 家世

家世，是指家庭的世系，又称“门第”，古代一般以职业或官阶为标志来代表一个家庭或家族的社会地位。汉语中与家世相关的词很多，如门当户对、书香门第、将门之后、官宦人家、武术世家，等等。家世观念是封建父系家族制度的产物，其核心是以出身定高下，以家世来决定人的社会地位、衡量人的才能。这种观念曾经长期影响中国人的政治、经济、文化和社会生活等方方面面。

2. 家谱

家谱又名族谱、宗谱、谱书、家乘等。它是古代大家族记录血缘延续系统的文字，历史颇为悠久，甚至可以说，家族一出现，便有了它的历史。起初只是家庭内部口耳相传，以便让自己的子孙后代知道自己的祖先是谁，家族延续的历史是怎样的。有了文字以后，便开始用文字来记录这些内容。不过在唐代以前，这主要是上层社会的专利，还有专门人员编撰。中下层民众一般还没有族谱。宋代以后向中下层发展，开始出现平民百姓私家修撰家谱的民俗活动，政府也不加干预。明清时期，随着宗族活动的兴起，修撰家谱之风大兴，不仅在汉族民间盛行，还影响一些少数民族。

（五）宗祠和家祭

宗祠是宗族祭祀祖先的场所，是一种特定的建筑物，又称祠堂。除了祭祖，祠堂还是宗族民俗活动的场所，诸如议事、修谱、节日活动和喜庆贺礼等。不过究其建造的主要原因，还是为了祭祖。

家祭由来已久，最先起源于远古时期的祖先崇拜，先民以为灵魂不死，祖先的灵魂可以保护子孙后代，为了获得这种保护，子孙后代会定期对祖先进行隆重的祭祀活动，家族对祖先的这种祭祀就称为“家祭”。祭祀的目的除了祈求祖先神灵的佑护外，也有维护家族的血亲势力以及教育后代不要忘记先人的精神和遗训。

安徽龙川胡氏宗祠

封建大家族多把列祖列宗的牌位供奉在专门修建的祠堂中，普通家庭则将祖先的牌位供奉在家中，每年定期举行祭祀。祭祀的时间一般在每年的春节、清明、中元（农历七月十五）、中秋和冬至。在宗祠或家庙中举行的祭祀称“庙祭”，在墓地进行的祭祀称“墓祭”。

四、中国家族民俗旅游文化的特征

（一）以血缘为基本纽带

在人类社会中，人与人之间的关系是多层次的，而其中最基本、最原始的是人与人之间以婚育为前提所形成的血缘和血亲关系。家族就是一个以血缘为纽带的社会群体，这一群体存在的唯一的合理性就是血缘关系。在中国传统社会中，这种自然形成的血缘关系不断被强化、延伸、渗透到生活的各个方面。家族的各项活动如修谱、立祠、兴办义学等，无处不体现出强烈的血缘精神。

（二）以守礼为核心观念

礼是传统家族民俗文化的核心。在古代家族生活中，处处贯彻礼的精神，处处遵循礼的规范。礼包括礼制、礼节两个方面。礼制是指各个时代的典章制度，礼节专指人的行为规范和仪节。中国古代有三部关于礼的著作，即《周礼》《仪礼》《礼记》，三者构成了我国古代礼文化的全部内涵，在中国古代社会生活中具有重大的影响。其中《礼记》共十七篇，涉及人的社会生活的多个方面，而其中就有七篇是关于家族仪礼的，涉及人的婚冠、丧服、忠孝、祭祀等家族习俗的几乎所有内容。这些在后世成为人们家庭生活的基本准则，特别是在儒家文化的强烈影响下，渗透到人们生活的各个方面。人们处处依“礼”来规范自身的行为，恪守家族礼法成为传统家族民俗文化的核心观念。

（三）以秩序为主要目标

以守礼、尊礼为特色的家族文化，其根本的目标就是要建立一种秩序。首先是家族内部的生活秩序，家族礼法特别强调家族内部的男女、尊卑、长幼、嫡庶、上下和内外的等级界限，家族成员的关系都是根据血缘亲疏进行定位的，他们的辈分、嫡庶等家族地位和权利在出生的时候就已经确定了，由此决定的尊卑贵贱的关系都是不可更改的。家礼要求人们严格遵循父子、夫妇、兄弟、长幼、内外的人伦规范，完成自己的责任与义务。在一个家族中，只要男女、长幼、尊卑各有定分，每个人又都安守本分，家族内部就能井然有序。这种秩序推而广之，就建立了国家的秩序，关于这一点，历代的统治者看得很清楚，如雍正皇帝在《圣谕・广训》中说：“圣人之德本于人伦，尧舜之道不外孝悌。”孟子曰：“人人亲其亲，长其长，而天下平。”正因如此，历代统治者都竭力标榜“以孝治天下”，选拔官吏也打出“求忠臣于孝子之门”的旗号，而许多士人也因此追寻着“修身齐家”，然后“治国平天下”的人生理想。

第二节　村落习俗

村落是由家族、亲族和其他家庭集团结合地缘关系凝聚而成的社会生活共同体，也是社会的基本单位。村落对社会民俗的发展和传承起着十分重要的作用。传统中国是典型的乡土社会，至今在广大的农村地区，仍保留着许多村落和因地缘关系而形成的村落习俗，这些习俗体现着中国传统社会组织的特色，具有很高的文化价值，尤其是随着我国现代旅游业的转型和乡村旅游的蓬勃发展，对村落民俗文化的挖掘、传承和保护，更具有现实的意义。

一、中国传统村落的类型

村落又称村子、村寨、寨子、村庄，一般都是从事农业的生产者居住的地方。纵观我国民族的村居状况，其类型大致有以下三种。

（一）同姓同宗村落

同姓同宗村落，又称单一家族村落，一般由一个家族发展繁衍而来。它起初只是一户家庭在某地定居下来。从历史上看，这些家庭可能是为了逃避战乱、灾荒或仇杀，经过多次迁徙，最终选择了某个被认为适合他们定居的地方，定居下来而形成村落；也有可能是因为原居住地资源有限，随着人口的增加，促使某个家族的一支离开祖居地，到新的地方去开拓，并且定居下来。中国北方常见的张家庄、李家村、赵家堡、王庄、孟村等都属于这一类。

在同姓同宗村落中，村长就是族长，村事就是家事。在管理体制上，实行着严格的封建家长制式的管理，村落政治、经济、人事大权亦掌握在家族势力手中。这类村落的矛盾集中反映在家族内部以及本村落与邻近村落的关系上。这种村落的发展繁衍，还决定于村落所沿袭的一种习俗惯制，那就是他们往往以父系家族为标准，规定儿子要留下，媳妇可以娶进，但女儿必须嫁到外村。如果某个小家庭没有儿子只有女儿，那么入赘的女婿要改姓。久而久之，在这个地理空间里就只存在同姓同宗的许多个家庭。诸如张家村、李家庄、周家堡一类的村落名称，正是历史上同姓同宗村落所留下的痕迹。在许多少数民族中，这样的村落也较为普遍。

（二）姻亲村落

姻亲村落往往是在单一家族村落的基础上发展起来的，但有时也不排除若干异姓家族出于生计的需要，以联姻方式聚族而居，并最终形成以几个大姓为主的姻亲家族型村落。被称为“三家村”“七家店”一类的村落，基本上都是姻亲村落。

在这样的村落中，家族个体家庭和亲族个体家庭杂居于同一地缘之内，村务的管理由于加入了姻亲个体家庭，已不像同姓同宗村落那样单一。一般由血缘个体家庭和姻亲个体家庭共同推选村务主持人来调解村民关系，实行对外交涉。以上两类村落结构，各家庭之间由家族和姻亲关系相连接。表现在村落民俗上，宗族势力极强，家教、家规有时就是村规、寨规，所有的人都得遵循，不能违背。

（三）杂姓聚居村落

杂姓聚居村落是由没有家族关系或姻亲关系的多姓移民构成，在中国是最普遍的村落结构形式，存在于大多数地区。造成杂居的原因很多，包括战争、移民、逃荒、联姻等，这使一部分个体家庭在共同的命运中移居在一起，形成同一地缘的多姓杂居村落。晚清时期，中原地区旱灾、蝗灾、水灾不断，再加之朝廷经济实力日衰，已经

无法顾及东三省的所谓“龙兴之地”，从而造成大量闯关东的难民涌入，形成了由同乡或异乡人共同组成的杂姓聚居村落。

这样的村落中，家庭与家庭之间并不依靠血缘而只依靠地缘就能形成一种独特的乡土情结。有时候也会兼顾着业缘，形成一定的超越血缘关系的紧密群体。谚语“远亲不如近邻”，说的就是这种村落中近邻之间即使没有血缘关系，但是由于地缘和乡土情结，或是由于共同从事的物质生产而形成了共同利益，为了保护各自的生命财产，也会把他们之间的关系拉得很近，甚至超过了虽然有血缘关系却没有住在一起的群体关系。谚语又说，“亲不亲，老乡亲，打断骨头连着筋”“老乡见老乡，两眼泪汪汪”，表达的也是这种由地缘关系培育起来的乡土情结。

在这种杂姓聚居村落里，家族的势力几乎不存在，或是表现得较为隐蔽。通常以家庭为基本单位，但也必然会形成一定的村落组织，有村落的首领和权威人物，有村落的规约和一系列约定俗成的行为规范，同时还会相应地形成一些民间的结社，使得村落的政治、经济和文化生活井然有序。

以上说的是自然村落最常见的三种类型。除此之外，相邻的若干村落为了某些特殊的原因需要协同行动时，还会结成某种联盟，有的学者称之为联村组织，这种联村组织在汉族和各少数民族中都存在，这里不再专门阐述。

二、村落的功能

（一）保护村落整体利益

村落是在历史上的地缘型社会组织，在部落的基础上发展起来的。它们的共同之处在于，都想通过整合同一地域不同家族间的利益而保证整个地域的安全。也就是说，无论是早期的部落还是后来的村落，都是基于保护各家族的整体利益而产生的，这也是历史上村落形成的一个最根本的原因。

（二）协调村落各家族利益

村落是由众多家族组成的，每个家族又存在宗教、阶级、民族、结社和地缘远近等多方面差别。因此，村落众多家族之间也会存在利益冲突，村落会经常通过长老会的形式，协调各家族的利益关系，以避免矛盾激化。在民间，由各家族长老组成的村落长老会是村落的最高决策机构，但长老并不会因此而享受任何特权，家庭的经济地位也不会成为长老当选的特别筹码。当选长老的基本条件是：办事公平、干练。当然，如果具有与神灵沟通、会唱歌鼓动情绪等一技之长就更好了。因为在传统社会中，长老在与人沟通的同时，还常常需要与神沟通，在宣讲乡规民约的过程中，演唱也是必不可少的形式。这也是巫师、歌手经常能够进入长老会的一个重要原因。长老会通过民事调解等活动行使协调村落各家族利益的功能，维持村落的和平稳定。

（三）通过乡规民约建立村落秩序

在国家法律建立之前，民间习惯法即所谓的“乡规民约”在维系村落秩序方面发挥着重要作用。在侗族地区，乡规民约是通过款约这一独特形式体现出来的。这是一种侗族村落内部通用的法律条文，款约的流传形式主要有口头传承、书面传承和碑刻传承三种。即使在今天，这样的乡规民约在建立和维护村落秩序方面仍然发挥着重要的作用。

三、中国村落民俗旅游文化的主要内容

（一）村落成员的集体意识

村落成员的集体意识也称为村境意识，是指村落成员从共同利益出发，站在同一立场上，协同保护共同的地理空间的这样一种强烈的集体意识。

这种集体意识不是凭空产生的。因为村落在整个社会组织结构中，是一种生产、经济、政治、消费的基本单位。除了大的动乱，如战争、灾荒和特殊需要迫使一些村落的居民迁移、原有村落消失之外，一般来说，村落都具有相对的稳定性。村落的居民长期休养生息在同一地缘之内，加上血缘、亲族、相互之间的友好相处和交往，在共同的生产和生活实践中，逐渐形成村落的集体意识，即每一个村落成员自觉地站在村落的立场上，主动维护村落的集体利益的意识。在这种集体意识的支配下，人们一方面不断强化村落成员之间的认同感和凝聚力，另一方面又强调着某种排外情绪，以维护村落成员的共同利益。

这种集体意识在村落习俗中的表现是，当相邻的村落之间共同相处时，要首先划定每个村落的四周疆界。土地、山林、水源要规定所有权，尽管村落是由无数个体家庭构成的，但村落组织负有保护每个家庭和村落公共土地、山林、水源的责任。如果有人侵犯了个人和村落的集体利益，受害者可以诉诸村落组织，必要时全体成员出面干涉。如北方一些地区的居民为争夺草场、山林所有权而产生的纠纷，有时就以村落和部落的名义出面解决。在南方一些地区的居民，为争土地、水源、山场而发生的械斗也是如此。这些都是与村民的经济生活有关的。其他如婚姻等民事纠纷，也可挑起村落之间的集体意识和行动。

（二）村落内部的协同生活习俗

1. 生产中的互助习俗

中国是一个以农业生产为主的国家，在漫长的封建社会和半封建半殖民地社会中，小农经济的特质迫使农民世世代代耕作在属于自己的那一小块土地上，并在生产实践中形成了一整套耕作制度和与之相适应的互助习俗。这些生产中的互助习俗至今仍以多种形式保存和延续下来，主要有共耕和换工互助等形式。

共耕是一种古老的生产习俗。在中国西南地区的一些少数民族中，共耕习俗直到中华人民共和国成立之前还有残留。其主要特点是土地私有（或共同开发公有土地），共同耕种，伙收平分。如怒江傈僳族，在中华人民共和国成立之前普遍保留着“伙有共耕制”习俗。同一家族的几户成员，共同占有或耕种家族公有土地，或开垦公有荒地。种子、劳力、产品按户平均分配。也有的在私有土地上共同耕作，土地、劳力、种子、产品按户平均分配。

换工互助，是在私有制确立、原始社会土地公有制瓦解之后，农民拥有了自己的土地的基础上发展起来的一种互助习俗，之后，共耕习俗逐渐消失。这一协作有多种方式，如土地多、劳力少的人家和土地少、劳力多的人家互相换工，土地多的一方付给劳力多的一方一定的报酬（以工时来计算）；畜力多、人力少的人家和畜力少、人力多的人家换工，以畜力对换人力；血族、亲族之间，个体家庭之间进行无报酬的劳力支援等。总之，这种换工互助的方式是在自愿、平等、互利的原则下进行的。它保证了不误农时进行播种、管理和收获，是一种优良的互助传统。如广西一些地区的瑶族，还保留着“击鼓挖地”的原始协作方式。土家族的“薅草锣鼓”也属于此类形式的习俗。

2. 生活中的互助习俗

在村落社会的个体家庭中，总有一些大事是家庭成员个体力所不能及的。比如起房架屋、婚丧嫁娶诸事，除请工匠、媒人等帮忙外，还要求助社会力量。每当此时，全村落的人都会主动相帮。这种纯朴的古风一直延续到今天。如有关修建房屋时的互助习俗，我们在居住民俗一节中已做过介绍，不再赘述。又如丧葬习俗中，某个家庭中死了人，全家处于万分悲痛之中，主人因受到情绪的突然刺激，心情很不平静，丧事的办理只好委托给亲友和邻里。在云南的哈尼族中，凡有儿女或当家的男女死去，首先向亲友报丧，亲友们在出殡的日子前来吊丧。出殡当天，全村的人停止一切生产劳动，坐家陪丧。这也是村落生活中的互助习俗。

（三）村落公共设施

村落的公共设施，是村落民俗的重要内容，它包括的项目很多，如公共道路、水源、墓地、集体活动场所、公共建筑等。村风、寨风在这些民俗事象中体现得非常充分。在传统村落中，修桥铺路被视为个人或家族的美德。广西三江侗族的程阳桥举世闻名，它是由程阳、马安八寨的 50 位侗族老人带头修建的，前后花了 12 年的时间，它的建成，应归功于村民们对村落公益事业的热情和良好的村落习俗。

（四）村落信仰

村落信仰在中国各民族中表现出不同的内容和形式。它有时和宗教信仰交织在一起。在同姓为主的村落里，由于血缘关系占主导地位，表现在信仰习俗方面，对祖先的信仰和祭祀，构成村落信仰的重要内容。中华人民共和国成立之前，我国盛行建立家庙、宗祠的习俗，将同姓家族的历代祖先供奉其中。有些家庭还在祠堂或家中供奉家族保护神，如关公等。这也是村落信仰习俗的重要表现形式。

总之，村落习俗是一个复杂的整体，它的表现形式是多种多样的。村落与村落之间由于长期的友好交往，包括风俗的互相影响，也可能形成各村落之间共同的民俗活动。除了这种共性特点之外，各村落内部的民俗也表现出各自的个性特点。有些村落还形成了各自不同的传说故事，这些故事或讲述本村落的形成和发展，或歌颂本村落的英雄人物、述说趣闻趣事，或介绍本村落的土特产品。

一、填空题

1. 在世界各民族中，家庭形式多种多样。如果归纳起来，不外乎有三种类型，即核心家庭、________和________。

2. 汉语中常见的亲属称谓，比较精细的是叙述式称谓，对跟自己有血缘关系或姻亲关系的人，有所谓“六亲”的称谓。但六亲具体涵盖哪些人，汉文典籍如《汉书·礼乐志》《老子》《史记·管晏列传》诸书说法不一，但主要可以从____________、________和________关系的不同来认识。

3. 村落是在历史上的地缘型社会组织，在部落的基础上发展起来的。它们的共同之处在于，都想通过整合同一地域不同家族间的利益而保证整个地域的安全。因此，村落的首要功能就是保护村落的整体利益，除此之外，村落还有________和________两大功能。

二、问答题

1. 什么是家族？家族、宗族和亲族有什么联系和区别？

2. 我国家族民俗旅游文化的主要特征有哪些？

3. 中国传统村落主要有哪些类型？请举例说明。

4. 试述我国村落民俗旅游文化的主要内容。

第十二章

语言民俗旅游文化

本章导读

语言与民俗都是一种社会文化现象，二者关系密切，在长期的历史发展中相互影响，具有广泛而深刻的联系。语言是民俗的载体，生活中有大量的民俗事象是以口头的形式传播和交流的，同时，民俗也反映着语言的变迁。语言民俗又称为“民俗语言现象”，是言语行为中关于表达方式的习俗，是民俗事象中的一大门类。在旅游活动中，人们不可能不使用语言，人们在不同的地区和国家进行旅游活动时或者在旅游过程中，更会不可避免地接触语言民俗。因此，语言民俗就成为民俗旅游文化中不可忽视的内容。根据和旅游活动密切的程度，我们主要可从三个方面来了解语言民俗旅游文化现象：常用民间熟语、特用民间熟语以及语讳和口彩。

第一节　常用民间熟语民俗

“熟语”是现代汉语语言学的一个名词，原指语言中所有固定词组的总和，也指研究固定词组的一门学科，即所谓“熟语学”。民俗学中所说的“民间熟语”是一个外延广泛的概念，马学良将其定义为：“人民大众长期习用、熟悉定型的民间语汇，是在民众口头流传，具有民俗文化内涵的通俗性语句。”它与语言学界的“熟语”概念略有不同：第一，不包括有特定作者的格言和部分书面语色彩很强的成语；第二，其范围较宽，不仅有定型化的短语和句子，而且有部分民间词汇，如行业词、称谓词、避讳词等。根据使用群体和场合的广泛程度，可将民间熟语分为两类：常用和特用，本节我们先来了解常用民间熟语。

常用民间熟语，是指在民众中普遍流传的日常生活惯用语，它的使用率高，流行面广，是民间语言中最基本、最丰富、最常用的部分，包括惯用语、歇后语、谚语、称谓语、流行语等。

一、惯用语

惯用语又称俗语，是源起最早的民间熟语之一，主要指民间语言中口头上惯常使用的、短小定型的形象化词组或短语。如“半斤八两”“土里土气”“背黑锅”“抬杠”“张家长，李家短”等。这个概念，不包括在内容和结构上有不同特点的谚语和歇后语，也不包括非短语形式的方言词语。

惯用语或俗语的特点有：第一，在内容上没有完整的意思，只能在表达上起形容作用，不像谚语、歇后语那样能够传达出某种较独立完整的思想。第二，在结构上是不成句的定型短语，它是词的固定组合，在使用上常做句子的某一部分，一般不独立构成句子，而谚语、歇后语是完备的句子形式。这一点也将俗语与方言词语区分开来，因为方言词语是单词形态，不是短语。第三，在风格上通俗易懂、生动活泼。惯用语来自群众口语，像“断编残简”“浮生若梦”等书面特点明显的成语，是不会出现在普通民众口头的。

惯用语出自民众生活的土壤，用词具有浓郁的生活气息，生动形象，常用比喻、借代等手法，民俗文化内涵丰富。有的涉及民俗心理，如“打肿脸充胖子”“刀钝怪肉老”；有的涉及民俗习惯，如“哪头炕热往哪头钻”；等等。惯用语浩如烟海，渗透到社会生活的方方面面，是民俗语言第一大类。这类语言在导游工作中如果能恰当运用，往往会起到意想不到的服务效果。

二、歇后语

歇后语又称俏皮话，是由喻体、解体连缀而成的较为定型的趣味性语句。喻体为假托语，有比喻、引子的功能，近似谜语的谜面；解体为目的语，起说明、注解作用，近似谜语的谜底。运用时，借前面的喻体，以引或“歇”后面的解体，通常两体并存，如“外甥打灯笼——照舅（旧）”；也可只有喻体，而省略解体，如讲“正月十五贴门神”，而隐去“过了时节”。歇后语的解体部分还常借助音同或音近现象，构

成谐音双关，如“老鼠啃盘子——满嘴是词（瓷）儿”“老太太上鸡窝——笨（奔）蛋”。

歇后语是民间最为喜闻乐见的语言形式之一，其内容大多是群众在比较随便的场合所说的玩笑话，目的是追求心理上的放松和愉悦，往往直言无忌，因而其中有一部分破除了往常的语言忌讳，出现了在较为正式的社交场合难以启齿的内容，从某个角度来看似乎是“庸俗无聊”，如用人的生理现象或生理缺陷构成的歇后语：“老太太打哈欠——一望无涯（牙）”“秃子头上的虱子——明摆着”“麻子敲门——坑人到家”，等等。但是，歇后语轻松活泼，幽默俏皮，表现了民众乐观豁达的精神风貌。在旅游活动中，旅游工作人员，尤其是导游员如能恰当使用歇后语，往往能迅速拉近与游客的距离，有时候还能消除尴尬气氛、化解矛盾冲突，因此，歇后语的熟练掌握和使用，应该是旅游工作人员的一项基本功。

三、谚语

谚语的起源不晚于惯用语或俗语，古时常与“俗语”交错混称，如俗话说、俗谚，等等。后因其特点鲜明，自成一类，谚语也有了自己的独特概念。《汉语大辞典》对谚语的定义是：“谚语是民间集体创造、广为口传、言简意赅并较为定型的艺术语句，是民众丰富智慧和普遍经验的规律性总结。”谚语在内容上贴近生活并富于经验性和哲理性，在形式上具有口语化、简洁凝练和高度概括的特点，一般表现为句子。哈萨克族有句谚语：“最干净的水是泉水，最精练的话是谚语。”谚语的题材多来自民间，内容也是普通百姓所熟悉和了解的日常事务。因此，它具有浓厚的生活气息。

根据谚语的内容，可将其分为如下三大类。第一，认识自然和总结生产经验的谚语，如“长虫过道，大雨要到”“吐鲁番的葡萄哈密的瓜，库车的羊羔一枝花”“苏湖熟，天下足”。第二，认识社会和总结社会活动经验的谚语，如“人敬富的，狗咬破的”“放虎归山，必有后患”。第三，总结一般生活经验的谚语，如“寒从脚起，病从口入”“早晨起得早，八十不觉老”“吃不穷，喝不穷，算计不到才受穷”。此外，也可做更为细致的分类，如《中国谚语集成编辑细则》中将谚语分成了八类，即时政类、事理类、修养类、社交类、生活类、自然类、生产类和其他。

谚语生动地、大量地反映出民俗的内容，如“三十亩地一头牛，老婆孩子热炕头”“钱官司，纸道场”“女大一，不是妻；女大三，抱金砖”“好饭不过高粱酒”等，或直道民俗事象，或寄寓民俗心理，具有丰富的文化内涵。其内容除了鲜明的经验性、哲理性外，部分谚语还有阶级性、时代性。谚语的形式具有口语性、精练性、艺术性以至民族性。使用起来，具有实践性（实用性）、奉劝性和训诫性，在旅游服务工作中具有广泛的使用潜力。

四、称谓语

称谓语是说话人在称呼或指代某人时，根据双方之间的关系以及对方的身份、职业等因素而对其使用的指称用语，其类别有亲属称谓、人名称谓、职务称谓等。民间称谓使用较多的是亲属称谓与人名称谓。称谓语也可从其他角度予以分类，比如面称与背称，自称与他称，敬称、通称与谦称等。一个地方的称谓语系统可以鲜明地反映出该地的社会文化，包括传统习俗、伦理观、价值观和政治背景等，其内容在语言民俗中占据很大的比重。下面以亲属称谓语和人名称谓语两方面分类详述。

（一）亲属称谓语

亲属称谓语是以人们之间的血亲关系和姻亲关系为基础形成的称谓，分为父系称谓、母系称谓、姻亲系称谓。与其他语言相比，汉语的称谓系统是比较繁复的，使用起来也是如此，不仅在具有实质的亲属关系的人们之间使用它，而且在非官方的大多数交际场合，人们都习惯于对非亲属关系的社交对象使用亲属称谓，比如朋友、同学之间称兄、弟、师兄、师姐、学弟、学妹等，对年龄大的人称爷爷、奶奶、伯父、伯母、叔叔、阿姨。在农村，一个村落的所有人都按亲属关系排定辈分，辈分低的人对长辈讲话都要使用亲属称谓作为尊称，否则便被视为无礼。亲属称谓的发达表现出我国民俗文化中有浓重的宗族伦理观念，因而特别注重人际的亲疏长幼关系。

亲属称谓有很强的地域性和时代性。同样的人际关系在不同的地方、不同的时代往往有不同的称谓，并且这种差异往往反映出不同的文化内涵。比如在河北农村，女婿称岳父、岳母为“大爷”“大娘”或“大叔”“婶子”，而媳妇在婆家则随夫称呼，这种称呼法反映出父系社会的从夫居制度和男女地位的差异；而在北京，女婿对岳父、岳母的面称为“爸、妈”，是随妻称的，这表示现代社会从夫居的色彩趋于淡化，男女之间较为平等了。再如夫妻之间的面称，传统的夫妻往往没有特定的称呼语，常用“哎、喂、我说”等称呼，或用“孩子他爸”“孩子他妈”代替。现代的夫妻之间往往直接称名，或称“老五”“小刘”，也有用“亲爱的”等带洋味的爱称，也有称“老公”“老婆”的。新旧时代的夫妻称谓代表着时代背景和文化背景的变化。

（二）人名称谓语

现在民间的人名称谓主要有三种形式：小名、大名和绰号。人年幼时称小名，成年后称大名，非正式场合、关系密切的人之间有时戏称绰号。

1. 小名

小名又叫乳名、奶名、幼名，是成年以前所用的非正式名称，成年后一般不再使用。取乳名常以贱、丑为原则，有的以动物为名，如“阿狗”“狗剩”“二虎”等；有的以常见的无生命的物体为名，如“石头”“铁蛋”“锁柱（与‘住’同音）”等。这

样起名的原因是古代医疗卫生条件差，婴儿早期死亡率高，人们认为孩子以这些低贱常见的东西为名好养活，或者不易引起阎王爷的注意。也有用女性化的名称作为男孩乳名的，反映了传统社会中以女性为贱的观念。有的父母希望自己的孩子聪明、漂亮，却给孩子取名为“憨头”“二呆”“三丑”等反意乳名。也有不少乳名从正面反映人们的信仰或愿望，如让孩子乳名姓张，即随民间俗神张王爷的姓，以求得到他的保佑。还有的起名为“铁柱”“有根”，是希望孩子将来能顶门立户，家族后继有人；或取名为“招弟”“唤弟”，是希望下一个孩子为男孩，反映了民间重男轻女的观念。现代社会，随着户籍登记制度的实行及文化心理的变化，起乳名的习俗趋于消亡，即使起了乳名也有“叫不起来”的趋势，并普遍有以正式名称中的最后一个字的重叠式代替乳名的现象，如大名为“张强”，平时就称为“强强”。

2. 大名

大名又称学名，是人在社会上使用的正式名称。过去，人在上学时起大名，现在婴儿出生不久即取大名，主要是为孩子上户口。在民间，人们在成年之后相互之间常以大名相称，或在姓前加“老”“小”作为较随便的称呼，也可取姓名中的后两个字为称呼以示亲近，如果是复姓，也有的只称姓以表示亲近，如姓名为“欧阳自强”就只称“欧阳”。传统的大名一般为三个字，其中的一个字是在家谱中早已定好的，这个字在同一宗族的相同辈分的人中共同使用，这样同族人们的辈分关系在大名中体现得严整有序，听名即知其辈分。如今这种取名习俗已难以为继，因为大部分人家的家谱已经失传，并且许多人已不重视辈分字，而只想取新颖好听或能表现某种思想、有较强时代感的名字。

3. 绰号

绰号又叫外号、诨名，是指在人的本名之外，他人据其特征为之另起的名号。绰号多含亲昵、憎恶或玩笑的意味。起绰号是中国传统社交的习俗，有恶称也有美称。恶称多以人的生理缺陷或恶劣行径、不良习惯为号，如“二秃子”“王麻子”“南霸天”“张邋遢”；美称多以人的相貌优点或好的品行特征为号，如“美髯公”“大个儿李”“活菩萨”“包青天”等。小说《水游传》里梁山一百零八将，人人都有绰号，这些五花八门的绰号，既揭示了人物的秉性、身世，又展现了宋代的许多民俗风姿。如史进“刺着一身青龙”，因号“九纹龙”，从而展现了当时的“锦体”之俗；孙二娘号“母夜叉”、阮小七号“活阎罗”，以及鲍旭号“丧门神”等，则通过揭示人物秉性，反射出了当时的称谓风俗。

民间称谓除了亲属称谓、人名称谓之外，还有职务称谓和行业称谓等形式。限于篇幅，这里不再多讲。

五、流行语

流行语是指在民间流行的、反映新近世风的时尚性词语，如“侃大山”“套磁”“大款”“土得掉渣儿”等。流行语中有词和短语，也有熟语化的句子。

流行语是急剧变化中的社会潮流和风尚的产物，有着鲜明的时代气息和趋新性。具体的流行语总是属于某个特定的时期，在一段时期内广泛流行，过了一段时间又为新的流行语所代替，其使用期一般较短，最短的可为几个月，长则几年、十几年，最长不过二三十年。

以北京话里表示赞赏的流行语为例：20 世纪 40 年代流行“帅”“棒”，五六十年代流行“份儿”，七八十年代流行“盖了帽了”“没治了”，90 年代又流行“潮”“野”“够派”“真火”“爽”等。

民间流行语通常首先流行于喜欢追新求异的青少年群体，然后逐渐传播到其他年龄层面的社会群体。流行语以方言俗语和当地风土人情为基础，其来源有多种，有的属于隐语，如源于个体户商业隐语的“一分”（一元人民币）、“一张”（十元）、“一颗”（一百元）、“一堆儿”（一千元）、“一方”（一万元）。有的源于旧有的方言俗语，有的源于小说、电影、电视剧或流行歌曲，如“玩的就是心跳”“过把瘾”“潇洒走一回”“黎叔很生气，后果很严重”，等等。

第二节　特用民间熟语

特用民间熟语，是指专用于某种特定的群体或场合、较为定型的词语，它在使用范围上有较强的局限性，但具有特殊的功用，是民间语言中极有特色的组成部分，包括行话、暗语、绕口令等。

一、行话

行话，又叫行业语、同行语，是各行业为适应本行业特殊需要而创造的专门用语。人们通常所说的行话分为两类：第一，行业术语，指行业内部使用的、不带保密性的行话，如木匠把刨木工具分为“小刨”“粗刨”“双把刨”“沟刨”“剜刨”等。第二，行业隐语，是指行业内部使用的、带有保密性质的行话，如在山西南部，有一套过去流传下来、现在仍在使用的唢呐艺人的行话，称吹唢呐为“熬呼子”，“脸”为“盘儿”；脸好看为“盘儿亮”；“富人”为“肥牛”；“穷人”为“瘦牛”；“打架”为

“扁瓜子”；“肚子饿”为“仓里空”；等等。

行业术语的产生是由于在全民共同语里找不到相应的表达法，而一旦它被外界所熟知并广泛使用，就成为共同语中的成分，行业内部也无须再为此重造新词，如戏曲行业术语“行头”。行业隐语的产生是由于行业内部交流的保密性，共同语中本有相应的词语，却另创一套说法，使外人听来不明其意，这种秘密语一旦为外人识破，就要另创新的表达法来代替。我们这里所说的“行话”指“行业术语”，而把“行业隐语”归入下文的“暗语”。

行话的形式可以是上面举出的词或短语，也可以是语句，如脚夫抬物时所用行语“峣峣坡，慢慢梭”“丁字拐，二面甩”，前者讲如何下坡，后者讲如何转弯，简洁而形象地指挥脚夫们的步调动作。

行话既是民间社会行业习俗的重要组成部分，又反映出各行各业的其他习俗：行规、行帮、技艺和工具等。有些古旧行话记载了早已消失的行俗，如“信行靠的两肩驮，报坊靠的一面锣”，其中“信行”指旧时民间邮行，“报坊”指旧时向科举中榜升官者报喜讨钱的民间机构。如果旅游服务人员对此有一定的积累，必能大大提升旅游服务工作的文化水准。

二、暗语

暗语又称隐语，是指某些社会群体、行业集团或秘密组织出于隐蔽行为的特殊需要而约定的秘密交际语。过去革命党人常用暗语作为接头时辨认对方的手段。民间也有接头暗语，但较简单，通常为一两个词语或短句。如旧时男女约会，一问“几时”，一答“鸡不叫”，再问“哪”，答“无脚楼”，双方即知“半夜”去“船上”赴约。

在民间的社会生活中，暗语常被用作在某些场合有共同利益的双方悄悄交流信息的手段，如打麻将时的同伙儿用暗语告知对方自己有什么牌或需要什么牌。暗语在行业集团内部有较为广泛而显著的功用。同行人经常需要在外人面前隐秘地交流意见，以维护经济利益，于是就约定暗语。以从一到十的数字为例，各行业有许多不同的隐语表示法。广东佛山的理发业有一首隐语歌，巧妙地暗示出十个数目：“百万军中无白旗（一），夫子无人问仲尼（二），霸王失了擎天柱（三），骂到将军无马骑（四），吾今不用多开口（五），滚滚江河脱水衣（六），皂子时常挂了白（七），分瓜不用把刀持（八），丸中失去灵丹药（九），千里送君终一离（十）。”有些行业群体的暗语还能形成一个繁复的体系，山西理发群体的行业暗语在这方面很有代表性。据调查，直到 20 世纪 50 年代，山西的理发从业人员多来自该省长子县，形成一个有排外性的同乡行帮，而行业暗语在维护其团体的排他性地位中有很重要的作用，它不仅是同行之间秘密交流意见的工具，而且还是正规从师学过艺的标志，因而学习行话是成为学徒的一门正式的初级功课。其行话涉及理发的各个环节和各种工具名称，以及各类主顾身份的表示法，甚至日常生活中饮食、服装和居住等方面的常用语也有相应的暗语。比如“苗儿”指头发，“磨茬儿”指理发，“扯茬儿”指剃光头，“清儿”指剃头刀，“水条儿”指湿毛巾，“总份儿”指掌柜的，“泥捏的”指官吏，“水上漂”指茶叶，“臭窑儿”指厕所，等等。在导游工作中，如果能在适当的场合恰当使用这些暗语，必能增强游客旅游活动的趣味性。

三、绕口令

绕口令又称拗口令、急口令，是用声、韵、调极易混同的字交叉重叠编成句子，要求一口气急速念出的游戏语。如流行在山西忻州的一首绕口令：“董村有个孙粗腿，孙村有个董腿粗，董村的孙粗腿和孙村的董腿粗比腿粗，到底看谁腿粗。”其中，“董”“孙”“村”在山西忻州方言中是同韵词，“村”与“粗”声母相同，“粗腿”与“腿粗”语序颠倒，这些词语在绕口令中反复交错出现，读来十分拗口，很容易出错。再如一首绕口令：“红凤凰，粉凤凰，粉红凤凰黄凤凰，粉凤凰，黄凤凰，粉黄凤凰红凤凰。”念来也饶有趣味。

绕口令很受孩子们的欢迎，它可使儿童练习发音，锻炼说话能力，在念的过程中往往由于念错而哈哈大笑，构成生活中富有情趣的内容。如果在相关的旅游产品中融入这样的内容，也能增加游客的兴趣。

第三节　语言民俗中的语讳与口彩

语讳与口彩是语言民俗中的重要内容，且与民间社会生活关系密切，反映了传统社会中人们祈求平安如意，期盼吉祥的心理。从严格意义上讲，它们属于特用民间熟语，但由于其独特的重要性，这里单列一节来介绍。

一、语言民俗中的语讳

语讳是指语言中的禁忌与避讳现象。禁忌源于人类早期的原始信仰，由于当时人们对自然界和人类社会中的很多现象不能理解，对自身的命运难以把握，于是产生了对宇宙间神秘力量的敬畏与恐惧，并约定俗成地采取一些防范措施，这就是禁忌。语言禁忌是禁忌习俗的一个重要组成部分，在汉语中又被称为“避讳”。在语言交际中，

为了避免发生不快，人们常常要躲开那些犯忌讳的字眼，选用适当的词来表情达意。由此，产生了语言民俗方面的禁忌。根据忌讳现象产生的心理原因和忌讳的内容，可把语讳分为如下三类。

（一）对畏惧事物的语讳

人们普遍畏惧疾病、贫穷、灾祸、死亡等，因而认为直述这些事物的词语是不吉利的，并将其当作禁忌语，需要表达这些概念时就用其他委婉词语来替代。如对“死”，民间有多种替代语：“老了”“不在了”“过去了”“走了”“升天了”“入土了”“没了”，等等。船家忌“翻”而称“帆”为“篷”，商家忌“折本”“折财”的“折”，进而忌“舌”，就把“猪舌”称作“猪招财”，把“牛舌”说成“牛招财”。

（二）对敬重事物的语讳

出于敬重，人们对神灵、图腾、祖先、长辈等的名字或其他有关的事物不直接说出，而是采用委婉说法以避讳。

早期的人类和现在的某些民族认为名字是人本身的一个重要部分，是与肉体、灵魂三位一体的，叫名字就等于叫灵魂，就有灵魂出窍的危险，所以把自己的名字看得特别珍贵，轻易不肯告诉别人，特别是不能让敌人知道。《西游记》第三十四、三十五回写孙悟空在妖魔叫他名字时贸然答应，被吸进了宝葫芦，即是名字与灵魂合一观念的体现。《礼记·内则》记载了父亲为孩子取名之后，要把名字连同生辰写好藏起来的习俗。由于有这样的观念，古来即有对名字的忌讳。古人在名之外要取字或别号，通常称字称号而不称名。如今对名字的神秘观念已经淡化，但对于祖先和长辈的名字仍不能随便说出，而要代之以亲属称谓等，这已成为一种礼貌。也有些地方的习俗，以称呼成年男子的姓名为礼貌，而以其乳名为忌讳（父母及长辈亲属除外），但这些地方也并存着不能直呼长辈名字的习俗。

一些民族奉某种动物为自己的祖先，这些图腾的名称是不能直呼的，而要以带崇奉意味的亲属称谓来替代。如鄂伦春人与鄂温克人皆崇拜熊图腾，前者称公熊和母熊为“雅亚”（祖父），“太贴”（祖母），后者称“合克”（祖父）、“额沃”（祖母）。黎族人则禁止直呼猫名，而以“猫祖父”“猫祖母”代之。除图腾崇拜外，其他形式的动物崇拜也忌讳直呼其名，如称老虎为“大虫”“山大王”，称狐狸为“狐仙”“大仙”“仙姑”“花老太”等，对这种动物一般是由畏而敬，进而产生忌讳。

有些地方或行业有植物崇拜，对植物的本名也是忌讳的。如采菇人称香菇为“香老”，挖参人称人参为“棒槌”，伐木工称坟地上的树为“祖宗树”或“阴阳树”，庙宇、祠堂的树为“风水树”或“神灵树”，屯口路边的树为“保佑树”，都是不许砍伐的。不仅崇拜对象的本名不能直称，与之有关的其他事情的说法也是有忌讳的。买财神像不能说“买”，要说“请”，卖者不能说“卖”，要说“送”。鄂温克人打熊不能说

"打熊"，要说"我们去做客"，猎枪不能叫"枪"，要说"吹火筒"，打死熊，不能说"熊死了"，要说"熊睡了"等。

（三）对嫌恶或不体面的事物的语讳

人或动物的某些生理器官、排泄行为、排泄物、排泄场所的名称，易引起不洁的联想，人们认为这些直接的词语是"脏词"，持厌恶态度，而以委婉语代替，如称鸡屁股为"鸡后"，称厕所为"洗手间"，称上厕所为"方便""大号""小号"。与性有关的器官、行为的名称，人们认为直说出来是有失体面的，不得不说的时候要用各种委婉语来代替。有关人的生理缺陷的词语，也是为当事者所厌恶的，也要代以委婉语，正所谓"当着矬人不说矮话"。

二、语言民俗中的口彩

口彩俗称"吉利话"或"吉祥语"，是一种表示祈福的谐音词语，在民间流传很广。在特定时间或场合，如过新年、结婚娶亲等，人们常用这些带有吉祥意义的词语来表达美好的愿望。如过春节时，把红"福"字倒贴在门上，"倒"与"到"谐音，意思是"福到了"。结婚时，贴双喜字，以求"双喜临门"。

吉祥语的形式有语素或词、短语、句子等。常用的吉祥语素或吉祥词如"福""禄""寿""喜""财""吉"等，它们可单独张贴，也可与其他语言成分组成吉祥词语，如带"喜"字的"喜酒""喜烟""有喜""抬头见喜""双喜临门"等。定型的吉祥短语以四字居多，如"吉祥如意""恭喜发财""招财进宝""开门大吉""寿比南山""福如东海"等。吉祥语为句子形式的，如"一把栗子一把枣，小的跟着大的跑"，是在结婚场合，边撒栗子、枣、花生时边说的，取"早立子""花着生"（儿女双全）之意。

吉祥语的运用，可以采取直接张贴或说出的方式，也可采取以实物或图画形象谐音的方式。实物方式，如以实物的橘子、筷子、生菜、石榴象征"吉利""快子""生财""多子（籽）"的祝愿。图画方式，比如清代瓷画上出现的图案，有《五福捧寿图》，图上画着四只蝙蝠环绕寿桃，寿桃上还有一只蝙蝠；有《报喜图》，图上画着一只豹子和一只喜鹊；有《喜上眉梢图》，图上画着一只喜鹊站在梅花枝头。

民间吉祥话丰富多样，并与各地节庆民俗活动融汇在一起，其历史由来已久，且方兴未艾。在我国东南沿海的潮州和汕头地区，每逢新年，家家户户都要在厅前桌上摆一大盘橘子，叠成高高的宝塔形，亲戚朋友来拜年，要请吃大橘子，互相恭祝"大吉利市""万事如意"。客人送上两个大橘子，主人接过之后，要换上主人的两个大橘子还给客人，祝客人"大吉利市"。这种互送大橘子的风俗，至今仍保留。

思考与练习

一、填空题

1. 根据使用群体和场合的广泛程度，民间熟语可分为两类，即：________和________。

2. 亲属称谓有很强的地域性和时代性。同样的人际关系在不同的地方、不同的时代往往有不同的称谓。比如在________，女婿称岳父、岳母为“大爷”“大娘”或“大叔”“婶子”，而媳妇在婆家则随夫称呼；而在北京，女婿对岳父、岳母的面称为“________”“________”，是随妻称的，这表示现代社会从夫居的色彩趋于淡化，男女之间较为平等了。

二、问答题

1. 常用民间熟语主要包括哪些类型？请举例说明。

2. 什么是行话？什么是暗语？请分别举例说明。

3. 语讳主要有哪三类？吉祥语的运用主要有哪些方式？

参考文献

1. 周茶仙. 中国民族史话. 北京：中国国际广播出版社，2011.

2. 国务院第七次全国人口普查领导小组办公室. 2020 年第七次全国人口普查主要数据. 北京：中国统计出版社，2021.

3. 刘学铫. 中国文化史讲稿. 台北：知书房出版集团，2005.

4. 张弘，林吕. 中国民俗旅游. 成都：电子科技大学出版社，2008.

5. 中国大百科全书总编辑委员会. 中国大百科全书・民族. 北京：中国大百科全书出版社，2004.

6. 任丙未. 中国民俗老黄历. 北京：气象出版社，2013.

7. 陈育宁. 民族史学概论. 银川：宁夏人民出版社，2006.

8. 侯芳梅. 民俗概论. 北京：气象出版社，2010.

9. 陈启新. 中国民俗学通论. 广州：中山大学出版社，1996.

10. 陶立璠. 民俗学. 修订版. 北京：学苑出版社，2021.

11. 钟敬文. 民俗学概论. 北京：高等教育出版社，2010.

12. 张希玲. 中国民俗文化专论. 哈尔滨：哈尔滨地图出版社，2007.

13. 巴兆祥. 中国民俗旅游（新编）. 福州：福建人民出版社，2006.

14. 邓永进. 民俗风情旅游. 昆明：云南大学出版社，2007.

15. 姜若愚，鞠海虹. 中国民族民俗. 北京：高等教育出版社，2008.

16. 陆景川. 民俗旅游发展浅探. 民俗研究，1988（2）.

17. 温锦英. 文化，民俗旅游开发的灵魂. 广东民族学院学报，1997（3）.

18. 苑利，顾军. 中国民俗学教程. 北京：光明日报出版社，2003.

19. 舒燕. 中国民俗. 北京：北京语言文化大学出版社，2002.

20. 顾希佳. 社会民俗学. 哈尔滨：黑龙江人民出版社，2003.

21. 刘秀梅，高照明. 中外民俗. 郑州：郑州大学出版社，2006.

22. 刘德仁. 中国民俗史籍举要. 成都：四川民族出版社，1992.

23. 刘志文. 广东民俗大观. 广州：广东旅游出版社，1993.

24. 周一民. 北京现代流行语. 北京：北京燕山出版社，1992.

25. 温端政. 忻州方言志. 北京：语文出版社，1985.

26. 温端政. 大同方言志. 北京：语文出版社，1986.
27. 宋全. 少数民族民间禁忌. 北京：中央民族大学出版社，1994.
28. 齐涛. 中国民俗通志. 济南：山东教育出版社，2007.
29. 韦燕生. 中国旅游文化. 北京：旅游教育出版社，2006.
30. 林正秋. 中国旅游与民俗文化. 杭州：浙江人民出版社，2000.
31. 王子今. 中国古代行旅生活. 北京：商务印书馆，1996.
32. 赵超. 云想衣裳之中国服饰的考古文物研究. 成都：四川人民出版社，2004.
33. 沈从文. 中国古代服饰研究. 上海：上海书店出版社，2011.
34. 周锡保. 中国古代服饰史. 北京：中国戏剧出版社，1984.
35. 钟茂兰，范朴. 中国少数民族服饰. 北京：中国纺织出版社，2006.
36. 梁思成. 中国建筑史. 北京：生活·读书·新知三联书店，2011.
37. 楼庆西. 中国传统建筑文化. 北京：中国旅游出版社，2008.
38. 徐仁瑶，王晓莉. 中国少数民族建筑. 北京：中央民族大学出版社，1999.
39. 林乃燊. 中国饮食文化. 上海：上海人民出版社，1989.
40. 杜莉，姚辉. 中国饮食文化. 北京：旅游教育出版社，2005.
41. 黎虎. 汉唐饮食文化史. 北京：北京师范大学出版社，1998.
42. 王仁湘. 百家讲坛-华夏盛宴——从考古看中国古代的饮食文化. 北京：中国人民大学音像出版社，2004.
43. 邱国珍. 中国传统食俗. 南宁：广西民族出版社，2002.
44. 颜其香. 中国少数民族饮食文化荟萃. 北京：商务印书馆，2001.
45. 钟敬文. 话说民间文化. 北京：人民日报出版社，1990.
46. 乌丙安. 中国民间信仰. 上海：上海人民出版社，1996.
47. 高丙中. 民俗文化与民俗生活. 北京：中国社会科学出版社，1994.
48. 万建中. 中国民间文化. 北京：北京师范大学出版社，2010.
49. 陶思炎. 应用民俗学. 南京：江苏教育出版社，2001.
50. 陈建宪，等. 民俗文化与创意产业. 武汉：华中师范大学出版社，2012.
51. 梁福兴，吴忠军. 民俗旅游学概论. 北京：中国林业出版社，2009.
52. 安若水. 民俗. 北京：北京出版社，2022.
53. 张举文. 民俗研究十讲. 北京：商务印书馆，2022.
54. 余永霞. 中国民俗旅游. 武汉：华中科技大学出版社，2022.
55. 刘春玲. 民俗旅游资源的开发与融资研究. 郑州：河南人民出版社，2020.
56. 陆慧. 中国民俗旅游. 北京：科学出版社，2019.
57. 赵宗福，梁家胜. 一本书读懂民俗常识. 北京：中华书局，2015.